담화와 한국어 문법교육

한국 언어 · 문학 · 문화 총서

13

담화와 한국어 문법교육

강현화 · 남신혜 · 장채린 · 홍연정 · 김강희

보고사
BOGOSA

본서는 담화의 실제성에 기반을 둔 문법 교수의 필요성에서 출발하였다. 문법 기반의 언어 지식 능력에 초점을 두고 여전히 문장 중심의 문법 교수에 머물 때, 언어 지식을 넘어서는 사회언어학적, 담화적, 전략적 능력의 의사소통 능력은 결코 배양될 수 없을 것이다. 형식에서 출발하는 문법 교수가 화자의 발화 의도에 기반하는 의미 혹은 기능 중심의 문법 교수로 거듭나기 위해서는 개별 문법 항목의 담화적 기능 연구가 더욱 활발해져야 한다. 이러한 생각을 바탕으로, 담화 기반의 문법 연구를 해 오고 있는 다섯 명의 저자가 뜻을 같이 하였다. 이를 위해 언어 교수를 위한 문법 연구와 담화라는 키워드를 중심으로 그간 연구의 문제점을 짚어보면서, 해당 연구들에 대한 최신 동향을 분석하였다. 또한 담화 기반의 문법 교육 연구의 필요성을 제기하기 위해 각각의 쟁점을 기반으로 문제를 분석하고 담화 층위의 문법 연구의 사례들을 제안하고자 했다.

이 공동 연구에서 저자들은 담화에 기반을 둔 문법 교육에서 다루어야 할 논점을 크게 세 가지로 정리하였다. 첫째, 화자의 발화 의도를 중요하게 고려한다. 모든 담화는 화자의 발화 의도로부터 출발하며 이는 담화의 목적과 관련하여 선택되는 문법 요소 전반에 지대한 영향을 미치기 때문이다. 둘째, 실제 언어 자료의 분석 결과를 근거로 삼는다. 문장 차원의 문법 분석을 넘어서서 담화 차원에서의, 맥락이나 문맥을 고려한 문법 분석을 위해서는 실제로 발화된 언어 자료에 대한 정치한 분석을 기반으로 삼지 않으면 안 되기 때문이다. 셋째, 담화 참여자 간의 상호작용 상황을 고려하되, 특히 그 특성이 잘 드러나는 구어적 담화 상황을 적극적으로 고려한다. 구어적 담화 상황이야말로 화자와 청자의 즉각적인 발화 의도가 상호 교섭하면서 의미를 구성하는 본질적 담화 상황이라는 점에서 담화 참여자의 의도에 따라 문법 요소들이 어떻게 선택되는지를 가장 투명하게 보여 줄 수 있기 때문이다.

이러한 기초 위에서 저자들은 크게 다섯 가지 주제를 가지고 담화 차원에서의 한국어 문법 교육에 대하여 탐구하였다.

'발화 의도에 따른 문법의 선택하기'에서는 담화와 연계되는 한국어교육 문법 연구들을 살펴보면서, 개별 문법 항목을 화자의 발화 의도와 연계한 담화 기능을 보이고자 했다. 언어 형식 중심의 문법 교수에서 간과하였던, 담화 상에서 해석될 수밖에 없는 문법 항목들을 규명하고자 했고, 화자의 발화 의도에 따라 한국어교육에서의 문법 항목이 얼마나 다양하게 표현될 수 있는지를 실제 자료를 통해 입증하고자 했다. 이를 통해 담화 맥락의 실제성에 기반하여 문법이 교수 학습되어야 함을 밝혔다.

'담화에 놓인 의미 읽기'에서는 동일한 언어 형식이 담화 안에서 다른 요소들과 상호작용할 때 의미 해석이 달라지는 양상을 국어정보학적 방법으로 포착하고자 한 연구이다. 그러한 양상을 실제 언어 요소의 통계적 분석을 통하여 입체적으로 조망했다. 보조동사 구성인 '-어 버리-'와 '-고 말-'의 사례를 분석하고, 이들 표현은 명제에 대한 화자의 태도를 나타내는 양태적 의미를 담보할 수 있음을 살폈다. 이때 양태 의미의 담지자는 화자인데, 화자의 태도를 어떻게 해

석할 것인가의 문제에 있어서 앞뒤 문맥이 실제로 어떻게 관여하는
지에 대해서도 기술하고 있다.

'비격식체 종결어미가 사용된 장면의 실제는 무엇일까'에서는 한
국어교육의 관점에서 비격식체 종결어미를 기술한다면 어떤 식으로
이루어져야 할지에 대한 질문에 대답하기 위한 고민과 생각을 담고
있다. 그동안 국어학 분야에서는 비격식체 종결어미를 기술하기 위
해 문장종결법, 높임법, 양태의 문법 범주적 시각에서 풀어내는 경향
이 강하였다. 한국어교육 분야에서는 이들을 기술하기 위하여 양태
범주적인 시각에서 보는 것과 더불어, 화용적, 담화적인 접근이 시도
되어야 함을 기술하였다. 한국어 문법 교육 항목에 대한 뜻풀이 문제
와, 한 문법 형식은 언제나 같은 의미, 기능만을 가지는지, 의미가
다른 문법 형식들이 실제 담화 속에서 같은 기능을 하는 경우는 없는
지를 예시를 통해 규명하고자 했다.

'조사는 어떻게 담화적인가'에서는 한국어 일상 대화에서 나타난
조사 '이/가', '은/는', 무조사의 교체 현상을 중심으로 조사의 선택이
화자의 의사소통 목적을 달성하기 위한 수단으로 기능하고 있음을
밝히고자 했다. 일견 복잡하고 무질서해 보이는 대화 속에서 문법
항목이 화청자의 의사소통에 어떻게 기여하고 있는지 구체적인 예를
통해 살펴보았다. 그간 조사는(특히, 격조사는) 서술어에 종속된 것
으로 파악되거나 특정 의미를 드러내기 위해 사용된다고 여겨져 왔
지만, 정보구조적 관점에서 조사를 설명하려는 시도가 필요함을 밝
히고 있다.

'지시화행의 원리는 무엇일까?'에서는 문법 형태가 지니는 의미와
기능에 대한 고민을 담고 있다. 이는 '담화 문법'의 조각을 맞추기
위한 내용 기술 시도의 결과이기도 하다. 문장 문법에서는 문장을

단위로 삼아 서법으로서의 명령의 의미를 정교하게 다루지만, 실제 의사소통이 이루어지는 담화 속에서 '명령'의 뜻은 서법의 종결어미를 넘어서, 복잡한 기제 속에 선택된 형태들로 실현된다. 이러한 실제 사용으로서의 명령의 의미를 밝히고 선택되는 문법 형태에 접근하기 위하여 '언어행위', 즉 '화행'을 열쇠로 삼아 '담화 문법'의 차원에서 내용을 기술하였다. 이를 통해 문장 문법에서 담화 문법으로의 전환이 필요한 까닭에 대해 이해하고, 형태, 의미, 사용의 연결성을 찾고자 했다.

저자들은 담화와 문법교육이라는 커다란 벽에서 의미 있는 내용을 건지기 위해 때로는 말뭉치 자료의 늪에서, 때로는 구어 전사의 괴로움 속에서 지난 봄과 여름을 함께 보냈다. 그 작은 결실을 이 책으로 모을 수 있었지만 아직까지도 미처 캐내지 못한 값진 내용들이 많이 남아 있음에 공감하였다.

본서의 논의가 문법 연구의 확장에 기여하기를 희망하며, 개별 논문이나 개론서에 의해 이루어지는 한국어교육 전공의 대학원 수업에서, '쟁점' 중심의 수업을 하는 데에도 사용되기를 바란다.

2022년 9월 외솔관에서
대표저자 강현화

지시화행의 원리는 무엇일까?

발화 의도에 따른 문법 선택하기
: 담화 기능을 중심으로

이 글은 담화의 실제성에 기반한 문법 교수의 필요성에서 출발하였다. 문법 교육 연구의 향방이 문법 기반의 언어 지식 능력에 초점을 두고 여전히 문장 중심의 교수에 머물 때, 언어 교육이 지향하는 사회언어학적, 담화적, 전략적 능력의 의사소통 능력은 결코 배양될 수 없을 것이다. 이에 형식에서 출발하는 문법 교수가 화자의 발화 의도에 기반하는 의미 혹은 기능 중심의 문법 교수로 거듭나기 위해서는 개별 문법 항목의 담화적 기능 연구가 더욱 쌓이고 축적되어야 할 것이다. 또한 단순히 빈도 중심의 자료 분석 연구를 넘어 담화 상황 전반을 고려한 의미 중심의 자료 분석 연구로 이행될 때, 보다 온전하게 실제 언어의 사용을 규명할 수 있을 것이다.

1. 언어교육에서의 문법 교육

1.1. 사용으로서의 문법 교육

보편 언어의 일반성에 대한 관심이 개별 언어의 특성으로 옮겨가면서 언어 간의 대조를 통한 연구가 늘었다. 이에 따라 언어 간 대조에서 가장 두드러지는 어휘 간 연어 관계의 차이, 담화 화행 간의 차이에 대한 관심도 함께 증가되었는데, 이것들은 언어 교육 연구에 매우 강력한 시사점을 주게 된다. 언어 교육은 언어를 음운, 형태, 문법, 담화와 같은 범주로 접근하기보다는 의사소통 목적을 전달하는 총체적인 수단으로 인식하게 되는데, 이러한 인식은 상황적 문법, 상호작용과 언어 맥락, 화자의 발화 의도에 관심을 두게 한다. 이렇듯 언어 지식보다 담화 맥락에서의 실제 언어 사용에 관심을 가지다 보니, 언어 교수 연구에서의 관심은 문어뿐만 아니라 담화상의 구어(말하기와 듣기)의 상호성에 더 집중하게 된다. 그런데, 구어는 예측이 어렵고 대화자의 상호작용에 의해 좌우되므로, 담화 맥락 안에서 이루어지는 언어의 패턴을 연구를 하지 않는다면 의사소통 기능으로서의 언어의 본질의 상당 부분이 간과될 수도 있다.

문법 연구도 마찬가지이다. 문법의 관심은 점차 어휘나 담화와의 연계로 관심이 옮겨가고 있는데, 결합될 어휘 항목이나 담화상의 실제적인 사용과 관련된 문법에 주목하고 있다. 실제 담화에서의 문법은 다분히 맥락 의존적이며 화자와 청자의 상호작용에 영향을 받게 되는데, 이러한 현상은 언어 교수에 있어 담화 단위의 의사소통의 문제에 대한 중요성을 인식하게 했다. 의사소통을 화자와 청자의 의도를 해석하는 추론 과정으로 볼 때, 언어 교육에서는 자연스럽게 실제 의사소통의 과정에서 드러나는 의미 협상의 과정과 그에 연계되는 문법 항목의 패턴에 주목하게 된다. 이에 담화 맥락과 화자, 청자의 상호작용과 연계된 문법 연구의 방향은 한국어교육에서의 문법 교육 연구에도 많은 영향을 미치고 있다.

그런데, 담화에서 대화 참여자들의 상호작용을 통해 문법적 패턴을 추적하는 것은 담화의 층위 전반을 분석하지 않으면 불가능하다. 이에 따라 언어 연구의 방법론 역시 변화했다. 언어를 언어 단위별로 계층적인 구조로 보던 연구의 시각은 전산 언어학의 발전으로 방대한 자료의 수집과 분석이 가능해짐에 따라 자료 중심의 분석 연구로 빠르게 전환되었다. 실제 사용 자료에 근거한 어휘-문법의 활발한

연구들은 전산 언어학의 도움에 기반하고 있으며, 대규모 구축 자료
와 이들의 분석과 활용이 언어 교육 연구 성과의 바탕이 되고 있다.

전산 언어학의 도움으로 키워드를 중심으로 한 어휘나 문법 항목
분석은 용이해졌지만, 의미와 연계된 분석은 여전히 부족한데, 시간
과 객관성을 요하는 작업이기 때문이다. 담화 내에서의 의미를 일일
이 파악해야 할뿐만 아니라, 해당 담화에서의 화자의 발화 의도를
객관적으로 파악하기가 쉽지 않다. 발화의 형식 및 억양, 앞뒤 문맥
이나 화청자 관계 등을 고려한다고 해도, 발화 의도에 따른 언어 형식
을 체계적으로 정리하는 일은 여전히 어렵고 지난한 작업이다. 언어
교수 현장에서는 이미 '직관'에 근거한 많은 상황 맥락별 문법 설명이
이루어지고 있지만, 이들 설명들이 객관적 자료들에 기반하여 입증
되었다고 보기는 어려우므로 충분하지 않다. 이에 문법을 '화자의
의도'와 연계하여 가르치는 일은 쉽지 않은데, 구체적으로는 아래의
이유들을 생각해 볼 수 있을 것이다.

첫째, 발화 의도에 따른 언어 형식이 늘 고정적이고 일정하지는
않아서, 발화 의도와 이를 표현하는 언어 형식과의 관계를 파악하는
일 자체가 쉽지 않다. 같은 모국어를 가진 화자들이더라도, 발화 의
도에 따른 언어 형식에는 다소의 차이들이 존재한다. 언어 형식들은
문화마다 동일한 언어 형식으로 고정되기보다는 세부 집단별로 혹은
개인별로 상이한 변이형을 가질 수 있기 때문이다. 동일한 사용역이
나 장르에서도 언어 형식의 패턴이 늘 동일한 것은 아닌데, 이러한
사실은 실제 언어 데이터인 말뭉치 분석 결과에서 가장 잘 드러난다.
대부분의 말뭉치 분석의 결과는 완전하게 일관된 언어 형식을 보여
주기보다는 다수로 사용되는 언이 패턴에 대한 빈도의 경향성만을
보여준다. 또한 어떤 말뭉치는 담화 상황에 대한 연구자의 직관과는

달리, 분석하고자 하는 사용역이나 장르에 따른 의미 있는 언어 형식
의 특정한 경향성을 전혀 제시하지 못하는 경우도 많아서, 실제성
기반의 언어 형식을 찾는 작업이 언제나 성공하는 것은 아니다. 결국
말뭉치 분석의 결과는 사용의 '경향성'을 의미할 뿐이며, 개인별, 집
단별, 시대별로도 바뀐다는 점에서 명시적인 문법 특성의 기술은 쉽
지 않다.

　둘째, 의사소통에서 발화 의도의 전달이 언어라는 수단에만 국한
되는 것이 아니라는 점도 명시적인 문법 기술을 더욱 어렵게 만드는
요인이 된다. 발화 의도는 고정된 문법 항목을 통해서가 아닌, 앞뒤
의 문맥이나 문장에 얹히는 발화 의도에 따른 억양, 발화자의 표정이
나 몸짓을 통해서도 전달되는 경우가 많기 때문이다. 때로는 한숨이
나 침묵, 신음, 혀를 차는 소리 등도 발화 의도를 파악하는 데에 중요
한 요소가 된다. 이에 언어 교수에서의 연구는 문법 항목뿐만이 아니
라 이에 얹히는 강세, 억양 등의 특징에도 주목하게 되고, 억양 단위
(시작-끝 억양), 정보 단위(인지적), 말차례 단위 등도 함께 해석하여
전체의 의도를 제대로 파악하고자 한다.[1] 이러한 점은 문법 항목만의
분리 연구가 아닌 담화 층위에서의 복합적 해석을 필연적으로 요구
하는 이유가 된다.

　셋째, 발화 의도에 대한 해석은 결국 이를 해석하는 화자의 판단에
기대게 된다는 점이다. 청자가 화자의 발화 의도를 늘 정확하게 파악
하는 것은 아니며, 청자의 해석에 따라 의도의 파악은 달라지는데,

1　이러한 초분절적 특성이나 비언어적 특성들은 언어 간에 광범위하게 적용되는 공통성
　도 많으나, 언어별 혹은 집단별 차이가 존재하기도 하므로 언어 교육 연구자들에게는
　대조 연구의 관심의 대상이 된다.

이는 청자의 '능동적 해석'으로 표현되기도 한다. 이는 문어에서도 마찬가지여서 저자의 의도를 늘 독자가 온전히 파악하는 것은 아니며, 의도의 해석은 결국 독자의 몫이 된다. 따라서 언어 자료에 대한 연구자의 판단 역시 담화 상의 청자나 독자의 해석이 가지는 한계를 넘어서기 어려울 수 있다. 연구자의 해석이란 대규모 자료를 기반으로 반복되는 패턴을 누적하여 판단하는 과정으로 발화 의도와 문법 항목과의 일관된 관계를 파악하는 일은 결코 쉽지 않다. 물론, 객관성을 높이기 위해 자료 분석 외에 모어 화자의 직관 조사를 부가하기도 하나, 설문자 규모나 설문 결과의 일치 여부가 늘 만족스러운 것은 아니다. 이러한 어려움에도 불구하고, 한국어교육에서 실제성 기반의 담화 맥락과 연계된 문법 연구를 지속하는 이유는 교육의 적용에 있어서의 효율성 때문이다.

언어 교수 현장에서는 학습자가 필요로 하는 다양한 발화 상황에 대한 예시문 노출을 통해, 학습자 스스로 암묵적인 학습이 이루어질 수 있도록 유도하기도 한다. 하지만 초급 학습자의 경우 구체적인 언어 형식과의 연계 없이 학습자 스스로에 의한 '알아차리기'에만 의존하기는 어렵다. 이러한 단순한 노출에 의한 '알아차리기'는 선행 학습이 충분하지 않은 초급 학습자들에게는 매우 어려운 일이다.

실제 사용 중심의 문법이 아닌 언어 형식 기반의 문법 교수나 '알아차리기'에만 의존한 문법 교수는 모두, 학습자의 사용 유용성 면에서 매우 미흡하다. 때로는 부자연스러운 발화 오류의 원인이 되기도 하므로 충분하지 못하다. 따라서 어느 정도의 명시적인 목록 기반의 문법 교수는 현실적으로 매우 필요하며, 이에 발화 의도와 연계된 문법 항목의 자료 구축은 필수적인 작업이 된다. 이상적으로 본다면 충분한 양의 개별 문법 항목의 의미가 담화 층위에서 대규모 언어 자료를 바탕으로 객관적인 절차로 모두 주석될 수 있다면, 역으로 해당 결과를 의도별로 재분석한 결과를 바탕으로 의도별 문법 항목 자료의 구축과 교수에의 활용이 가능해질 것이기 때문이다.

구축된 자료를 바탕으로 하는 담화 맥락과 연계된 문법 항목의 교수도 중요하다. 교실 활동이 실제 생활의 상호 작용을 전제하고 연습하는 경우, 참여자는 다양한 발화 상황에 적합한 언어 형태 혹은 문형이 선택되는 것을 교육받아야 하며, 학습자는 대화 참여자의 특성(나이, 지위, 친밀도 등)이나 주어진 상황의 다양한 담화적 특성에 가장 적절한 문법 항목을 선택하는 것을 결정하는 원리나 규칙을 배울 수 있다. 이렇듯 한국어교육에서 필요한 문법은 학습자의 실제적 의사소통과 상호작용에 필요한 언어 형식뿐만 아니라, 실제 상황을 염두에 둔 맥락 전체의 이해와 적절한 산출을 의미한다. 이에 언어 교수의 초점은 언어 형식적인 부분을 넘어서서, 학습자가 의사소통의 내용을 쉽게 만들 수 있는 메시지 구성 능력과 화자의 의도를 추론할 수 있는 능력인 해석 전략과 담화 기능에 기반을 둔 적절한 발화 산출 능력 제고에 초점을 두어야 한다.

이에 담화 상황에서의 화자의 '발화 의도'를 파악하기 위해서는 발화 형태의 축자적·형식적 내포 의미를 살펴보고, 화자가 그러한 메시지로 얻으려고 하는 것, 즉 발화 형태의 담화적 기능을 규명해야 한다. 물론 담화 상황에 충분하게 반복되어 노출될 수 있다면 자연스럽게 담화 기능을 파악할 수 있을 것이다. 하지만 교육적 환경에 놓인 외국인 학습자는 다양한 담화 상황에 충분히 노출되기 어렵고, 스스로 언어 형식과 비언어적 의미, 맥락적 요소를 유추하거나 파악하는 것이 쉽지 않다. 이에 구체적인 담화 상황과 맥락 정보, 그에 연계된 언어 형태들을 교육 자료로 구축하여 제공할 필요가 있는 것이다.

1.2. 의사소통 지향의 문법 교수

실제성 기반의 언어 교육 연구 경향은 한국어교육 연구에도 많은 영향을 미치게 된다. 한국어교육 연구자가 늘면서 연구의 양도 급격히 증가하고 있다. '어떻게' 가르칠 것인가를 고민하면서 학습자 변인에 대한 탐구나 새로운 교수 이론에의 관심도 늘어나고 있지만, '무엇을' 가르쳐야 하는지에 대한 연구는 여전히 지속적인 관심을 가지며 주된 논의의 대상이 된다. 그런데 유독 언어 교육에서 문법에 더 중점을 두고 논의해야 하는 이유를 찾아보자. 본서에서 관심을 가지는 '문법' 교육이 상대적으로 다른 영역에 비해, 연구의 비중이 큰 데에는 몇 가지 이유를 생각해 볼 수 있겠다.

우선, 문법은 문장을 만드는 동력이 된다. 문법은 언어 규칙의 기술이며, 이 규칙에 대한 지식은 무한한 문장을 만들어낼 수 있는 수단이 될 수 있다. 또한 문법은 어휘만으로 제공할 수 없는 미묘한 의미의 차이를 나타내어 정교한 표현 활동을 가능하게 한다. 학습자들에게 문법 학습은 어렵고 지루한 과정이며 당장 효과를 내지 못하기도 하지만, 문법 학습의 효과는 잠재적으로 내재화되어 어느 시기에 이르면 실제 사용에서 큰 효과를 보인다고 알려져 있다. 아울러 명시적인 문법 학습이 없다면 자칫 학습자의 오류가 화석화될 수 있다는 지적들이 많다. 결국 문법을 교육하는 일은 교사와 학습자에게 언어를 구조적으로 가르치고 학습하고 평가할 수 있는 체계를 제공한다는 점에서 의미가 있다. 언어 교육에서는 흔히 개별 문법 항목들의 교수에서 출발하여 점차 문법 범주 체계로 정리하는 방식으로 나아가게 되는데, 이러한 문법 학습의 절차를 통해 학습자들은 거대하고 형체가 없는 덩어리와 같은 언어 속에 감추어진 한정된 문법 규칙을 습득하게 되는 것이다.

둘째, 문법은 또한 교수요목 설계에 많은 영향을 미치므로, 많은 언어 교재들의 교수요목 근저에는 문법이 핵심을 이룬다. 다중 교수 요목을 지향하더라도 문법은 여전히 핵심적 지위를 가지고 있다. 또한 문법 항목의 수는 어휘나 문화에 비해 항목의 수가 제한되며, 숙달 도별로 비교적 안정적인 연구 목록을 확보하고 있어 교수에 효율적이다. 문법이 언어의 뼈대이듯이, 문법 교수 역시 언어 교수의 근간이 된다고 하겠다.

셋째, 문법 교육 연구가 활발하게 된 것은 초급에 머물던 학습자들이 중고급 학습자로 변화하면서, 보다 다양한 문법 항목을 가르칠 요구가 생겨났기 때문으로 볼 수 있다. 한국어 보급이 확대되면서 초급 수준의 기본 문법을 넘어서서 발화 의도와 상황에 따른 더 많은 문법 학습이 필요한 학습자가 생겨난 것이다. 또한 직업이나 학업 등의 도구적 동기를 가진 학습자가 증가하면서 특정 사용역이나 장르에서 고정적으로 나타나는 문법 항목에 대한 학습의 필요성도 생겨나게 되었다고 하겠다.

넷째, 의사소통을 지향하는 문법 교육에서는 단순한 '이해'와 더불어 적극적인 '사용'을 중시하게 된다. 그런데 '사용'의 기본 틀은 문법으로 구현되게 되는데, '사용'으로서의 문법은 상황 맥락과 유리된 문법이 아닌, 발화자와 청자, 발화 상황 등을 고려한 문법이다. 이에 문법 학습의 최종 단계는 단순한 규칙의 적용, 문장의 생성에 그치는 것이 아니라 자유로운 의사소통을 위한 문법의 사용이라는 전제를 바탕으로 한다. 이러한 관점에서의 문법 교수는 의사소통 능력 향상에 저해되는 일이 아니라, 오히려 의사소통 능력을 높이는 일이 되므로 문법 연구의 관심은 다시금 높아져 가는 것이다.

　　다만, 문법 교수 학습 현장에서 문법 교육의 가치에 대해 분명한 위상 정립을 요구하고 있는 것은 사실이다. 문법 학습의 목표는 자연스러운 의사소통이며, 문법 학습의 최종 단계는 자유로운 의사소통을 위해 문법을 사용하는 것이다. 이에 교수 현장에서는 언어 형식과 소통 중 무엇을 중시할 것이며, 어떻게 둘을 연결할 것인가를 고민하게 된다. 실제 교실 활동에서 상호 소통에 집중한다면 문법의 형식 부분이 약화되기 쉽고, 반대로 문법 형식에 집중하다 보면 상호소통적이고 상황적인 연습에는 실패할 수도 있으므로 이 둘을 조화롭게 연계하는 일은 매우 중요할 것이다.

　　그런데, 한국어 교재 속 문법에는 몇 가지 특성이 있다. 우선 문법 항목을 범주적 측면에서 통합적으로 혹은 단계적으로 다루지 않고, 개별 문법 항목으로 제시한다는 점이다. 예를 들어, 존대를 가르치기 위해 교재의 문법 영역에서 '존대'의 개념이나 이와 관련되는 모든 문법 요소(주제 존대, 상대 존대, 객체 존대에 이르는 존대의 모든 항목)를 제시하지는 않는다. 개별 단원의 주제와 연계되는 존대의 세부 항목, 예를 들면 단일 항목 '-시-'만을 따로 다루게 된다. 상대 존대의 어미들을 가르치는 경우에도 한번에 모두 제시하기보다는 각각의 난이도에 따라 단원별로 분산해 배치하는 것이 일반적이다.[2] 이는 문법 전반에 대해 가르치는 것이 목표가 아니며, 주제와 연계된 개별 문법 항목의 실제적인 사용에 목표를 두기 때문이다.

---

2 종합적 교수요목에서는 교재 전체의 단계별 문법 항목 배치를 통해 궁극적으로는 핵심 문법 항목을 모두 다루게 되나, 분석적 교수요목에서는 주제와 연계된 단원별 문법 항목이 제시될 뿐, 일부 문법 항목들은 목표 문법으로는 누락되어 이해 차원의 암시적 노출로 그칠 수도 있다.

둘째, 문법 항목은 조사나 어미와 같은 개별 문법 요소뿐만이 아니라, 화행 기능과 연계된 '표현'이라고 불리는 덩어리 형식의 구 단위 결합형이 제시되는 일이 많다. 구 단위 결합형에는 '-을 수 있-'과 같은 의존명사와의 특정 서술어의 결합형이나, '-(아)서 그런지', '-에도 불구하고' 등과 같은 실질 의미를 포함하는 덩어리 표현들이 많다. 이는 전통적인 문법 요소가 아니더라도, 자주 사용되는 관용적 표현을 문법에 포함함으로 해서, 화자의 다양한 발화 의도를 드러낼 수 있는 사용 의미에 주목한 결과이다.

셋째, 문법 항목의 다의적 의미는 통합적으로 제시되기보다는 분리되어 제시되는 경우가 많다. 예를 들어, '-어서'의 경우, '계기'와 '이유'는 한번에 가르치기 보다는 별도의 문법 항목으로 설정하고 별개의 단원에서 제시하는 것이 일반적이다. 이는 문법 항목에 대해 매우 분화적 의미로 접근하는 것으로 학습자의 모국어에서는 해당 문법이 동일 형태가 아닐 수 있다는 전제하에 철저하게 개별 문법 항목의 의미에 집중하는 방식이다.

(예) 학교에 가서 친구를 만났다. (계기)
(예) 머리가 아파서 병원에 갔다. (이유)

이러한 교재 속 문법 항목의 특징들은, 언어 교수에서의 문법 항목이 철저히 '주제'와 연동된다는 점과 실제 사용에서의 발화 의도와 연계되어 제시된다는 점, 범주나 체계적 접근을 중시하기보다는 개별 항목의 기능에 초점을 둔다는 점을 짐작하게 한다. 또한 교재 안의 목표 문법 항목은 대화문을 통해 사용의 맥락이 노출되며, 말하기 듣기와 같은 활동과의 연계를 통해 실제 사용 맥락에서의 산출을 연

습하게 한다는 점에서, 문법 교수는 '사용'에 적극 연계하고 있음을
알 수 있다. 이렇듯 한국어 교재 속의 문법 항목은 일찍부터 실제
사용을 바탕으로 한 문법 항목의 담화적 기능에 초점을 두어 왔다고
하겠다. 한국어 교재에서 사용과 문법 항목을 연계한 이유는 문법
형식(형태 및 통사적 제약)에만 집중한 탈맥락적 교수 방식은 언어의
실제 사용의 모습을 보이기에 부족하며, 구체적인 사용의 맥락에서
의 적용을 원하는 학습자들에게 충분하지 않았음을 알았기 때문으로
판단된다.

2. 담화와 문법 교육

2.1. 문법 교육에서의 담화

담화의 정의는 학자에 따라 구분되기도 한다. 우선 구어냐 문어냐
의 여부에 따라 각각을 담화와 텍스트로 구분하는 경우도 있고, 담화
를 상위 개념으로 보고, 하위 개념으로 구어 담화와 문어 담화로 나누
어 구분하기도 한다. 언어 교육에서도 구어 교육(말하기와 듣기 교육),
문어 교육(읽기와 쓰기 교육)을 구분한다. 물론 구어냐 문어냐 하는 구
분보다는 '구어성 담화', '문어성 담화'의 구분이 더 의미를 가질 것이
다. 실제로 '메신저'와 같은 구어성 문어와 '강의'와 같은 문어성 구어
의 경우, 어휘나 문법 항목의 사용에서는 '문어나 구어' 여부보다는
오히려 '구어성, 문어성' 여부가 더 유사한 특성을 더 많이 공유하기
때문이다.

한편, 언어 단위의 측면에서 담화를 정의한다면 '음소<음절<형
태소<단어<구<절<문장<담화'로 확대된다. 구어에서는 단독 발

화, 대화, 토론 등의 담화 유형들로 구분할 수 있으며, 문어에서는 짧은 글, 도식화된 글, 장르별 연쇄 글 등의 담화 유형으로 구분할 수 있다. 하지만 이렇듯 담화를 단순히 문장 다음의 언어 단위의 의미로만 한정하는 것은 충분하지 않다. 문장을 넘어서는 담화는 다수가 작동하는 언어 사용과 연계되므로, 단일 차원 이상의 것이 된다. 이에 단위로서의 담화보다는 '담화적 층위'라는 용어를 사용하여, 언어 단위 모두를 포괄적으로 살피는 일이 중요하다. 담화 층위의 해석에서는 단어, 구, 절, 문장의 모두 언어 단위가 담화 속 요소로 사용될 때, 각각은 담화적 해석이 이해가 가능해지기 때문이다.

문법이란 화자가 자신의 발화 의도를 담을 수 있는 그릇이자 도구이다. 그런데 화자가 문법 형식을 통해 자신의 발화 의도를 담을 때는, 담화 맥락, 시간에 따른 인식의 흐름, 의사소통적 효율성 등을 고려하게 된다. 즉, 화자는 발화할 때 모든 차원(언어 지식, 담화 상황 지식, 대화 상대자 판단 등)을 총체적으로 고려하여 가장 적절하다고 판단하는 문법적인 선택을 하는데, 이는 오로지 담화 층위에서 발견되고 이해된다. 화자가 의도한 담화적 장치를 인식하여 문법 항목의 의미를 올바르게 해석할 수 있으므로, 언어 교육에서는 담화 층위에서의 의미 해석에 집중하게 되는 것이다. 담화 상에서 특정 발화 의도와 연계되어 반복적으로 발화되는 문법 항목이 언어 공동체에 공유되어 사용된다면, 시간이 지나면서 특정한 지위를 얻게 된다. 이에 화자가 일상생활에서의 상호작용 속에서 자주 선택하는 표현은 문법의 측면에서 하나의 덩어리 표현으로 굳어질 수 있다. 그런데 시간이 지나면서 '표현'이라는 덩어리 형식은 그것의 내적 구성 요소를 잃을 수도 있고 음운적으로 변화할 수도 있는데, 언어 교육에서는 이러한 굳어진 덩어리로 나타나는 언어 형식에 주목하며 언어 공동체에 공유

되는 발화 의도에 집중하게 된다. 이에 Ariel(2009)은 '담화는 문법을
따라가지만 그래서 결국 문법은 담화를 따라간다.'고 했으며, 이는
언어 교육에서 담화와 문법을 연계하는 일이 필연적인 것임을 짐작하
게 한다.

담화의 구성 요소로는 담화 참여자인 화자와 청자(저자와 독자),
그리고 담화 내용(전달 메시지), 담화가 이루어지는 상황 맥락, 그리고
특정 언어권에서 영향을 받게 되는 사회 문화적 맥락으로 구분해 볼
수 있다.[3] 담화 내용은 구어와 문어를 포함하며, 단문일 수도 있고
이어진 담화일 수도 있다.[4]

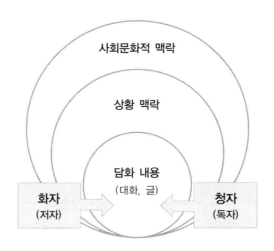

3   본서에서는 대화 참여자가 담화 내용의 구성에 있어 어떻게 발화를 완성하고 소통하는
    지에 대해 초점을 두고자 한다. 위의 표에서 '사회 문화적 맥락'은 역사적, 문화적 영향
    과 연계되므로 다른 지면에서 다루고자 한다.
4   이어진 담화인 경우 문장 간의 연계는 문맥이라고 부르기로 한다.

의사소통에서 상황 맥락에 따라 대화 참여자가 담화 내용의 구성에 있어 어떻게 발화를 완성하고 소통하는지에 대한 지식은 중요하다. 특히 학습자들이 한국인들은 특정 상황이나 화청자 관계에서 어떠한 문법 항목들을 사용하여 자신의 발화 의도를 전달하는지를 알고 이를 적절하게 활용할 수 있는 지식은, 학습자의 모국어 화자와의 의사소통 성공에 큰 영향을 미치기 때문이다.

개별 문법 항목의 문법적 의미와 담화에서의 기능을 파악하려면 담화가 이루어지는 상황 맥락에 전체에 대한 총체적 이해가 중요하다. 특히 고급 학습자들은 특정 사용역에서 매우 깊이 있는 지식과 활용을 요구받는다. 그런데 특정 사용역의 언어를 학습하려면 문장 중심의 언어 형식 교수로는 한계를 가지며 해당 사용역을 이해해야 하므로, 자연스럽게 담화 층위의 문법 연구가 중요해지고 있다. 이에 따라 문법 교수에서는 담화 기능, 장르를 중심으로 하는 논의가 증가하고 있고 이를 고려한 다양한 교수 방법에의 고민이 더해지고 있다.

2.2. 담화적 층위에서의 문법 교수

앞서 논의한 바와 같이 한국어교육에서의 문법은 총체적인 의사소통 수행의 도구로서의 문법을 의미한다. 문법은 언어의 사용 능력의 일부로 가르쳐지며, 문법 지식은 기능, 과제와 통합하여 제시된다. 사회적 역할을 구현하는 언어는 곧 기능 자체로 해석되며, 결국 언어란 사회적 상호작용을 통해 의사소통 경험이 내재화되어 언어 형태로 드러나는 것이기 때문이다.

의사소통이란 발화 상대를 염두에 둔 채 발화의 의도를 효과적으로 전달하기 위해 다양한 문법 항목 중 가장 적절하다고 판단되는 하나의 문법 항목을 선택하는 과정이다.

이런 이유로 담화와 연계되는 문법 교수에서의 쟁점은 담화 간의 응집성과 응결성을 드러내는 담화 표지, 화자의 발화 의도를 드러내는 문법 항목과 담화 기능 간의 관계에 주된 관심을 보여 왔다. 이들은 담화 내의 결속성을 드러내거나 발화자의 태도, 언어 공동체의 관습화된 표현 방식들을 담고 있다.

- 지시, 대용 표현: 지시 및 대용 표현의 담화 기능
- 접속 표현: 접속 부사(구)의 담화 기능[5]
  (예) '아닌 게 아니라', '다시 말하자면' 등
- 담화 표지: 부사나 특정 장르(학술 장르 등)에서의 패턴화된 표현의 담화 기능
  (예) '좀', '-다고 볼 수 있다'
- 보조사: 특정 보조사의 담화 기능
  (예) 도, 조차 등
- 연결 표현: 연결 어미와 대체되는 구 단위 연결 표현의 담화 기능
  (예) '-는 바람에', '-임에도 불구하고' 등
- 비종결 구 표현: 선어말어미와 대체되는 구 단위의 담화 기능
  (예) '-(으)ㄹ 수 있-', '-게 마련이-' 등
- 종결 표현: 종결 어미와 대체되는 구 단위의 종결 표현의 담화 기능
  (예) '-는단다', '-다니까요'

예를 들어, 연결 어미는 두 문장의 접속이라는 통사적 기능을 수행하지만, 담화적 층위에서 보면 주절에서의 화자의 발화 의도를 보충하거나 강조하기 위한 의미적 부가의 역할을 하고 있다. 즉, 주절인

---

5 반복(동의어, 유의어, 상위어, 일반명사 등으로 반복)과 연어(함께 나오는 어휘 항목들이 서로 연결되어 이루는 것) 등의 어휘적 응집 장치도 응결성을 드러낸다.

후행 문장만 발화하여도 화자의 의도를 전달할 수 있으나, '이유'를 나타내는 연결 어미가 포함된 선행절의 부가를 통해, 후행 발화에서 화자의 의도를 강화하고자 하는 담화적 기능이 더해진다. 선행절은 결국 화자의 발화 의도를 보강하는 기제로 사용된다.

> (예) <u>어제 숙제를 하느라고</u>, 전화하는 것을 깜박했어요.
> (후행절 의도-사과)
> <u>택시를 놓치는 바람에</u>, 제시간에 오지 못했어요.
> (후행절 의도-변명)
> <u>네가 늦게 깨웠기 때문에</u>, 내가 늦을 수밖에 없었다.
> (후행절 의도-불만)
> <u>도와주신 덕분에</u>, 시간 내에 일을 마칠 수 있었다.
> (후행절 의도-감사)
> <u>매니저가 직접 잘랐으니까</u>, 머리가 이렇게 예쁘게 된 거지
> (후행절 의도-결과)
> <u>과반수를 득하지 못했으므로</u>, 안건을 수용하기가 어렵습니다.
> (후행절 의도-거절)

문제는 특정 의도를 드러낼 때 자주 사용되는 표현들이 특정 상황에서 관습화된다는 점이다. 한국인들의 관습적 표현의 결과물로 나타나는 패턴화된 문법 표현들에 대한 교수는 특정 상황에서 발화의 적절성을 확보하는 데에 큰 도움이 된다. 이러한 관습적 표현은 한국어의 특정적인 표현일 가능성이 높으며, 이들은 학습자들에게는 익숙지 않은 패턴일 가능성이 높다.

또한 서법과 발화 의도의 언어 형식은 늘 일치하는 게 아니라서, 담화상에서의 의미에 주목하는 연구도 활발하다. 국어사전에서의 명

령의 '서법'을 나타내는 표지는 그 수가 많지 않지만, 실제 언어 자료를 분석해 보면 담화에서 '명령 기능'을 수행하는 문법 표지들은 아래와 같이 다양하다. 이렇게 다양한 표지들이 사용되는 것은, 화자가 청자와의 관계나 의사 전달의 효율성을 고려하여, 해당 서법이 아닌 간접적인 표현을 선호하기 때문이다. 화자는 아래의 다양한 표현 중 대화 상대자에 대한 부담의 경감, 발화 의도의 효율적 구현 등을 고려하면서, 의사소통의 효율성이 담보될 가장 적절한 문법 항목을 선택하게 되는 것이다. 우선, 사전에서의 명령 형식은 명시적인 명령의 의도를 담고 있으며, '-어 주다, -어 보다'를 사용하여 명령을 다소 완곡하게 표현하기도 한다.

[명령문 형식]
V 아/어라.
V 게/게나.
V 아.어 주게/게나.
V 아/어(요)/(으)세요
V 아/어 줘(요)/주게/주십시오.
V 아/어 보세요/ 보십시오.
V 지.

이와는 달리 명시적인 명령형을 사용하지 않고 화자의 진술의 형식으로 명령의 기능을 수행하는 표지들이 있다. 우선, 명령 형식은 아니나 화자의 의도를 서술의 형식을 사용해 명령을 수행한다. '-을 수 있을지 모르겠다'와 같이 상대의 의사를 타진하듯이 명령할 수도 있고, '-어 주다'의 보조동사를 부가하거나 '-겠-, -을 것 같다'와 같은 추측 표현을 부가하여, 명령에 공손성을 더할 수도 있다. 또한

'좋다, 고맙다, 감사하다' 등의 명시적인 단어와 더불어 화자의 의도를 전달하기도 한다. 이와 같은 언어 형식은 때로는 청자가 수락 여부를 결정할 수 있는 '부탁'의 기능을 수행하기도 하지만, 대화 상황이나 화청자 관계에 따라, 청자가 반드시 수행해야 하는 '명령'의 기능을 수행하는 경우도 많다.

또한 '-(으)면 하다, -는 게 좋겠다, -어 주어야겠다'처럼 청자의 선택의 폭을 제한하면서 보다 명확하게 명령의 의미를 전달하기도 하는데, 다양한 서술 형식 중의 선택 역시, 해당 사태에 대한 화자의 권리 여부나 화청자 관계 등이 작동하게 된다.

> [서술문으로 명령의 기능을 수행]
> V (으)ㄹ 수 있을지 모르겠네요.
> V 아/어 주기(를) 바라(요)/바랍니다/바라겠습니다.
> V 아/어 주면 좋겠다/좋겠어/좋겠어요/좋겠습니다.
> V (으)면 좋겠어/좋겠어요/좋겠습니다/좋을 것 같아(요).
> V 아/어 주었으면 해(요)/합니다.
> V 는 게/것이 좋겠어/좋겠어요/좋겠습니다/좋을 것 같아요.
> V 아/어 주어야겠어(요),/주어야겠는데(요).

다음으로, 마치 상대의 의사를 질문하듯이 의문문을 사용하나, 담화 상황으로 볼 때는 청자가 수락할 수밖에 없는 상황에서 사용되어 실제로는 명령의 기능을 수행하는 경우도 있다. 청자의 체면 손상을 방지한다는 점에서 공식적인 환경이나 덜 친밀한 관계에서 선호되는 형식이다. '-겠-', '-(으) 수 있-', '-(으)ㄹ까' 등의 추측 표현을 사용하여 공손성을 높이기도 하고, 보다 적극적으로 상대의 체면 손상을 막기 위해 '-지 않다'의 부정 의문문을 사용하는 경우도 있다.

[의문문으로 명령의 기능을 수행]

  V (으)면 좋겠는데 어때(요)?/어떤가?

  V 지 그래?,

  V 겠니?/겠어(요)?/겠습니까?

  V 아/어 줄래(요)?

  V 지 않을래(요)?,

  V 아/어 주겠나?/주겠어?/주겠습니까?

  V 아/어 주지 않겠나?/않겠어?/않겠습니까?

  V (으)ㄹ 수 있니?/있어(요)?/있으십니까?/있겠어요?,

  V 아/어 줄 수 있니?/있어(요)?/있습니까?/있겠어요?,

  V 아/어 줄 수 없니?/없어(요)?/없으세요?/없습니까?/없겠어요?

  V (으)ㄹ 수 있을까(요)?

  V (으)면 안 될까(요)/되겠어(요)?/되겠습니까?,

  V 아/어 주(시)면 안 될까(요)?/안 되겠어(요)?/안 되겠습니까?

  V (으)ㄹ 수 있지?/있겠지?/있겠지요?

심지어 아래와 같이 당연한 수락이나 수락 의무를 전제로 한 명령의 기능을 수행하는 경우에도 명령의 형식이 아닌 의사를 묻는 의문문이나 청유형의 형식을 사용하기도 한다. 실제 일상 대화에서는 명시적인 명령 형식을 사용하기보다는 서술문이나 의문문의 간접적인 형식을 사용하는 빈도가 더 많으며, 때로는 '(으)ㅂ시다'와 같은 청유형을 사용하여, 상대에게 명령의 의미를 전달하기도 한다.

  (예) 지난번에 빌린 돈 주말까지 갚을 수 있니?/있지?/있을까요?
      지난번에 가져간 가방 돌려주실 수 있을까요?/주시면 안 될까요?
      아, 지난번에 빌린 돈, 제때 좀 갚읍시다.

이렇듯 서법과 발화의 의도를 드러내는 형식 표지는 언제가 일치하는 것이 아니므로, 학습자로 하여금 담화 맥락별로 의사소통의 성공 가능성이 높은 가장 적절한 언어 형식을 선택하는 능력을 키워주는 일은 매우 중요하다.

화자의 발화 의도는 반드시 명시적인 문법 항목으로만 드러나지 않는다. 어휘와 문법 항목이 혼합되어 화자의 의도를 드러내기도 한다. 예를 들면, 시작 발화가 아닌 응답 발화인 경우에도 언어 형식은 매우 다양하게 나타난다. '거절' 발화의 경우에도 문화권마다 소통의 방식에는 차이가 있을 수 있다. 한국인은 직접적으로 거절하기보다는 정중한 태도로 거절하는 경향이 있고, 자신의 의견을 똑똑히 밝히는 것보다는 공손하고 오만해 보이지 않도록 완곡한 표현을 사용하며, 상대방과의 관계에 따라 거절의 방법을 달리하기도 한다. 손윗사람에게 거절할 때와 손아랫사람에게 거절할 때가 다르며, 사적인 관계인가 공적인 관계인가에 따라 달라진다. 가족이나 친구 등 친밀하고 개인적인 관계에서는 직접적인 거절 표현을 자주 사용하는 반면, 학교나 직장 등 사회적인 관계에서는 관계를 고려 직접적인 표현보다는 간접적인 표현을 더 자주 사용한다. 이러한 표현의 차이들은 교수 현장에서 흔히 거절의 전략으로 교수하게 된다. 화자는 다양한 거절의 방식 중 해당 담화 상황에서 가장 적절하고, 상대의 체면을 손상하지 않는 방식을 선택하여 의사소통의 적절성과 효율성을 높이게 된다.

(예) 가: 너 내일 오후에 우리 집에 올래?
　　나1: 미안, 못 가. (명시적 거절)
　　나2: 요새 좀 바쁜데. (상황 설명하기)

나3: 미안, 내일 다른 약속이 있어서. (이유 대기)

나4: 음, 나중에 시간이 되면 갈게. (차후 약속)

나5: 일찍 얘기했으면 약속 시간을 바꿨을 텐데. (안타까움 표시)

물론, 언어마다 대화 상대에 따른 다양한 발화 변이형은 존재할 것이다. 다만, 언어 교수에서는 이러한 변이형이 언어 간에 언제나 동일한 것은 아니라는 점을 주목할 필요가 있다. 또한 이러한 전략을 드러내는 언어 표현에 관습적인 패턴이 존재한다면 이를 교수에 활용할 수 있을 것이다. 존대법이 발달한 한국어에서는 화자의 체면 유지나 청자의 체면에 대한 배려, 관계에 따른 적절한 언어 표지 사용 등에 대해, 다른 언어에 비해 고정성이 클 수 있다. 이에 적절한 상황에서 적절한 표현을 선택할 수 없다면 의미의 전달을 넘어선 진정한 소통에는 이르기 어렵게 된다.

2.3. 한국어교육용 문법 항목의 특성

문법 항목은 어휘와 마찬가지로 개별 의미를 가지며 이들은 문법적 의미로 불린다. 한국어 문법 항목들은 화자의 의도에 따라 다양한 항목들로 표현되므로 유사한 문법 항목 간의 구체적인 변별이 필요한 경우가 많다. 구체적인 상황에서의 변별적인 시용을 위해서는 주요 문법 항목들을 발화 의미와 연계해서 구분하는 일도 중요하다. 한국어 교육용 핵심 문법은 조사, 어미가 주된 항목으로 다루어지고 있다.

우선, 한국어의 조사에는 유사 의미를 가진 것들이 많다. 이들 문법 항목들의 문법적 의미를 유사군으로 묶어 보면 아래와 같은데, 군별로 해당 목록의 수는 차이를 보인다. 유사 의미군의 목록이 중요

한 이유는 담화 상황별 적절한 상황에서 혼동을 보일 수도 있기 때문
이다. 고급에 이를수록, 실제성이 높은 사용 기반의 문법 항목일수록
단순한 문법적 의미보다는 담화상황별 사용의 제약과 변별성이 더
중요하기 때문이다. 아래의 조사들은 유사 의미군으로 묶여, 혼동을
초래할 수 있는 조사들이다. 이들의 의미 변별은 구체적인 담화 상황
과 의도를 기반으로 이루어져야 한다.

〈조사〉
① 극단을 표현: 까지, 도, 조차, 마저
② 나열을 표현: 에, 이니, 이며, 이다
③ 목적지를 표현: 에, 을/를, 으로
④ 비롯됨을 표현: 에게, 한테, 에게서, 한테서
⑤ 비슷함을 표현: 같이, 처럼, 만큼
⑥ 상관없음을 표현: 이나, 이든지, 이라도
⑦ 유일함을 표현: 만, 밖에, 뿐
⑧ 장소를 표현: 에, 에서
⑨ 접속을 표현: 과/와, 하고, 이랑
⑩ 주체를 표현: 이/가, 은/는
⑪ 차선을 표현: 이나, 이나마, 이라도

둘째, 연결 표현은 연결어미나 연결어미에 대당하는 표현들로 명
제와 명제를 연결한다. 한국어는 특히 두 문장의 분리와 접속 부사의
연결로 이루어지기보다는 연결 표현을 사용한 복문의 활용 비율이
높은 편이다. 별개의 명제로 인식하기보다는, 화자의 발화 의도를
강조하기 위한 종속절(혹은 선행절)의 의미가 주절(후행절)에 부가적으
로 얹히는 일이 많기 때문으로 보인다. 한국어에는 이미 연결어미의

수가 충분한 데에도 불구하고, 어휘적 의미가 남아 있는 '의존(성) 명사'와 결합한 고정 표현을 사용하여, 화자의 발화 의도의 부가적 근거를 구체화하고 있는 경우가 많은 것이 특색이다. 아래와 같이 발화 의도별 복수 표현들이 존재하며, 각각이 공통되면서도 차별화 된 의미를 가지고 있어 대체되어 사용되거나 혹은 상이한 뉘앙스를 표현하게 된다. 결국 다양한 연결 표현의 사용은 화자가 자신의 발화 의도를 기반으로 선행절과 후행절을 논리적으로 연계하면서, 성공적인 의도 전달에 도움을 받기 위함이다.

[연결 표현] ☞ 혹은 연결어미 대당 표현

① 결과 표현: -은 결과, -은 끝에, -은 나머지
② 기회 표현: -은/는 김에, -는 길에
③ 대립 표현: -지만, -는데, -으나, -은/는 반면에, -은/는 대신에, -는가 하면, -으되
④ 목적 표현: -으려고, -으러, -고자, -게, -게끔, -도록, -으라고
⑤ 시간 표현 선후관계: -고, -고서, -어서, -고 나서, -은 다음에, -은 후에, -은 뒤에
⑥ 시간 표현 동시관계: -으며, -으면서, -을 때, -는 동안에, -는 중에, -는 가운데, -는 사이에, -는 도중에, -는 동시에
⑦ 양보 표현: -어도, -더라도, -을지라도, -은들, -음에도, -어 봤자, -는 한이 있더라도
⑧ 원인 및 이유 표현: -어서, -으니까, -더니, -으므로, -길래, -느라고, -으니만큼, -기 때문에, -는 바람에, -는 통에, -은/는 탓에, -어 가지고
⑨ 조건 표현: -으면, -어야, -거든, -는다면, -어야지
⑩ 즉시 순차 표현: -자, -자마자, -기가 무섭게, -는 대로
⑪ 추가 표현: -은/는 데다가, -을 뿐만 아니라

셋째, 종결 표현은 자신의 발화를 마무리하는 것이 일차적 기능이
지만, 상대방(청자 혹은 독자)을 고려한 대한 화자의 태도를 드러내게
된다. 서술문에서는 주로 화자의 심리 상태나 느낌 등의 태도를 표현
하는 동시에 상대에게 정보를 전달한다. 의문문을 통해 정보를 구하
거나 상대방의 의도를 확인하기도 하고, 명령문이나 청유문을 통해
상대의 행동을 유도하기도 한다. 다만, 화자와 상대방과의 관계 및
사회적 관습에 따라 해당 발화가 성공적으로 이루어져 발화 의도를
수행하게 하기 위해, 공손성을 드러내기도 하고 단정적으로 발화를
맺기도 한다. 종결 표현은 단문으로 나타나기도 하지만, 보통 연결
표현과 함께 복문의 형태로 표현되면서 종결 표현을 효율적으로 뒷
받침하는 연결 표현을 부가하여 선택한다.

[종결 표현] ☞ 혹은 종결어미 대당 표현

① 알려 주기 표현: -거든(요), -잖아(요), -더라고(요), -는답니다
② 메모·표어 표현: -기, -음, -을 것
③ 의도 및 계획 표현: -을게(요), -을래(요), -을테다
④ 제안 및 청유 표현: -읍시다, -을까(요), -을래(요), -지(요),
                    -지그래(요)
⑤ 추측 표현: -을걸(요)
⑥ 타이르기 표현: -는단다
⑦ 인용 표현: -는대(요), -느내(요), -재(요), -래(요)
⑧ 발견한 사실 표현: -네(요), -는군요, -는구나
⑨ 해라체 의문형 종결 어미: -니(요), -냐
⑩ 후회 표현: -을걸
⑪ 반발 및 불만의 인용 표현: -냐니(요), -냐고(요), -냐니까(요), -냐
    면서(요), -는다고(요), -는다니(요), -는다니까(요), -으라고(요),

-으라니(요), -으라니까(요), -으라면서(요), -으래(요), -자고(요),
-자니(요), -자니까(요), -자면서(요)

넷째, 연결어미나 종결어미와 결합하여, 화자의 태도를 표현하는
문법 항목들이 있다. 이들 역시 구체적인 화자의 발화의도에 따라
선택되므로, 적절한 사용을 위한 변별이 필요한 목록들이다.

[화자의 태도 표현] ☞ 비어말어미 대당 표현

① 가능성 표현: -기(가) 십상이-, -기(가) 쉽-, -을 만하-, -을 법하
　　　　　　　-, -을 수 있-, -는 수가 있-,-을지(도) 모르-, -기
　　　　　　　(가) 어렵-, -을 수 없-, -을 리(가) 없-, -을 리(가)
　　　　　　　만무하-
② 경험 표현: -어 보-, -은 적이 있-/없-
③ 능력 표현: -을 수 있-/없-, -을 줄 알-/모르-
④ 당연 표현: -은/는 법이-, -기/게 마련이-, -을 수밖에 없-
⑤ 부담 제거 표현: -어 버리-, -어 치우-
⑥ 상태 지속 표현: -어 두-, -어 놓-, -어 있-, -고 있-
⑦ 성취 표현: -고 말-, -어 내-
⑧ 속성 판단 표현: -은/는 편이-, -은/는 축에 들-,
　　　　　　　　　-은/는 감이 있-
⑨ 안타까움 표현: -고 말-, -어 버리-
⑩ 의도 및 계획 표현: -겠-, -을 것이-, -고자 하-, -으려고 하-,
　　　　　　　　　　-을까 싶-
⑪ 의무 표현: -어야 되-, -어야 하-
⑫ 진행 표현: -고 있-, -는 중이-
⑬ 추측 표현: -은/는/을 게 틀림없-, -겠-, -을 것이-, -나/은가 보
　　　　　　　-, -나/은가 싶-, -나/은가 하-, -은/는/을 모양이-,
　　　　　　　-은/는/을 것 같-, -은/는/을 듯싶다/듯하-

⑭ 한정 표현: -을 뿐이-, -을 따름이-
⑮ 희망 표현: -고 싶-, -으면 싶-, -으면 하-, -었으면 좋겠-

3. 담화에 대한 선행 논의

3.1. 담화 연구의 주제

그간의 한국어교육에서의 담화 연구는 비교적 활발하며 다수의 논의가 이루어졌다. 주로 담화 분석의 방법으로 연구되어 왔다.

- 담화 구조: 특정 담화(텍스트나 대화)의 구조, 전개 방식, 대화의 순서 교대 및 인접쌍 등
- 담화 기능: 개별 문형 및 문법의 특성, 전반적인 체계, 화행 등
- 담화 표지: 담화 표지의 기능과 특성, 사용 양상, 교수·학습에의 적용을 다룬 연구[6]
- 담화 패턴: 교수·학습 변인에 따른 의사소통 양상이나 교수 모형 및 교수법 개발을 위한 자료 분석 연구
- 담화 문법: 의미적 결속성이나 통사적 응집성, 반복, 초점 등
- 담화 배경: 발화 맥락이나 상황, 발화 주제, 화·청자 관계 등
- 담화 이론: 한국어교육을 위한 담화 분석이나 대화분석의 적용

담화 문법은 주로 문어적 담화 자료에서 나타나는 담화 구조의 규칙을 찾으려는 문법으로 불린다. 임규홍(2004)에서는 문법을 어휘

---

6 문어 담화 표지는 주제 변화, 대조, 정보 추가, 논리적 연결 등을 다루고, 구어 담화 표지는 발화를 기능적으로 연결, 반응 표지, 화제 소개, 화제 전환, 추가 정보 공지, 등이 다루어졌다.

문법, 문장 문법, 담화 문법으로 구분하고[7], 담화 문법을 '담화 속에 존재하는 규칙과 담화의 기능, 담화 구조, 담화 표지 등을 아우르는 것, 문장의 단위에서는 설명할 수 없으나 장면이나 맥락 속에서만 설명할 수 있는 언어 현상, 언어 규칙'으로 정의한다. 이는 담화의 해석과 구조에도 매우 유의미한 통일된 규칙이 내재되어 있다고 보는 것에 근거하는 것이다. 그는 담화에서의 문법 교육은 발화 상황이나 문맥에서 실현되므로 개별 언어의 문화와의 연관성을 알 수 있게 한다고 지적한다. 담화는 실제 자료를 바탕으로 하며, 언어 수행을 대상으로 하는 '사용'의 문제와 관련이 있으므로 의사소통 교육에 도움을 준다는 것이다. 주신자(1998)에서는 한국어와 그에 상응하는 영어의 문어 텍스트를 비교하여, 텍스트의 도입부, 일화, 절정 일화, 결론의 각 분야에서 명사구, 동사구, 접속사, 부사구 등이 전체 텍스트에 결속성을 영어와 한국어가 어떠한 차이를 보이는지를 분석하고 있다.

담화 문법과 더불어 의사소통 기능 문법에 대한 논의도 활발하다. 어휘와 문법이 연계된 어휘적 접근(Lexical Approach)에 이어 문법과 담화, 혹은 문법과 화행이 연계되는 학문 영역 간의 연계가 이루어지고 있다. 문법을 규칙의 집합으로 보고 문법 구조의 형태에 관심을 두며 인위적으로 만들어낸 문장을 분석하여 정문과 비문을 판정하는 전통적인 문법은 형식 문법이라 보는데,(Graham Lock, 1996) 이러한 형식 문법은 실제 언어를 제대로 기술하지 못한 채 학습자에게 추상적인 규칙만을 제시한다고 비판한다(Cobuild, 1990). 제2언어 학습자

---

7 Celce-Murica & Olshtain(2000)에서도 Discourse based Grammar와 Sentence based Grammar를 구분하고 있다.

혹은 교사에게 필요한 문법은 분석을 위한 추상적 문법이 아니라 그 언어의 다른 화자와 의사소통할 수 있는 능력을 키워 줄 수 있는 문법 이어야 한다는 것이다.

최근 활발히 논의되는 기능 문법에서는 언어 사용자들이 의미를 생산하고 교환하도록 하기 위하여 의사소통 체계인 언어의 구조를 분석해 놓은 것을 문법이라고 보고, 문법 구조의 형태가 아닌 기능 과 기능의 구성 성분, 맥락 속에서의 기능의 의미를 주된 연구 대상 으로 삼는다. 기능 문법은 문법이 어떻게 의미를 생성하고 의미를 교환하는 데 사용되고 있는지를 밝히는 것을 목적으로 하므로 학습 자와 교사에게 그 언어에 대해 유용한 것을 말해 줄 수 있는 문법이 라고 보았다(Graham Lock, 1996). Du Bois(2001)에서는[8] 대화자들이 전달하고자 하는 정보를 청자가 보다 더 잘 인지하도록 하기 위해 담화 전략을 적용한다고 주장하면서, 문법이라는 것은 결국 많은 문 장에서 반복되며 규칙적으로 일어나는 문항 구조를 일반화하여 만 든 규칙으로 간주한다. 즉 담화 참여자들이 사용하는 담화 전략은 임의적이고 불규칙한 것이 아니라 문장의 통사구조를 고려한 화용 적인 전략으로 일정한 경향을 보인다는 것이다. 그는 특히 동사를 중심으로 한 핵심 논항에 관심을 가지고 구어 담화를 토대로 한 핵 심 논항의 통사론적 특성과 화용론적 특성을 분석하고자 했다. 문법 항목의 교수에 있어 형태, 의미와 더불어 화용적 정보를 함께 다루 어야 한다는 지적은 다수의 한국어 교육학자에 의해 반복되어 논의 되어 왔다. 문법 항목의 담화적 기능은 국어의 종결어미형 외에도

---

8 Du Bois, Jhon (2001) Discourse & Grammar. Course material on discourse grammar, LSA Summer Institute

보조동사 결합형, 양태용언 결합형, 의존명사 결합형 등에 다양하게 나타나므로, 이들을 의사소통 기능과 연관시키려는 노력은 당연한 현상이라고 할 수 있다.

3.2. 담화 기능에 대한 논의

국내외 연구에서 담화 기능을 구분하려는 논의는 일찍부터 시작되었다. 담화 기능에 대한 다양한 분류에 대해 살펴보자.

▣ Austin의 언어 기능

  a. 판정문(Verdictives): 분석하기, 산정하기, 진단하기, 등급매기기, 측정하기, 값매기기.

  b. 이행문(Exercitives): 임명하기, 강등하기, 파문하기, 명령하기, 용서하기, 추천하기.

  c. 공약문(Commissives): 내기 걸기, 찬성하기, 보장하기, 의도하기, 약속하기, 맹세하기.

  d. 행위문(Behabitives): 사과하기, 축복하기, 항의하기, 동정하기, 감사하기, 환영하기.

  e. 평서문(Expositives): 정의하기, 부정하기, 통보하기, 수정하기, 진술하기, 공정하기.

▣ Searle의 분류

  a. 진술문(Representatives): 진술하기, 결론 내리기, 표상하기, 연역적으로 말하기.

  b. 지시문(Directives): 명령하기, 제안하기, 초대하기, 질문하기, 주문하기, 요청하기, 구하기, 허락하기, 덤벼들기, 도전하기 등.

  c. 공약문(Commissives): 약속하기, 맹세하기, 협박하기 등.

d. 표현문(Expressives): 감사하기, 축하하기, 사과하기, 위로하기, 개탄하기, 환영하기 등.

e. 선언문(Declarations): 임명하기, 지명하기, 선고하기, 선포하기, 해임하기, 사임하기 등.

■ **Van EK(1980)의 분류:** Van EK(1980)는 의사소통 기능을 대화 행위 (speech act)와 행동적 관점에서 여섯 가지로 분류한 바 있다.

a. 사실적 정보의 이해와 전달(Imparting and seeking factual information): 증명, 보고.

b. 지적 태도의 이해와 표현(Expressing and finding out intellectual attitudes): 동의와 반대 표현하기, 동의 혹은 반대 묻기, 제안에 대해 거부하기 및 수용하기, 제안에 거절하기, 제안이 수용되는지 혹은 거절 되는지 관해 묻기, 제안하기, 무엇 혹은 누구를 기억 하는지에 관해 진술하기 혹은 묻기, 가능성·능력·논리적 결론· 확실성·책임에 관해 표현하기 혹은 묻기, 허가하기, 다른 사람의 허락에 관해 묻기, 보류된 허가 진술하기.

c. 정의적 태도의 이해와 표현(Expressing and finding out emotional attitudes): 기쁨·불쾌·호감·비호감에 관해 표현하기와 묻 기, 놀람·바람·만족·불만족에 관해 표현하기와 묻기, 실망·두려 움·걱정에 관해 표현하기 혹은 묻기, 더 좋아하는 것에 관해 표현 하기와 묻기, 의도·원함·욕구에 관해 표현하기와 묻기, 감사·동 정에 관해 표현하기

d. 도덕적 태도의 이해와 표현(Expressing and finding out moral attitudes): 사과하기와 용서하기, 찬성과 반대에 관해 표현하기 와 묻기, 감사·후회·무관심 표현하기.

e. 권고(Getting things done(suasion)): 행동의 순서 제안하기, 다른 사람에게 요구·초대 혹은 조언하기, 다른 사람에게 조심하기, 경 고하기 혹은 어떤 일을 자제하기, 다른 사람에게 어떤 일을 가르치 기 혹은 지시하기.

f. 사회화(Socializing): 인사하기(사람을 만날 때, 소개할 때, 소개받을 때, 떠날 때), 주의끌기, 식사 시작할 때 건배 제의하기.

■ **Hymes의 언어 기능**

a. 감정 표시 기능: 발신인의 내적 상태와 감정을 의사소통함. (Oh, no!, Fantastic!, Ugh!)

b. 명령의 기능: 수신인의 행위에 영향을 주는 것을 구함.(Please help me!, Shut up!, I'm warning you!)

c. 사교(의례)의 기능: 사회적 이유로 또는 실용적 이유로 매체를 열거나 제대로 작동하는지 점검함.(Lovely weather. Do you come here often? Can you hear me? Are you still there? Can you see the blackboard from the back of the room?)

d. 시적 기능: 선택된 특정한 형식이 전달 내용의 핵심임.(If you are buying beans, you will naturally buy Heinz.)

e. 지시 기능: 정보를 전달함.

f. 상위 언어 기능: 더 명백히 하거나 뜻을 타개하기 위해 부호 그 자체에 주목하도록 초점을 모음.(What does this word here mean? This bone is known as the 'femur'. 'Will' and 'shall' mean the same thing nowadays.)

g. 맥락 기능: 특정한 종류의 의사소통을 만들어냄.(Right! let's start the lecture. It's just a game.)

■ **Yule(1996)의 언어 행위에 의해 수행되는 다섯 가지 기준**

a. 선언(declarations): 문장의 발화에 의해 세상에 변화를 가져오는 행위.

b. 묘사(representatives): 화자가 어떤 것을 사실로 믿는지, 아닌지에 관해 서술해 놓은 행위들을 포함

c. 표현(expressives): 화자가 감정적으로 느낀 것을 진술해 놓은 행위로 심리적 상태인 기쁨, 고통, 좋고 싫어함, 슬픔 등.

d. 지시(directives): 화자가 누군가로 하여금 무엇을 하게 시키는 언어 행위로 명령, 요구, 제안 등.

e. 의뢰(commissives): 화자가 그 자신을 미래의 행위에 구속시키기 위해 수행하는 행위로 약속, 협박, 거절, 맹세 등.

■ Finocchiarod(1979)의 **분류**

a. 개인적(personal): 누군가의 아이디어를 설명 또는 정리하기, 누군가의 생각 또는 느낌 표현하기(사랑, 기쁨, 즐거움, 행복, 놀람, 좋아하는 것, 만족, 혐오, 실망, 고민, 고통, 노여움, 고뇌, 두려움, 걱정, 슬픔, 좌절), 지키지 못한 약속에서 느끼는 불쾌감, 윤리적·지적·사회적인 관심, 그리고 일상의 배고픔, 목마름, 피로, 졸음, 추위 또는 온기의 느낌 등.

b. 대인적(interpersonal): 바람직한 사회와 직업적 관계를 설정하고 유지할 수 있게 하는 기능; 인사말과 작별, 다른 사람들에게 사람들 소개하기, 다른 사람들에게 자기 자신 증명하기, 다른 사람의 성공에 기쁨 표현하기, 다른 사람의 번영을 위한 관심 표현하기, 초대장 보내고 받기, 정중히 초대장 거절하기 또는 대안 만들기, 만남을 위한 약속하기, 정중히 약속 취소하기, 사과하기, 변명하고 변명 받아들이기, 동의 또는 반대 표시하기, 공손히 말하는 사람 가로막기, 난처한 주제 바꾸기, 손님 접대하기와 방문하기, 음식 또는 음료 제공과 수락하기 또는 공손히 거절하기, 소망, 희망, 욕망, 문제 함께 나누기, 약속하기와 몇몇 행위 떠맡기, 칭찬하기, 변명하기, 표현하기와 감사 받아들이기 등.

c. 지시적(directive): 다른 사람의 행동에 영향 미치도록 시도하기; 지시 수락 또는 거절하기; 제안하기와 요청하기, 제안 또는 요청 받아들이는 것 거절하기, 누군가의 관점을 바꾸기 위해 설득하기, 요청과 수여 허가, 도움 구하기와 도움을 위한 청원에 응하기, 누군가 무엇을 하는 것 금하기, 명령 발표하기, 지시 주고 응답받기, 무작정 따라 하기, 금지하기, 행위의 도달을 위한 지침과 최종기

한 세우기, 명령 또는 지시 요청하기 등.

d. 참조적(referential): 일, 행위, 사건 또는 과거나 미래의 환경에 있는 사람들에 대해 이야기하거나 보고하기, 언어에 대해 말하기, 메타언어학적 기능(교실, 학교, 집, 사회에서의 사람 또는 사물 구분하기, 사람 또는 사물에 대한 묘사 요청하기, 사물 또는 언어 항목 정의하기 또는 정의 요청하기, 의역하기·요약하기·번역하기, 설명하기 또는 어떻게 무엇이 작동하는지의 설명 요청하기, 비교하기 또는 대조하기, 가능성·가망성 또는 뭔가 하는 것의 가망성 토론하기, 사건 또는 행위에 대한 사실들 요청하기 또는 보고하기, 행위 또는 사건의 결과 평가하기 등.)

e. 상상적(imaginative): 시·이야기·음악의 일부, 연극·그림·영화·텔레비전 프로 등 토론하기, 다른 사람들 또는 독서의 일부로 인해 제안된 생각 펼치기, 익숙한 대화 또는 구절들 창의적으로 재결합시키기, 대화 또는 이야기에 대한 최초의 시작이나 끝 제안하기, 문제나 미스터리 풀기 등.

▣ 외국어 교육(제7차 외국어 교육과정)

a. 개인의 생각: 가능성, 소망과 의지, 추측, 확신
b. 개인의 느낌: 희로애락, 감각적 느낌, 좋거나 싫음, 정서적 느낌
c. 친교 활동: 인사, 초대, 약속, 칭찬이나 격려, 말의 중단이나 끝맺음.
d. 일상적 대인 관계: 소개, 전화, 감사, 사과나 변명
e. 권유나 의뢰: 부탁과 요청, 승낙과 거절
f. 지시와 명령: 주의나 경고, 허용, 충고, 제안과 설득, 의무
g. 정보 교환: 사실 확인, 설명, 경험, 비교
h. 의견 교환: 의견 묻기, 의사 표시, 동의나 반대
I. 문제 해결: 물건 사기, 안내, 보고
j. 창조적 활동: 가설, 상상, 편지 쓰기

■ **영어과 교육과정 개정안 개발 연구(2011)의 기능 범주 및 항목**

  a. 정보 전달하기와 요구하기: 사실 확인하기, 사실 상술하기, 사실
     묘사하기, 진술하기, 보고하기, 비교하기, 질문하고 질문에 답하
     기, 수정하기

  b. 설득 권고하기: 제안 권유하기, 충고하기/충고 구하기, 경고하기,
     허락 요청하기/허락요청에 답하기, 도움 제안하기, 요청하기, (도
     움) 제안, 권유, 요청에 답하기

  c. 사교 활동하기: 만날 때 인사하기/헤어질 때 인사하기, 자기 소개
     하기, 다른 사람 소개하기, 소개에 답하기, 소개가 필요한지 묻기,
     감사하기/감사에 답하기,축하, 칭찬하기, 격려하기, 축하, 칭찬,
     격려에 답하기, 안부 묻기/안부묻기에 답하기/제삼자에게의 안부
     부탁하기, 호칭하기, 주의 끌기, 환영하기, 음식 권하기/음식 권유
     에 답하기, 기원하기

  d. 사실에 대한 태도 표현하기: 동의하기, 이의 제기하기, 부인하기,
     동의나 이의 여부 묻기

  e. 지식, 기억, 믿음에 대한 태도 표현하기: 알고 있음을 표현하기,
     알고 있는지 묻기, 궁금증 표현하기, 모르고 있음을 표현하기, 기
     억이나 망각 표현하기, 기억이나 망각 여부 묻기, 상기시켜 주기,
     확실성 정도 표현하기

  f. 양상에 대한 태도 표현하기: 가능성 정도 묻기, 가능성 정도 표현
     하기, 의무 여부 묻기, 의무 표현하기, 허가 여부 묻기, 허가하기,
     불허하기, 능력 여부 표현하기, 능력 표현하기, 능력 부인하기

  g. 의지에 대한 태도 표현하기: 바람, 소원, 요망 표현하기, 바람, 소
     원, 요망에 대해 묻기, 의도 표현하기, 의도 묻기

  h. 감정 표현하기: 낙담 위로하기, 희망, 기대 표현하기, 걱정, 두려
     움 표현하기/걱정, 두려움 묻기, 만족 표현하기/불만족 표현하기/
     만족이나 불만족에 대해 묻기, 기쁨 표현하기, 슬픔 표현하기, 기
     쁨이나 슬픔에 대해 묻기, 슬픔, 불만족, 실망의 원인에 대해 묻
     기, 유감이나 동정 표현하기, 실망 표현하기, 안심시키기, 안도감

표현하기, 좋아하는 것 표현하기, 싫어하는 것 표현하기, 좋아하
는 것 또는 싫어하는 것 묻기, 선호 표현하기/선호에 대해 묻기,
불평하기, 화남 표현하기/화냄에 응대하기, 관심 표현하기/무관
심 표현하기/관심에 대해 묻기, 놀람 표현하기/놀람 여부 묻기

I. 도덕적 태도 표현하기: 거부하기, 승인이나, 거부 여부 묻기, 사과
하기/사과 수용하기, 도덕적의무 표현하기, 승인하기, 비난을 하
거나 수용하기/비난 거부하기

j. 담화 구성하기: 강조하기, 정의하기, 요약하기, 전화를 하거나 받
기, 주제 소개하기, 의견 표현하기, 의견 묻기, 열거하기, 예시하
기, 주제 바꾸기, 이해 상태 나타내기, 대화에 끼어들기

k. 의사소통 개선하기: 천천히 말해 달라고 요청하기, 반복 요청하
기, 반복해 주기, 확인 요청하기, 설명 요청하기, 철자 필기 요청
하기, 철자 알려주기, 표현 요청하기, 표현 제안하기, 이해 점검하
기, 오해 지적해 주기, 생각할 시간 요청하기

▣ 한국어 교육(국제통용 표준모형 2016)
: van Ek & Trim(2001)과 영어과 교육과정 개정안 연구(2011)을 기반
으로 하여 한국어교육에서 나타날 수 있는 기능의 특징을 반영하여
정보 전달하기와 요구하기, 설득하기와 권고하기, 태도 표현하기, 감
정 표현하기, 사교 활동하기, 담화 구성하기 등 모두 6개의 대범주를
설정하였다.

a. 정보 요청하기와 정보 전달하기: 설명하기, 진술하기, 보고하기,
묘사하기, 서술하기, 기술하기, 확인하기, 비교하기, 대조하기,
수정하기, 질문하고 답하기

b. 설득하기와 권고하기: 제안하기, 권유하기, 요청하기, 경고하기,
충고하기/충고구하기, 조언하기/조언구하기, 허락하기/허락구하
기, 명령하기, 금지하기, 주의주기/주의하기, 지시하기

c. 태도 표현하기: 동의하기, 반대하기, 부인하기, 추측하기, 문제 제
기하기, 의도 표현하기, 바람·희망·기대 표현하기, 가능/불가능

표현하기, 능력 표현하기, 의무 표현하기, 사과 표현하기, 거절 표
현하기
d. 감정 표현하기: 만족/불만족 표현하기, 걱정 표현하기, 고민 표현
하기, 위로 표현하기, 불평·불만 표현하기, 후회 표현하기, 안도
표현하기, 놀람 표현하기, 선호 표현하기, 희로애락 표현하기, 심
정 표현하기
e. 사교 활동하기: 인사하기, 소개하기, 감사하기, 축하하기, 칭찬하
기, 환영하기, 호칭하기
f. 담화 구성하기: 주제 소개하기, 의견 표현하기, 의견 묻기, 열거하
기, 예시하기, 강조하기, 정의하기, 요약하기, 전환하기, 첨가하
기, 주제 바꾸기

국내외 선행 연구에서 담화 기능은, 선행 연구에서 살펴 보듯이
매우 다양하며 다수의 논의가 이루어져 왔다. 담화 기능에 대한 연
구는 연계된 발화 의도를 정리하는 데에 있어 매우 중요하다고 보았
기 때문일 것이다. 언어 교육에서의 의사소통 방식의 규명은 결국
화자의 발화 의도를 분석하여 이에 효율적으로 반응하는 일이라고
하겠다.

4. 문법 항목의 담화 기능

4.1. 발화 의도 분류

앞선 논의들을 바탕으로 문법 항목과 연계되는 화자의 발화 의도
를 큰 틀로 구분해 보면 다음과 같이 구분할 수 있다.
우선, 화자의 판단이나 감정 등의 화자의 태도를 표현하거나, 사

실 묘사를 통한 정보의 제공, 친교를 위한 교류 표현 등이 있는데 청자의 반응이 필수적이지는 않다. 이들 표현은 화자 주도적으로 서술되며 대부분은 평서문의 형태이나, 간접의문문이나 감탄문 등으로 표현되기도 한다.

　다음으로는 청자의 반응(대답이나 행동)을 요구하거나 기대하는 대화 기반의 표현들이 있다. 이들 표현은 구체적인 정보를 구하거나 정보의 확인, 청자의 행위에 대한 지시나 제안 등과 같이 청자의 반응을 필수적으로 요구한다. 의문문, 명령문, 청유문으로 나타나지만 간접 의문문의 형태나 희망 표현과 같은 평서문 형태로 완곡하게 나타나기도 한다. 상대를 고려하는 한국 문화의 특성상 직접적 지시보다는 간접 표현이 담화 상황에서의 적절성에 부합하는 경우가 많다. 물론 이상적으로 본다면 모든 문장에 대한 발화의도 주석이 이루어진 다음에 이를 바탕으로 한 귀납적 틀을 제시하는 것이 바람직할 것이다. 본서에서는 앞선 장의 국외 연구의 연역적 분류와 그간의 한국어 교육에서 이루어진 귀납적 연구를 고려하여, 아래와 같은 틀을 잠정적으로 제시하고자 한다.

	영역	세부 의도	기능
화자 주도	화자의 판단, 선언	추측(예상), 가능, 불확실, 확신, 의사 표시(희망), 의견, 주장, 계획, 판단(선택), 자랑, 칭찬, 비난, 변명, 위로, 호응, 공감, 동의(인정), 부정(부인), 반대(거절)	화자 태도 표현
		약속, 선언, 임명, 지명 등	
	화자의 감정	선호(좋음), 비선호(싫음), 못마땅함, 불만, 불평, 한탄, 걱정, 후회, 의아함, 감탄, 놀람, 신기함, 고마움, 미안함, 안타까움 등 심정	
	사실 묘사 (정보 제공)	(정보)안내, 보고, 묘사(분류, 비유), 설명(분석, 비교), 인용(전달) 등	정보 전달

	친교 (사회적 교류)	(친교)인사, (인물)소개, 축하, 환영 등	친교
청자반 응유도	질문 (정보 구하기)	질문(WH, Y/N), 확인 질문 등	정보 구하기
	명령 (청자 행동 요구)	명령, 요구, 금지, 주의(경고) 등	청자 행동 구하기
	요청 (청자 행동 기대)	부탁, 권유, 제안(권고), 허락 구함 등	

　　화자의 생각, 판단을 나타내는 표현에는 화자의 태도에 따라 다양한 세부 의도들이 나타날 수 있는데, 이들 표현 간에는 정도의 차이가 존재하기도 한다. 이들 표현은 특정 어휘를 통해 드러나기도 하고 고정적인 문법 형태로 드러나기도 한다.

　　명제에 대한 확실성 여부의 정도: 추측, 불확실, 가능, 확신
　　의견의 강도에 따른 정보: 의사 표시(희망), 의견, 주장
　　선행 의견에 대한 반응의 정도: 호응, 공감, 동의(인정), 부정(부인),
　　　　　　　　　　　　　　　　반대, 거절
　　행위 결과의 영향성 정도: 약속, 선언, 임명, 지명

　　그런데 위에서 보인 화자의 발화 의도는 발화의 3대 요소인 화자, 청자, 메시지(명제 내용)과 관련하여 여러 가지 다양한 기준을 설정할 수 있고, 범주별 특성에 따라 개별적으로 적용되는 기준은 달라질 수 있을 것이다.

　　위에서 제시한 발화 의도의 분류는 엄밀히 말하면 발화 상황에서의 화자의 의도와 연계될 뿐, 실제 상황에서의 수행 여부나 결과와는 무관할 수 있다. 예를 들면 행위에 대한 청자의 수용 여부(수용/거부), 행위 수행 후 결과의 변화 여부 등은 청자의 선택 영역이기 때문이다.

화자가 청자의 반응은 예측하거나 통제할 수는 없으므로, 발화 당시의 화자 의도에만 초점을 두고 분류한 것이다. 각각의 세부적인 의도들은 아래의 기준으로 구체적인 특성을 정리할 수 있을 것이다.

    ㉠ 행위 수행의 주체가 누구인가: 화자/청자/화청자 모두
    ㉡ 누가 행위 수행을 바라는가(소망 주체) : 화자/청자
    ㉢ 누가 행위 수행의 결정권을 가지는가: 화자/청자
    ㉣ 응답 요구 여부
    ㉤ 화자 견해의 명시적 표현인가, 비명시적 표현인가
    ㉥ 화자 결정으로부터 비롯하는 행위 의무성 유무
    ㉦ 화자의 긍정적, 부정적 태도 여부
    ㉧ 화자의 권위 유무
    ㉨ 이익의 수혜자가 누구인가: 화자/청자

화자가 의도한 대로 청자의 말이나 행동이 수행되지 않는 경우는, 화자의 재차 요구, 발화 일부 수정(의미 협상), 대화 중단 등이 이루어질 수 있을 것이다. 이러한 분석은 동일 발화가 중의적으로 해석될 수 있는 예시들을 보여주는 것이라 할 수 있다.

4.2. 문법 항목과 담화 기능

문법 항목들은 개별 어휘 항목이 다의성을 가질 수 있는 것처럼, 관례화된 사용을 통해 특정 발화 상황과 연계되어 변이 의미를 가지게 된다. 연결 어미 '-고'는 아래와 같이 의미를 나눌 수 있는데, 한국어교육용 사전을 살펴보면 개별 의미들은 숙달도별로 분산해서 제시되는 게 일반적이다. 이들 항목들은 한국어에서는 같은 형태로 표현

되지만, 다른 언어에서는 변별적 형태를 가질 수도 있다.

> (1) 두 가지 이상의 대등한 사실을 나열 〈나열〉
>   (예) 지수는 키도 크고 예뻐서 인기가 많다.
> (2) 앞뒤의 말이 차례대로 일어남 〈시간 순서〉
>   (예) 밥 먹을 거니까 손을 씻고 오너라.
> (3) 앞의 행위가 그대로 지속됨 〈행위의 지속〉
>   (예) 지수는 새로 산 구두를 신고 학교에 갔다.
> (4) 서로 뜻이 반대되는 말을 나열 〈반대 사실〉
>   (예) 누가 잘했고 못했고를 구별하는 게 쉬운 일은 아니다.
> (5) 형용사를 반복하여 그 뜻을 강조할 때 씀 〈강조〉
>   (예) 높고 높은 가을 하늘이 정말 푸르다

또한 하나의 의미 기능이 다양한 문법 항목으로 나타나기도 한다. 화자의 발화 의도에 따른 '이유'를 나타내는 몇 가지 표현들을 살펴보면, 이들 표현은 모든 문맥에서 언제나 대체될 수 있는 것은 아니며, 대체가 된다 하더라도 발화의 뉘앙스가 달라질 수 있으며, 각각은 화자의 발화 의도와 밀접하게 연계되어 있음을 알 수 있다.

> (예) 차가 (?막혔으니까/막혀서) 회의에 늦었습니다.
> (예) 너는 군것질을 많이 (?해서/하니까) 저녁을 안 먹어도 살이 찌지.
> (예) 지난 주말에 등산 (?했더니/해서) 이번 주말에는 집에서 쉬었다.
> (예) 게임에 (?이기느라고/이겨서) 기분이 좋다.
> (예) 우연히 옛날 사진을 (?본 탓에/보는 바람에) 네 생각이 많이 났다.
> (예) 아이가 (?크는 바람에/크느라고) 온몸이 뻐근하대요.
> (예) 프로그램 소개 후, 손님이 (몰리는 통에/?몰린 탓에) 정신없이 바쁘다.
> (예) 모든 사람은 죽는다. 영수도 (사람이므로/?사람이어서/?사람이니

까) 죽는다.

'-어서'는 앞의 내용이 원인이 되어 뒤에 이어지는 내용과 같은 결과가 있음을 나타내거나, 어떤 결과에 대해서 보편적으로 누구나 동의할 것으로 전제하고 있는 원인을 나타낸다. 흔히 원인과 결과 사이의 필연성이 '-니까'보다 강하다. '-니까'는 주관적 판단에 의한 원인과 그에 따른 당연한 결과를 나타낸다. 주관적 판단이나 추리에 의거한 이유를 나타내므로 청자의 동의를 항상 전제하는 것은 아니다. '-더니'는 듣거나 경험한 사실이 다른 사실의 이유나 원인, 조건이 됨을 나타낸다. '-길래'는 화자가 지각한 내용이 이유, 원인이 되어 화자가 어떤 행위를 했음을 나타내며, 이때의 원인은 화자가 의도한 것이 아니라 우연히 발견하거나 새롭게 깨달은 사실이다.

'-느라고'는 앞선 내용이 뒤에 오는 내용의 원인임을 나타내는데, 흔히 선행절의 사실과 후행절의 사실이 동 시간대에 발생하여 시간적 겹침이 있다. 말뭉치에서 다수의 예문은 주절에 변명이나 해명 등의 의도가 나타나거나, '-느라고'가 포함된 선행절이 부정적인 이유로 해석되는 경우가 많다.

'-으므로'는 어떤 사실을 전제하고 그 전제된 사실을 이끌어 낸 결론을 기술하며, 뒤에 이어지는 내용의 이유를 논리적으로 따져 말할 때 쓴다. '-기 때문에'는 앞의 내용이 뒤에 오는 내용의 이유나 원인임을 나타내며 이유나 원인을 더욱 강조하는 의미가 있다. '때문'의 어휘 의미가 남아 있는 것이다. '-으니만큼'은 역시 앞의 내용이 뒤에 오는 내용의 원인이나 이유가 됨을 나타내는데, 이유나 원인을 더욱 강조하는 의미가 있다. 선, 후행절의 인과관계가 매우 긴밀하여 선행절의 원인이 있고 따라서 후행절의 결과가 있는 것이 타당하다는 느낌이 있다.

'-는 바람에'는 갑작스럽거나 예기치 않은 원인을 나타내며, '-은
/는 탓에'는 어떤 부정적인 현상의 원인이나 책임 소재를 나타낸다,
'-는 통에'는 복잡하고 정신이 없는 상황이 원인임을 나타내며, '-은
/는 덕분에'는 어떤 사람의 은혜나 도움, 또는 어떤 일의 발생으로
인해 이익이 있음을 나타낸다. '-ㄴ/는 까닭에, -ㄴ/는 관계로' 등도
의존성 명사의 의미가 그대로 드러난다. 이들 표현들의 특징은 구체
적인 실질 명사가 의존성 명사로 굳어져 사용되면서, 관례적인 의미
를 취득했으므로 해당 의존성 명사의 어휘적 의미가 남아 있다. 이렇
듯 한국어 교육에서의 문법 항목은 단일 문법 항목 외에도 어휘와
결합된 구 단위의 다양한 표현들이 다수 존재하며, 이들은 모두 보다
세밀하게 화자의 의도를 표현하기 위한 장치들이다. 화자는 스스로
판단하여, 소통의 효과를 얻을 수 있는 가장 적절한 문법 항목들을
만들어내고 또 사용하게 되는 것이다.

4.3. 담화에서의 문법 항목 선택

할리데이는 의미를 주고받는 담화의 환경을 세 가지 요인으로 분
석했다. 우선, 담화의 배경(field)은 말하고 있는 것을 포함하여 벌어
지고 있는 일을 말한다. 대화의 목적, 내용에 관한 것, 왜, 무엇에
대해 의사소통이 일어나는가를 말한다. 담화의 영역(tenor)은 의사소
통 교환에 참여하고 있는 참가자들과 참여자 간의 관계를 언급한다.
누구에게 의사를 전달하고자 하는가, 언어가 의미를 전달하기 위해
무슨 역할을 맡고 있는지, 무슨 방법이 사용되는지 등을 포함한다.
담화 유형(mode)은 대화의 수단인 말이나 글을 의미하는 것으로 어떻

게 의사소통이 일어나는가를 의미한다.

결국 언어를 사용한다는 것은 화자의 '생각'을 보여주고, 화청자의 '관계'를 규정하고, 이를 응집성 있는 메시지로 '구축'하는 일이다. 사용 중심 교수 학습이란 학습자가 의미에 집중하여 언어 형태를 선택하고, 이러한 문법적 선택이 의미를 어떻게 형성하는가 점검하는 것이다. 문법의 선택은 의미에 기반하되 상황 맥락에 따라 영향을 받기 때문이다. 학습자들은 아래의 사항에 주목할 필요가 있다.

첫째, 의미에 초점을 두어 발화된 담화에서 무엇이 묘사되고 정의되었는지, 어떻게 확인하는지, 어떤 행위가 있었는지, 누가 관여하는지, 어떻게 텍스트가 엮이고 있는지에 초점을 둔다. 구체적으로는 '생각'의 제시를 위해서는 '누가(무엇이), 언제, 어디서, 왜, 어떻게'의 요소를 구별하기 위해 참여자, 과정, 상황(장소 상황, 시간 상황)의 정보에 주목한다.

둘째, 독자나 청자와의 '관계' 규정을 알기 위해서는 해당 담화의 '격식/비격식성, 친소 관계, 태도(긍정, 부정, 중립), 지위(권력)' 등의 요소를 파악한다.

셋째, 응집성 있는 메시지를 구축하기 위해서는 담화에서의 '생각의 연결법(지시, 대체 등), 어휘의 밀집도, 문법적 복잡도, 어휘적 연쇄, 어조, 텍스트 간 상호작용성' 등에 집중한다.

그런데, 앞서 살펴본 바와 같이 화자의 발화 의도와 연계된 문법 항목은 의도에 따라 매우 다양하게 나타난다. 이에 발화 의도에 복수로 대응하는 표현들의 특성과 그들 간의 변별적 차이에도 주의를 기울여야 한다.

우선, 한국어에서는 특히 '이유 표현'과 '추측 표현'을 나타내는 문법 항목의 수가 많아, 이에 대한 연구들이 활발했다. 한국어에 유독 이러한 표현들이 많이 나타나는 것은 한국인 언어 공동체의 공유된 발화 관습과 무관하지 않을 것이다. 단언적으로 자신의 의도를 드러내기 보다는 자신의 선택의 배경이나 이유를 구체적으로 설명함으로 해서, 청자의 수용을 극대화하고자 한다. 청자를 배려하고 고려하는 언어적 습관은 한국어에서 자주 발견되는 특성이다. 아래와 같이 '이유 표현'이 다양한 것은 개별 문법 항목 각각이 미세하게 화자의 의도를 구분하여 표현하고 있기 때문이다. 같은 '이유'라도 필연적 인과관계인지, 단순한 이유인지, 추정된 이유인지, 호의적 이유인지, 어쩔 수 없는 이유인지에 따라 아래와 같이 다양하게 표현될 수 있는 것이다. 청자를 중심하는 문화적 특성으로 인해, 주절에서 드러내는 화자의 의도를 보충하거나 강화할 수 있는 다양한 이유 표현들을 도입한다고 볼 수 있다.

[이유·원인]
: -아서/어서, -(으)니까, -(으)므로, -느라고, -기 때문에, -는 바람에, -는 통에, -(으)ㄴ/는 탓에, -(으)ㄴ/는 덕분에, -(으)ㄴ/는 까닭에, -(으)ㄴ/는 관계로, -(으)ㄴ/는 김에, -(으)ㄴ/는 나머지, -(으)ㄴ/는 만큼, -(으)ㄴ/는 이상, -(으)ㄹ 테니까, -(으)ㄹ까 봐(서), -(으)ㅁ에 따라(서), -(으)ㅁ으로 해서, -고 하니, -고 해서, -다(가) 못해(서), -다(가) 보니(까), -다는 점에서, -아/어 가지고, -아/어 놓아서, -아서/어서 그런지

'이유' 표현을 사용하는 이유는 주절에서 드러내고자 하는 화자의 발화 의도와 연계될 터인데, 우선, '화자 발화의 정당성 확보하기'를 생각해 볼 수 있다. 화자가 해명이나 주장을 하기 위해서 자신의 발화를 강화하거나 보충할 필요가 있는데, 이를 위해서는 구체적인 '이유

또는 근거'를 제시하거나, '주변 상황'이나 배경을 설명하거나, '(타인
의 말) 인용' 등을 활용할 수 있을 것이다. 발화의 배경이 되는 '상황
설명'을 통해 상대를 이해시키거나, 타인의 주장이나 말을 '인용'하여
화자의 발화를 정당화하는 방법보다, 구체적인 '이유'를 적시하는 것
이 가장 효율적인 의사소통의 방법일 수 있으므로, 자신의 의도 전달
의 효율성을 위해 이유 표현을 자주 사용하는 것으로 보인다. 다음으
로, 청자 존중의 문화에서 본인의 행동이 어쩔 수 없었음을 표현하기
위한 수단으로서 피치 못할 이유를 명확히 드러내게 된다고 하겠다.
이를 통해 본인의 행동이 상대를 존중하지 않기 때문이 아니라는 점
을 표현하여 화자의 피치못함을 이해받고자 한다고 볼 수 있다. 이러
한 방식에는 '이유 대기' 외에도 타인의 말을 인용하거나 배경을 설명
하는 등의 형식도 활발히 사용한다.

- 인용 하기: '-다더니, -다던데' 등의 타인의 주장, 대중의 관습적 판
  단(속담 등) 인용
- 배경 설명: '-은데' 등의 발화의 배경을 설명

'추측 표현' 역시 매우 다양하게 나타나는데, 이는 단순한 추측
표현부터 단정의 회피, 심리적 거리 유지, 체면 손상의 방지 등의
다양한 의도에서 활용될 수 있다.

[추측]
: -겠-, -(으)ㄹ까 싶다, -(으)ㄹ 것이다, -(으)ㄹ 모양이다, -(으)ㄹ
것 같다, -(으)ㄹ 듯하다, (으)ㄴ 듯싶다, -(으)ㄹ 성싶다, -(으)ㄹ 법
하다, -나/는가 싶다, -나/는가 보다, -나/는가 하다, -(으)ㄹ지 모르
다, -(으)ㄹ 텐데, -(으)ㄹ걸(요), -(으)ㄴ/는/(으)ㄹ지(도) 모르다, -

(으)ㄴ가/나 보다, -(으)ㄹ걸(요

한국어 문법 항목에서 추측 표현이 많은 것은 비단정적인 서술을 통한 상대방의 체면 보호와 공손성 드러내기와 연관된다고 볼 수 있다. 청자에 대한 공손성을 드러낼 수 있으므로, 상대를 존대하는 한국 문화에서 화자가 자주 선택하는 문법 항목일 수 있다. 또한 가능성 표현 역시, 확실한 단정을 피하여 화자의 입장을 옹호하는 의도로 사용될 수 있다. 반면에 때로는 '-을 리가 없다'와 같이 단정을 강조하여, 자신의 의도가 옳음을 강조하기도 한다.

> 가능성 표현: -을 수밖에 없다, -기가 십상이다, -기가 쉽다, -을 만하다, -을 법하다, -을 수 있다, -는 수가 있다, -을지(도) 모르다, -기(가) 어렵다, -을 수 없다, -을 리(가) 없다, -을 리(가) 만무하다

이들 표현들은 구 복합 단위가 다수이며, 실질 의미를 드러내는 단어를 포함하여 덩어리 형식으로 나타나는 것이 특징이다. 이들은 또한 담화 상황이나 대상에 따라 다양한 변이형을 사용하며 미묘한 뉘앙스를 전달한다. 가능성 표현을 활용하여, 화자의 '심리적 거리'를 나타내는 '태도'를 표현한다. 단정 표현보다는 추측 표현을, 짧은 문장보다는 구 단위 표현으로 심리적 거리를 넓힌다.

> (예) 가. 요즘 젊은이들은 대부분 게임 마니아들이다.
>   나. 요즘 젊은이들은 대부분 게임 마니아라고 본다./보여진다./볼 수 있다./볼 수도 있다./볼 가능성도 있다./볼 가능성이 없는 것은 아니다.

때로는 화자의 태도가 청자에의 '존중'을 나타내기 위한 표현들이 아래와 같이 단계화되기도 한다. 이들 표현에는 상대방의 '자유 선택'을 존중을 드러내는 미세한 표현의 차이가 느껴진다.

(예) ㄱ. 네가 와.
ㄴ. 네가 오지 그래
ㄷ. 네가 왔으면 해
ㄹ. 네가 왔으면 좋겠어
ㅁ. 네가 왔으면 좋겠다고 생각해/했어.
ㅂ. 네가 온다면야 난 정말 좋지.

화자의 태도와 관련되는 요소들은 상대와의 (일상생활이나 업무 등에 있어서의) 목표 언어 화자와의 의사소통의 성공을 목표로 두는 학습자에게는 매우 중요한 요소가 될 수 있다. 단순히 언어적 유창성을 넘어, 적절하고 효과적인 소통을 원하는 고급 학습자들에게 모국어 화자의 발화 태도를 이해할 수 있어야 하며, 나아가 청자의 수용성을 높이기 위해 효과적으로 사용할 수 있는 필요한 요소들이라는 것이다.

이유나 추측 표현과 같은 발화 의도와 연계된 문법 항목 외에도 '시제, 높임, 인용, 부정, 피사동' 등의 문법 형식이 화자의 의도와 연계되어 해석되어야 하는 경우도 많다. 이는 비단 한국어 문법만의 특징은 아니다. Celces Maurica에 의하면 영문법의 핵심 문법 범주의 대부분은 담화 층위에서 해석이 필요하다고 보았다.[9] 담화 맥락과

---

9 Luciana C.de Oliveria and Mary J.Schleppegrell(2015) 참고.

고립적인 문법 항목은 재귀사를 비롯한 4개 정도에 지나지 않으며, 나머지는 모두 담화적 해석과 연계된다고 보았다.

- 영어에서 탈문맥적이고 문장에 기초한 규칙
  - 한정사-명사 일치
  - 전치사 다음의 동명사 사용
  - 절에서의 재귀 대명사화(reflexive pronominalization)
  - 부정의 환경에서의 some-any 보충법

- 영어에서 담화와 문맥에 민감한 문법의 규칙들
  - 수동태 vs 능동태 사용
  - 간접 목적어 교체
  - 대명사화
  - 관사와 한정사 선택
  - 문장에서 부사(구, 절)의 위치
  - 존재의 there의 사용 vs 사용하지 않음
  - 시제(tense)-상(aspect)-양태(modality) 선택
  - 문장 구성 요소의 우/좌 전위
  - 논리적인 연결사의 선택
  - it 분열문과 wh-분열문의 사용 vs 사용하지 않음

Diane Larsen-Freeman(2002)에서도 담화 상황에 따른 화자의 문법 선택이 화자의 태도, 청자와의 힘의 관계, 화자의 정체성 드러내기와 연관된다고 보았다. 한국어에도 이러한 담화 기반의 문법 선택에 대한 연구가 다수 이루어지고 있다.

우선, 시제 표현의 담화적 기능에 대한 연구도 활발하다. 학술적 글쓰기의 선행 연구 부분에서 시제는 시간의 표현이 아니라 선행 연

구에 대한 필자의 '긍정적, 부정적, 중립적' 평가를 나타내는 데에 활용되기도 한다. 예를 들면 학술 논문의 선행 연구의 검토에서 시제의 선택은 해당 연구에 대한 미묘한 필자의 평가를 담고 있는 것이다. 실제로 같은 논문에서 현재와 과거, 현재 진행이나 완료의 모든 시제 선택이 가능한데, 해당 시제들은 필자의 태도를 담고 있다. 과거형의 사용은 현재형에 비해, 해당 내용이 더 안착된 이론임을 드러내며, 진행형은 여전히 논란의 여지가 남아 있음을 드러낸다고 해석할 수 있다.

(예) 가. 강현화(2020)에서는 담화가 문법의 핵심이라고 설명한다./설명했다./설명하고 있다.

나. 강현화(2020)에서는 담화가 문법의 핵심임을 주장한다./주장했다./주장하고 있다./주장해 왔다.

'공식성'이나 '공손성'을 드러내기 위해 미래 시제가 사용되기도 한다. 동일한 담화 상황에서의 시제 바꿈이 가능한데, 이때 현재형이나 과거형, 미래형의 선택이 단순한 시제의 선택이 아닌 청자를 고려하는 화자의 태도와 연계될 수 있다. 예를 들어, '압니다'는 단순한 이해를 드러내며 추후 반박의 소지가 느껴짐에 반해, '알았습니다, 알겠습니다'는 수용의 태도를 드러낸다. 다만, '알겠습니다'는 미래의 실천 의지까지 느껴져 보다 적극적인 수용으로 해석될 수 있다.

(예) 가. 지금부터 회의를 시작합니다./시작하겠습니다.

나. 예, 무슨 말씀이신지 압니다/알았습니다/알겠습니다.

다음으로, 부정 표현의 담화적 기능에 대한 논의도 많았다. 부정 표현은 단순히 긍정의 반대가 아니라, '완곡'을 표현하기 위한 의도로 사용되는 경우가 많다. 특히 면대면 발화에서의 간접 표현 전략, 부정 의문 등을 사용한 명령 등은 체면 손상을 완화하기 위해 매우 활발히 사용된다.

(예) 가. 주말에 영화 보러 가자/보러 갈래?/가지 않을래?
    나. 아까 내가 말 했잖아/말하지 않았어?

또한 비교의 '완곡'한 표현을 위해 부정 표현을 사용하기도하는데, 간접적이고 덜 무례하게 느껴지게 보일 수 있다. 단순히 부정문 여부를 떠나, 청자 혹은 제삼자의 체면을 고려한 화자 태도의 완곡성을 드러내는 표현으로 해석할 수 있다.

(예) 가. 철수는 영희보다 머리가 좋다.
    가'. 영희는 철수만큼/처럼 머리가 좋지는 않다.
(예) 나. 결혼반지 크기가 너무 작네
    나'. 결혼반지 크기가 그리 크지는 않네

부정문을 사용한 단정성의 약화를 통해, 상대의 체면을 고려하는 발화도 있다. 혹은 상대와의 권력 관계에서 발화의 부정성을 약화시키고자 하는 의도도 담겨 있다. '틀리다, 그르다'는 명시적 표현 대신 '-지 않다'의 부정 표현으로 완곡한 의견을 드러낸다.

(예) ㄱ. 나는 김 선생님이 옳지 않다고 생각해
    ㄴ. 저는 김 선생님이 꼭 옳다고 생각하지 않습니다.

피동 표현 역시, 단정적인 서술을 회피함으로 해서 화자의 책임을

'완곡'하게 하려는 의도로 사용되기도 한다. 학술 서적이나 신문 기사 등에서 피동 표현의 사용이 많은 것은 이와 관련이 깊다고 하겠다. '보고하다, 분석하다' 등의 능동적 표현보다는 '-되다'를 사용하면서 명시적인 주어를 생략하여, 극단적 단정을 피하고 책임 소재를 모호하게 만들고 있다.

(예) 이번 사건은 상사의 부당한 갑질로 보여진다./보고되었다
　　　이번 폭우는 고기압의 강한 영향으로 분석된다.

때로는 주어를 무엇으로 삼느냐에 따라 '중요성'에 대한 화자의 태도를 드러내기도 한다. 대칭을 이루는 두 가지 표현의 순서는 명사구의 '중요성'을 드러낼 수 있는데, 아래의 예문에서 공동 논문이었다고 할지라도, 앞선 주어의 사람이 논문 작성에 있어 더 중요도가 있음을 드러내고자 하는 의도가 담겼다고 볼 수 있다.

(예) 가. 영희는 철수와 함께 논문을 썼다.
　　　나. 철수는 영희와 함께 논문을 썼다.

'-음, -기, 는 것'은 흔히 명사절을 표시하는 형태소로 함께 제시되며, 문장에 따라 교체가 가능한 경우도 많다. 하지만 화자가 의도하는 '확신'에 대한 정도의 차이를 드러낼 수는 있다. '-임'이 화자의 확신을 보다 강하게 드러내는 것으로 해석할 수 있으며, '-는 것'의 어느 정도의 확신에 대한 거리를 두고 있다고 볼 수 있다.

(예) 가. 그 사람이 유명한 과학자임을 압니다.
　　　나. 그 사람이 유명한 과학자라는 것을 압니다.

대부분의 화자들은 각자가 속한 담화 공동체의 일원으로서 말하는 방법을 배우게 되며, 각각의 담화 공동체는 적절한 말하기 또는 쓰기의 방법을 구성하기 위한 규범을 이해하고 있다. 담화 공동체의 관례적인 표현을 익혀, 해당 담화 상황에서 가장 적절한 문법을 선택할 수 있는 능력은 담화의 적절성 확보에 매우 중요한 일이다.

5. 나오기

담화에서의 문법을 연구하고 이를 언어 교수에 활용하는 일은 매우 중요하다. 문장 단위에만 국한된 문법 교수를 유지한다면, 실제 상황 기반의 의사소통 능력을 배양하기는 어려울 것이다. 문장에 기초한 문법에 대한 관점은 언어 교육에서 추구하는 의사소통 능력인 언어능력(언어학적(또는 문법적) 능력, 사회언어학적(또는 화용론적) 능력, 담화 능력, 그리고 전략 능력)의 일부에 지나지 않으며, 이를 포괄하지 못한다. 언어 지식의 일부로서 문법과 담화의 역동적인 관계와 언어 지식의 화용론적 측면, 담화 참여자를 고려한 담화 상황에 대한 연구는 문법 교수의 효율성을 제고하는 데에 기반 연구가 될 것이다.

담화에 놓인 의미 읽기
: 보조동사의 의미연결망을 중심으로

이 글은 동일한 언어 형식이 담화 안에서 다른 요소들과 상호작용할 때 의미 해석이 달라지는 양상을 포착하고, 그러한 양상을 실제 언어 요소의 통계적 분석을 통하여 입체적으로 조망해 보고자 한다. 이 글에서의 담화란 언어 내적 층위로서의 앞뒤 문맥 안에 존재하는, 실제로 부려 쓰인 언어를 가리킨다. 이를 위해서 보조동사 구성인 '-어 버리-'와 '-고 말-'의 사례를 주로 살펴본다. 이들 표현은 명제에 대한 화자의 태도를 나타내는 양태적 의미를 담보할 수 있으며 이때 양태 의미의 담지자는 화자인데, 화자의 태도를 어떻게 해석할 것인가의 문제에 있어서 앞뒤 문맥이 실제로 어떻게 관여하는지 자세히 살펴볼 필요가 있다.

1. 들어가기

담화에 대해 여러 정의들이 있지만 대개 담화 분석이라고 할 때에 담화는 실제로 부려 쓰인 말을 전제로 한다고 할 수 있다. 언어란 의사소통의 도구로서 흔히 규정되고 노엄 촘스키(Noam Chomsky)처럼 그것을 생각의 도구로 규정할 수도 있으나, '담화'라고 할 때의 언어는 생각 속에 존재하는 추상적인 도구로서의 언어가 아니라 실제 상황과 맥락 속에 놓여 있는 날것으로서의 언어를 상정하게 되는 것이다.

따라서 담화적 차원에서 언어 현상을 분석할 때 우리는 그 언어가 놓여 있는 상황과 맥락을 고려하게 된다. 여기에는 언어 외적 층위로서의 (상황) 맥락과 언어 내적 층위로서의 (앞뒤) 문맥이 포함된다. 이 글에서는 언어 내적 층위로서의 문맥에 방점을 두고, 이러한 담화에 놓인 실제 언어 자료를 분석하여 그 속에서 한국어 언어 형식들의 연결 관계를 살펴보고자 한다.

이는 언어 형식의 의미는 그 언어 형식이 놓인 문맥과 상호작용하며, 따라서 해당 문맥을 살펴보아야 정교하고도 정확한 의미 해석이 가능하다는 인식을 전제로 한다. 이처럼 문맥 안에서 해석되는 의미를 흔히 화용적 의미라고 부르며 화용적 의미를 부여하는 문맥을 화용적 맥락이라고 부르는데, 이 화용적 맥락을 결정하는 언어 내적 요소는 바로 함께 쓰인 언어 요소들의 의미라고 볼 수 있다. 따라서 이제까지 화용적 의미 추론으로 다소 뭉뚱그려져 논의되어 오던 것이 실제로 어떠한 세부 언어 요소들의 결합 관계에 따라서 어떤 식으로 입체적으로 분석될 수 있는지를 들여다볼 필요가 있다고 하겠다.

이를 위해서 본고에서 관심을 두는 언어 형식은 보조동사이다. 보조동사는 서술부에서 본동사에 후행하며 어미 앞에 위치하는 고정적인 분포를 가진다. 또한 어떤 선행 동사가 오느냐에 따라서 동일한 보조동사의 의미 해석이 다르게 나타나기도 한다. 아래 예를 보자.

(1) 가. 그는 마침내 해내고(야) 말았다.
    나. 그는 마침내 숨지고(야) 말았다.

위의 (1)에서 보조동사 구성 '-고 말-'은 각각 다른 의미로 해석된다. (1가)의 경우 어떠한 일의 성취를 나타내는 것으로 긍정적인 정서로 해석되며 (1나)의 경우 끝끝내 일어난 어떤 불행한 일에 대한 화자의 부정적 인식을 담보한다. 동일한 언어 형식에 대한 이러한 상반된 의미는 각 예문에서 보조동사의 선행 동사인 '해내다'와 '숨지다'의 의미가 '-고 말-'의 의미와 상호작용을 일으킨 결과다. 특히 한국어에서 보조동사 구성의 경우 상적인 의미나 양태적 의미를 주로 나타내는데 이러한 문법 기능적인 의미를 가지는 언어 형식의 경우 어휘적 의미를 강하게 가지는 언어 형식과 결합하였을 때, 그 어휘적 의미에 따른 영향을 강하게 받는 측면이 있다. 보조동사 구성의 경우 선행 동사가 바로 어휘적 의미를 나타내는 언어 형식이기 때문에 특히 어떠한 선행 동사와 결합하는가를 필수적으로 살펴보아야 비로소 그 서술부 전체에서 해당 보조동사가 어떠한 의미를 나타내는가를 정밀하게 분석해낼 수 있을 것이다.

이러한 사실을 고려할 때 보조동사가 어떠한 선행 동사와 결합하는가 하는 문제는 매우 중요한데, 이와 더불어 반드시 고려되어야 할 것은 바로 보조동사의 후행 요소는 또한 무엇인가의 문제일 것이다. 전술한 바와 같이 보조동사는 선행 요소인 동사들과 결합할 뿐만 아니라 그 뒤에는 반드시 어미들이 결합되어 나타나기 때문이다. 이러한 보조동사의 위치를 고려할 때 담화에 놓인 문법 요소로서 보조동사의 의미를 정확히 가려내기 위해서는 선행 동사와 후행 어미까지 이어지는 입체적인 연결 관계를 보다 면밀히 살펴보아야 한다고 하겠다.

〈그림 1〉 문맥이 없을 때의 의미 해석

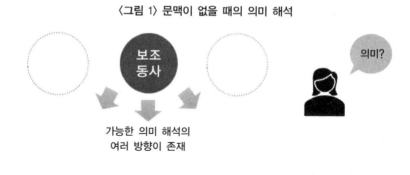

〈그림 2〉 문맥이 있을 때의 의미 해석

　특히 이러한 관점에서의 언어 연구는 응용언어학적 관점에서 유용한 통찰을 제공할 수 있다. 한국어에 대한 직관을 가지고 있는 모어 화자들은 언어 요소들을 분절적으로 인식하지 않아도 그 통합적 의미를 자연스럽게 해석할 수 있지만, 외국어로서 한국어를 배우는 학습자들의 경우에는 그러한 직관을 통한 자연스러운 의미 해석을 기대하기 어렵기 때문이다. 따라서 한국어 학습자들에게는 한국어 언어 형식의 의미를 문맥 안에서 파악하여 습득할 수 있도록 여러 다양한 문맥에서의 쓰임과 그에 따른 의미를 나누어 제시할 필요가 있다.

　다른 한편으로는 이러한 연구는 국어정보학적인 가치도 가진다. 앞서 한국어 학습자들은 모어 화자가 가지고 있는 직관이 없으므로 그를 통한 자연스러운 의미 해석이 어렵다고 한 바 있는데, 이때 '외국어로서 한국어를 배우는 학습자들'의 위치에 '한국어 정보를 처리하는 컴퓨터(혹은 인공지능)'를 대입해 보면 그것 역시 성립함을 알 수 있다. 컴퓨터는 근본적으로 언어를 이해하는 것보다는 계산하여 처리하는 것에 가깝기 때문이다. 실제로 보조동사의 전산 처리에 있어서 고려해야 할 문제 중 하나로서 '중의성'의 문제를 들고 있는 박진호(2007)에서는 중의성의 문제를 해결하기 위해서 보조동사의 선행 동사나 보조동사와 선행 동사를 연결하는 보조적 연결어미, 그리고 보조동사에 후행하는 시제 요소들을 살펴볼 것을 제안한 바 있다.

2. 선행 연구

보조동사와 관련된 선행 연구는 주로 국어의 문법 체계 내에서 보조동사의 범주를 확인하고[1] 국어 보조동사의 목록을 작성하는 연구로부터 출발하였으며, 이후 개별 보조동사의 의미와 통사적 기능에 대한 연구가 주를 이루어 왔다.[2]

이 글에서 주된 관심을 가지는 사안인, 보조동사가 서술부에서

---

1 최근에는 보조동사라는 문법 범주가 한국어 문법 체계 내에서 차지하고 있는 위상을 점검하고자 하는 논의도 나오고 있다. 예컨대 김선혜(2019)에서는 보조동사의 문법화 정도 등에 따라 유형화한 뒤 이들 유형에 따라 이들을 범주를 재검토해야 함을 주장하였으며 김선혜(2021)에서는 앞의 논의를 이어받아 보조동사를 접어로 보아야 함을 주장하였다.

2 안명철(1990)에서는 초창기부터 1990년까지의 보조동사 연구의 성과를 개괄하면서, 이 당시 보조동사 연구의 주된 관점은 '범주 확인, 목록 작성, 통사적 기능에 대한 연구, 보조동사의 의미와 화용론적 기능 연구'였음을 정리하였다.

다른 언어 요소들과 맺는 연결 관계에 대한 관심은 초창기부터 주로 개별 보조동사의 통사적 제약에 대해 다루는 연구들에서 언급되어 왔다. 이러한 성격의 초창기 연구 중 하나로 이기동(1979)을 들 수 있다. 이기동(1979)에서는 보조동사 '놓다'와 결합할 수 있는 동사의 부류를 의미에 따라 '움직임의 방법, 만듦 동사, 입음 동사, 정신 활동, 의사 교환 동사'로 구분한 바 있다. 또 다른 사례로는 김명희(1984) 가 있다. 이 역시 비교적 초창기 연구 중의 하나로 볼 수 있는데, 김명희(1984:38)에서는 보조동사 '버리다'와 '내다'의 통사적 복합 구조에 대하여 다음과 같이 기술하고 있다.

(2) "버리다"는 선행동사와 공기제약을 보이는데 "내다"는 복합 구조가 가능한 경우가 있다. "내다"는 무엇을 견디거나, 제힘으로 무엇을 이루는 성질을 드러내는 선행동사와 복합구조를 이루는 반면, 이러한 경우 "버리다"는 그것들을 선행동사로 요구하지 않는다.

김명희(1984:38)

김명희(1984) 이후 1980년대 후반부터 2000년대 초반까지는 한국어 보조동사에 대한 국어학적 연구의 전성기라고 볼 수 있다. 이 시기에는 앞선 시기의 논의들에서 어느 정도 합의가 되어 온 한국어 보조동사의 목록을 참고하여, 이 보조동사들이 개별적으로 지니는 의미와 통사적 제약에 대해 구체적으로 논증하는 연구들이 봇물을 이루었다. 손세모돌(2017:12)에서는 보조동사 관련 박사학위논문의 목록을 다음과 같이 보이고 있는데, 이 표에 제시된 논문들이 모두 이 시기에 해당되는 것으로 이 논문들 대부분에서는 개별 보조동사의 의미와 통사적 결합 제약에 대한 기술을 찾아볼 수 있다.

〈표 1〉 보조용언 관련 박사학위논문(1974년~2017년)

번호	이름(연도)	논문 제목	대학원
1	김명희(1984)	국어 동사구 구성에 나타나는 의미 관계 연구	이화여대
2	김기혁(1987)	국어 보조동사 연구	연세대
3	옥태권(1988)	국어 상조동사의 의미 연구	부산대
4	엄정호(1990)	종결어미와 보조동사의 통합구문에 대한 연구	성균관대
5	이시형(1990)	한국어의 연결어미 '-어', '-고'에 관한 연구	서강대
6	손세모돌(1994a)	국어 보조용언에 대한 연구	한양대
7	강현화(1995)	동사 연결 구성의 다단계성에 관한 연구	연세대
8	류시종(1995)	한국어 보조용언의 범주 연구	서울대
9	김미영(1996a)	국어 용언의 접어화에 관한 역사적 연구	동아대
10	김영태(1996)	경북 군위 지역어의 보조용언 연구	대구대
11	남미혜(1996)	국어의 연속 동사구성의 연구	서울대
12	김지은(1997)	우리말 양태 용언 구문에 대한 연구	연세대
13	호광수(1999)	국어 보조용언 구성 연구	조선대
14	강흥구(1999)	국어 보조동사의 통사·의미론적 연구	충남대
15	이병희(2002)	한국어 보조용언, 연결 어미, 시제의 개념 그래프 기술	충남대
16	정언학(2002)	중세국어 보조용언 연구	서강대
17	홍윤기(2002)	국어 문장의 상적 연구	경희대
18	박선옥(2003)	국어 보조동사 연구	중앙대

표 출처: 손세모돌(2017:12)

위의 표에 속하는 논의 중 하나의 예를 보이자면 강현화(1996)의 사례가 있다. 'V1+어+V2' 구조의 동사 연결 구성을 다룬 이 논의에서는 각 무리의 동사 연결 구성들의 통사적 특징을 분석하면서 보조동사와 선행 동사 간의 결합 관계가 일부 다루어진 바 있다. 예를 들어 '-어 내다'의 선행 동사는 주로 타동사에 국한되며 자동사나 형용사와의 결합은 어색하다든지, '-어 버리다'는 자동사나 타동사 모두와 결합이 가능하다든지 하는 기술들을 발견할 수 있다.

이 시기까지의 연구들은 보조동사와 선행 동사 간의 결합 양상이 본격적으로 다루어지고 있다기보다는 개별 보조동사들의 통사적 특징이나 의미 기능을 다루면서 해당 연구 문제를 풀기 위한 하나의 방편이나 근거로서 간헐적인 언급이 이루어져 왔다는 특징으로 묶을 수 있다. 이는 말뭉치와 같은 실제 언어 데이터에 기반을 둔 귀납적 연구 방법을 도입하기 전에는 개별 보조동사들이 수많은 선행 동사들과 맺는 복잡한 결합 관계를 본격적으로 다루기 어렵다는 사실을 방증한다고도 볼 수 있다.

이러한 연구 환경에 있어서의 제약을 타파하고 보다 본격적으로 보조동사와 그 선행 동사 등과 같은 언어 형식들의 결합 관계를 자세히 규명하고자 한 최초의 사례는 박진호(2003)인 것으로 여겨진다. 박진호(2003)에서는 동사와 보조동사, 동사와 어미의 결합 관계에 대하여 분석하였는데 말뭉치에 대한 통계적 분석을 그 방법론으로 삼았다. 이는 한국어에서 언어 형식들 간의 결합 관계를 빈도에 따라 수치화하고 그 통계적 해석을 근거로 제시하고 있는 선구적인 연구로 의의가 크다고 할 수 있다.

이러한 연구사적 흐름을 이어받아 대규모 말뭉치에 대한 전수 조사와 그 빈도 자료에 대한 통계적 해석에 근거하여 보조동사들이 선행 동사들과 맺는 결합 양상을 밝힌 연구는 남신혜(2018a)의 사례를 통하여 볼 수 있다. 이 연구에서는 주로 상적인 의미를 나타내는 보조동사 및 '-는 중이다'와 같은 보조동사 상당 구성을 대상으로 하여 t점수에 기반을 둔 통계적 분석을 실시하였으며 이를 통해서 연역적 연구 방식의 한계를 극복하고 개별 보조동사들이 구체적으로 어떠한 특성의, 어떠한 의미군의, 어떠한 개별 동사들과 결합하는지를 보여

줄 수 있었다. 이러한 방법론은 이후 발표된 남신혜(2018b)의 보조동사 '나가다'에 대한 연구, 김선혜·남신혜(2019)의 수여동사 기원 보조동사 '주다'에 대한 연구에도 동일하게 적용되었다.

최근에는 이처럼 보조동사가 실제로 부려 쓰인 언어 자료인 말뭉치를 통계적으로 분석함으로써 개별 보조동사 구성의 문법화 정도나 그 방향을 가늠해 보는 연구도 수행되었다. 예를 들어 김선혜(2020)에서는 말뭉치 용례에 나타난 보조동사 연쇄를 분석함으로써 '-고 있-'은 다른 상적 요소들에 비해 문법화 진전도가 가장 높은 형식으로 대부분의 상적 요소에 후행할 수 있다는 점, '-어 두-'나 '-어 버리-'와 같이 양태와 상적 의미를 동시에 가지고 있는 경우에는 상적 보조동사인 '-고 있-'이 후행할 수 있으나 '-고 말-'과 같이 양태 요소로의 문법화가 많이 진전되면 '-고 있-'의 후행을 허락하지 않는다는 점 등의 사실을 밝혀냈다.

이처럼 보조동사가 보이는 결합 관계, 혹은 연결 관계를 확인하고자 한 연구들은 초창기 연구자의 직관을 기반으로 한 연역적 연구로부터 말뭉치 기반의 계량언어학적 연구까지 그 맥을 이어 왔다. 그러나 앞서 기술한 대부분의 연구들은 공통적으로 보조동사가 그 선행 동사와 맺는 결합 양상만을 주로 다루고 있다는 점에 주목할 필요가 있다. 보조동사의 의미 기능적 특징이 어떠한 선행 동사와 결합하는가 하는 문제에 매우 깊이 의존한다는 점에서, 그리고 보조동사가 사용된 문장의 논항 구조 역시 어떤 동사와 결합했는가에 따라 달라진다는 점에서 보조동사의 서술부 내 결합 관계에 대한 논의가 주로 선행 동사와의 결합 양상에 초점을 맞추어 왔다는 점은 충분한 타당성을 가진다. 그러나 이 글에서와 같이 구체적인 담화 문맥에 놓인 보조동사들을 면밀히 검토해 보고자 한다면 보조동사들이 어떤 후행 요소들과 결합하는가 하는 사실 역시 논의의 테두리 안에 포함해야 할 필요가 있다.

사실 이러한 문제의식은 예상보다 비교적 이른 시기에 지적된 바가 있었다. 예를 들어 손세모돌(1996)에는 다음과 같은 기술이 발견된다.

> (3) "의미를 파악하기 위하여 이용하는 구문론적인 결합 관계나 공존 관계에는 후행 어미와 관련된 것, 선/후행절, 부사어 등 다양한 요소들이 있다."
>
> (손세모돌 1996: 119)

> (4) "보조용언이 다양한 문장 성분과 결합 제약을 받는다는 사실은 보조용언이 단순히 선행 동사와 결합하는 것이 아니라는 증거가 될 것이다. 그동안 보조용언의 어울림 제약은 주로 선행 동사와의 관계에서 파악되어 왔다. (…) 그러나 이들의 결합은 두 동사에 의해서만 결정되는 것은 아니다. 부사어나 후행어미 따위의 다른 문장 성분의 개입으로 결합 관계가 달라지는 경우가 많다."
>
> (손세모돌 1996: 120)

이러한 관점에서 볼 때 남신혜(2021)의 연구 성과는 주목해 볼 만하다. 남신혜(2021)에서는 최근 사회적 네트워크 분석에 활발하게 활용되고 있는 그래프 이론 기반의 의미연결망을 문법 요소들의 연결 관계를 규명하는 작업에 적용한 최초의 연구로 볼 수 있다. 의미연결망 분석 기법을 활용하여 보조동사 '-어 버리-'와 '-고 말-'을 대상으로 이들 보조동사들이 선행 동사뿐 아니라 후행 요소들과 맺는 연결 관계까지 포함하여 분석하고 이를 시각화하여 제시한 것이다.

이제까지 한국어 보조동사에 관한 연구사적 흐름을 짚어 오면서

이 글에서는 왜 실제로 부려 쓰인 말로써의 담화, 그 문맥에 놓인
보조동사의 연결 관계를 살펴보는 일의 중요성을 강조하고자 하는지
살펴보았다. 이어지는 장에서는 이러한 연구의 실제 사례로서 '–어
버리–'와 '–고 말–'의 문맥을 살펴 그 안에 나타난 언어 요소들의
연결 관계를 자세히 탐구해 보도록 하겠다. 이 연구 사례는 남신혜
(2018a)와 남신혜(2021)의 연구 결과 중 일부를 참조하여 통합적인 시
각으로 재정리한 것이다.

3. 보조동사의 의미연결망 분석 : '–어 버리–'와 '–고 말–'의 사례

3.1. 연구 방법

보조동사 구성 '–어 버리–'와 '–고 말–'의 의미연결망 분석을 위
한 연구 방법은 크게 두 부분으로 나누어진다. 첫째, 통계적 기법을
활용하여 대상 보조동사 구성 앞에 나타난 주요 선행 동사를 추출한
다. 둘째, 구해진 주요 선행 동사들이 대상 보조동사와 결합할 때
그 뒤에는 어떤 후행 요소들이 나타나는지를 의미연결망 기법을 통
해 살펴본다.

우선 대상 말뭉치로는 국립국어원 언어정보나눔터에서 제공한 세
종말뭉치 중 문어 말뭉치를 활용하였다. 이 말뭉치에서 '–어 버리–',
'–고 말–'과 함께 나타난 언어 형식들의 빈도 정보를 정량적으로 분
석하여 그 함의를 밝히는 방식으로 연구를 수행하였다. 빈도 정보의
경우 절대 빈도 정보와 상대 빈도 정보를 활용할 수 있는데 이 연구를
위해서는 상대 빈도 정보 중 하나인 t점수를 활용하여 '–어 버리–',
그리고 '–고 말–'과 주로 결합하는 선행 동사의 목록을 구하였다.

이는 절대 빈도만 가지고는 특정한 동사와 '-어 버리-', 그리고 '-고 말-' 사이의 결합 빈도가 통계적으로 유의미하게 큰 것인지 알 수 없기 때문이다. 따라서 통계적 유의미성 여부를 확인할 수 있는 연어 값 산출 지표를 활용하는 것이 중요한데 연어값에는 z점수, t점수, I(상호정보) 점수 등이 있다. 이 중에서도 본 연구에서 t점수를 활용하는 이유는 t점수를 활용했을 때 정확한 결과를 얻을 가능성이 가장 높다고 판단하였기 때문이다.[3] t점수는 관측빈도(O)와 예상빈도(E)를 활용하여 구해지는 값인데, 그 공식은 아래와 같다.

$$t = \frac{O-E}{\sqrt{O}}$$

이렇게 해서 구해진 '-어 버리-', '-고 말-'과 선행 동사 간의 결합 양상은 아래 3.2절에서 자세히 설명한다.

다음으로 위에서 목록화한 주요 선행 동사들이 대상 보조동사 구성인 '-어 버리-', '-고 말-'과 결합할 때의 후행 요소들과의 연결 관계가 나타나는 양상을 의미연결망 분석을 통하여 살펴보고 이를 네트워크로 시각화하여 본다. 의미연결망 분석은 네트워크 분석 기법을 텍스트의 '의미를 공유하는 연관 쌍(paired associations based on shared meaning)'에 적용한 것인데(Doerfel, 1998), 네트워크 분석은 여

---

3 강범모(2003:11)에 따르면 z점수나 I점수는 빈도가 낮은 어형의 유의성을 지나치게 크게 부풀리는 경향이 있음이 지적되었으며, 신효필(2005:681)에서도 '상호 정보는 직관과 반하는 저빈도의 고순위화 그리고 증대되는 정보량에 대한 비판으로 그리 유용하지 못한 경우가 많다'는 점, 그리고 '일정한 규모 이상의 코퍼스는 정규 분포를 따른다고 가정하는 t검증이 어휘들 간의 관계를 파악하는데 간단하면서도 적절한' 것으로 제안된 바 있다.

러 요소들 간의 상호 연결 관계를 노드(Nodes, 점)와 엣지(Edges, 선)로 나타내어 한눈에 파악할 수 있도록 하는 기법이다.

본 연구에서는 네트워크의 규모가 지나치게 방대해졌을 때 오히려 구체적인 현상을 포착하기가 어려워지는 결과를 방지하기 위해서 이 주요 동사들 중에서도 t점수가 뚜렷하게 높은 상위 30개의 동사들을 대상으로 한정한 뒤, 이 용례들의 서술부를 대상으로 하여 의미연결망 분석을 수행한다. 이 30개씩의 동사들이 '-고 말-', '-어 버리-'와 각각 결합하여 나타난 용례들을 말뭉치에서 추출한 후에, 이 용례에서 서술부를 구성하는 언어 요소들만을 의미연결망 분석의 대상으로 삼기 위해서 각각의 용례에서 '-고 말-'을 기준으로 하여 n-1, n+1, n+2, n+3의 형태소들을 추출하여 분절하였다.[4] 그 후에 이들 데이터를 대상으로 하여 의미연결망을 분석하였는데, 데이터를 정제하고 전처리하는 데에는 Python을, 의미연결망 분석과 시각화 작업에는 NodeXL Pro를 각각 사용하였다. 이러한 의미연결망 분석의 결과는 3.3절에서 서술한다.

3.2. 선행 동사와의 결합 양상

3.2.1. '-어 버리-'와 선행 동사의 결합 양상[5]

'-어 버리-'는 기본적으로 종결을 나타내는 상적 의미를 가지면서

---

4 보조동사의 특성상 일부 예외적인 경우를 제외하고는 대부분의 용례에서 후행 요소의 연쇄가 n+3을 넘지 않았으며 n+1이나 n+2 이후에 쉼표나 마침표가 등장하는 경우가 많았다. 이에 후행 요소들의 전형적인 연쇄 양상을 충분히 포착하면서도 네트워크가 지나치게 방대해지지 않도록 하기 위해 후행 요소를 n+3의 자리까지 제한하였다.

5 이 절의 내용은 남신혜(2018)을 참조하여 재정리한 것임을 밝힌다.

그 의미로 인하여 맥락에 따라서 '부담의 제거'나 '아쉬움이 남음'과 같은 양태적인 의미가 나타난다. 이 두 양태적 의미는 모두 어떠한 사태의 종결에 따른 파생적 결과라는 점에서 그 뿌리는 같다고 볼 수 있지만 표면적으로 드러난 맥락적 의미는 자못 상반되는 해석을 낳는다. 이처럼 하나의 언어 형식이 서로 반대되는 것처럼 보이는 둘 이상의 의미를 가질 때 이 언어 형식을 어떤 의미로 해석할 것인가 하는 것은 외국어로서 한국어를 배우는 학습자들에게 중요한 문제가 아닐 수 없다. 따라서 학습자들에게 어떤 경우에 '-어 버리-'가 주로 '부담의 제거'라는 의미로 해석되고 어떤 경우에는 반대로 '아쉬움'의 의미로 해석되는지에 대한 정보를 줄 수 있다면 교육적 가치가 클 것이다. 본 연구에서는 이러한 해석상의 차이가 결국은 해당 보조동사 구성이 사용된 문맥에서 읽히는 것이므로 그 문맥을 구성하는 선·후행 언어 요소들의 특성을 통해서 어느 정도 변별될 수 있을 것으로 보았다. 이에 따라 우선 '-어 버리-'의 전반적인 동사 결합 양상을 분석한 후에 이 동사들의 의미군을 귀납적으로 살펴보아 '-어 버리-'의 상반되는 양태적 해석에 관여하는 동사들의 의미가 무엇인지를 기술하도록 하겠다.

우선 t점수 분석 결과 '-어 버리-'와 통계적으로 유의미한 정도로 기술하는 동사들은 모두 132개가 있었다. 지면 관계 상 그중 상위100개의 동사의 목록을 제시하면 아래 표와 같다.

〈표 2〉 '-어 버리-'의 주요 선행 동사 목록

순위	동사	관측빈도	전체빈도	예상빈도	t점수
1	되다	755	65,946	290.58	16.90
2	사라지다	262	2,264	9.98	15.57

3	가다	361	23,783	104.79	13.48
4	죽다	177	6,659	29.34	11.10
5	떨치다	116	408	1.80	10.60
6	나가다	157	5,628	24.80	10.55
7	떠나다	128	3,956	17.43	9.77
8	끊다	94	1,015	4.47	9.23
9	없애다	85	687	3.03	8.89
10	던지다	92	1,845	8.13	8.74
11	날아가다	80	485	2.14	8.71
12	변하다	88	2,056	9.06	8.42
13	없어지다	72	1,268	5.59	7.83
14	묻히다	64	658	2.90	7.64
15	벗다	67	1,136	5.01	7.57
16	달아나다	62	620	2.73	7.53
17	지우다	60	661	2.91	7.37
18	잃다	70	2,095	9.23	7.26
19	날리다	58	801	3.53	7.15
20	삼키다	50	469	2.07	6.78
21	타다01	51	609	2.68	6.77
22	덮다	52	766	3.38	6.74
23	굳다	50	538	2.37	6.74
24	눕다	58	1,636	7.21	6.67
25	자르다	51	838	3.69	6.62
26	숨다	51	980	4.32	6.54
27	놓치다	48	651	2.87	6.51
28	마르다	50	920	4.05	6.50
29	태우다01	44	373	1.64	6.39
30	미치다01	48	911	4.01	6.35
31	지나치다	43	436	1.92	6.26
32	닫다	44	654	2.88	6.20

33	죽이다	50	1,726	7.61	6.00
34	부수다	38	269	1.19	5.97
35	찢다	37	317	1.40	5.85
36	털다	39	606	2.67	5.82
37	돌리다	54	2,704	11.91	5.73
38	주저앉다	36	424	1.87	5.69
39	녹다	36	448	1.97	5.67
40	다물다	36	462	2.04	5.66
41	끄다	35	403	1.78	5.62
42	감추다	39	936	4.12	5.58
43	빼다	42	1,329	5.86	5.58
44	식다	33	261	1.15	5.54
45	빠지다02	47	2,091	9.21	5.51
46	흘러가다	32	341	1.50	5.39
47	지치다	35	753	3.32	5.36
48	넘기다	38	1,206	5.31	5.30
49	꺼지다	30	420	1.85	5.14
50	포기하다	34	968	4.27	5.10
51	잊다	40	1,771	7.80	5.09
52	무시하다	33	886	3.90	5.06
53	뽑다	35	1,208	5.32	5.02
54	빠지다01	37	1,560	6.87	4.95
55	무너지다	31	862	3.80	4.89
56	밀다	31	886	3.90	4.87
57	들어가다	72	7,084	31.21	4.81
58	막히다	31	1,047	4.61	4.74
59	막다	36	1,805	7.95	4.67
60	쫓다	25	429	1.89	4.60
61	치우다	25	442	1.95	4.61
62	시들다	22	147	0.65	4.55

63	내던지다	22	241	1.06	4.46
64	끝나다	44	3,331	14.68	4.42
65	빼앗기다	23	437	1.93	4.39
66	웃다	47	3,859	17.00	4.38
67	떼다	29	1,278	5.63	4.34
68	치부하다	19	96	0.42	4.26
69	감다01	27	1,129	4.97	4.24
70	지나가다	31	1,700	7.49	4.22
71	울다	37	2,571	11.33	4.22
72	흩어지다	22	521	2.30	4.20
73	망치다	19	218	0.96	4.14
74	터지다	28	1,411	6.22	4.12
75	불타다	18	148	0.65	4.09
76	외면하다	20	439	1.93	4.04
77	팔다	35	2,525	11.13	4.04
78	맡기다	24	981	4.32	4.02
79	씻다	23	898	3.96	3.97
80	썩다	20	589	2.60	3.89
81	굳어지다	17	252	1.11	3.85
82	도망치다	18	389	1.71	3.84
83	쓰러지다	21	786	3.46	3.83
84	늙다	22	925	4.08	3.82
85	깨다	19	558	2.46	3.79
86	꺾다	18	499	2.20	3.72
87	헐다	15	135	0.59	3.72
88	증발하다	14	41	0.18	3.69
89	밟다	20	833	3.67	3.65
90	상실하다	16	335	1.48	3.63
91	얼다	16	359	1.58	3.60
92	베다	16	447	1.97	3.50

93	차다02	16	455	2.00	3.50
94	자살하다	14	209	0.92	3.50
95	돌다	26	1,860	8.20	3.49
96	쏟다	18	779	3.43	3.43
97	깨뜨리다	14	276	1.22	3.42
98	지워지다	13	182	0.80	3.38
99	불사르다	12	66	0.29	3.38
100	멎다	13	215	0.95	3.34

위의 표에 나타난 '-어 버리-'의 주요 선행 동사들을 의미에 따라 귀납적으로 몇몇 의미군으로 나누어 분석하였다. 그 결과를 표로 제시하여 보면 아래와 같다.

〈표 3〉 '-어 버리-'의 주요 선행 동사의 의미군

의미군	주요 동사
'죽다'류	(숨이) 멎다, 자살하다, 죽다
'사라지다'류	사라지다, 없어지다
'잃다'류	놓치다, 빼앗기다, 상실하다, 잃다, 잊다
'바꾸다'류	깎다, 깨다, 깨뜨리다, 꺾다, 끄다, 끊다, 넘기다, 닫다, 덮다, 돌리다, 밟다, 베다, 쏟다, 자르다, 지우다, 찢다
'죽이다'류	망치다, 부수다, 불사르다, 없애다, 죽이다, 태우다01, 헐다
'변하다'류	굳다, 굳어지다, 꺼지다, 녹다, 늙다, 되다, 마르다, 막히다, 무너지다, 묻히다, 미치다01, 변하다, 불타다, 시들다, 식다, 썩다, 쓰러지다, 얼다, 증발하다, 지워지다, 지치다, 타다01, 터지다, 흩어지다
'서다'류	주저앉다
'가다'류	가다, 나가다, 날아가다, 달아나다, 도망치다, 들어가다, 떠나다, 지나가다, 지나치다, 흘러가다
'놓다'류	날리다, 내던지다, 던지다, 떨치다, 떼다, 밀다, 빠지다, 빼다, 뽑다, 차다02, 치우다, 털다

이들 각 의미군과 그에 소속된 개별 동사들의 특성은 아래와 같이 크게 세 가지로 나누어 살펴볼 수 있다.

첫째, '-어 버리-'의 주요 선행 동사는 그 의미로 보아 '죽다'류, '사라지다'류, '잃다'류 등으로, 죽음, 소멸, 상실 등과 같이 부정적인 결과를 낳는 것으로 해석되는 의미를 지니는 동사들이 많다. 이와 더불어 '서다'류 중에 '주저앉다'는 실패의 의미를 나타낸다는 점에서 이들 동사들과 궤를 같이 한다. 따라서 이들 동사들이 '-어 버리-'와 결합하였을 때의 용례들은 기존에 '아쉬움이 남음'이라고 설명되었던 '-어 버리-'의 양태적 용법과 관련된다고 볼 수 있다. 이러한 의미 해석은 본동사 '버리다'의 의미로부터 파생되어 보조동사 '버리다'가 갖게 된 근본적인 의미 속성 중 하나인 [-결과물]이라는 의미, 또는 그러한 상태를 유발하는 변화의 의미와 관련지어 생각해 볼 수 있다. 여기에서 언급하고 있는 '죽음, 소멸, 상실' 등의 술어들은 모두 이러한 사라짐의 의미를 공유하거나 거기에서 파생된 것들이다. 위에서 제시한 '바꾸다'류의 동사들 중에서 대부분의 동사들이 대상을 사라지게 하거나 파괴하는 결과를 일으키는 종류의 동사들인 것을 알 수 있는데, 이러한 점 역시 '버리다'가 내포하는 [-결과물]의 의미에 기인하는 것으로 설명할 수 있다. 이를 보여주는 말뭉치 용례들의 예시를 보이면 아래와 같다.

(5) 가. 할아버지가 긴 의자에서 일어나 두어 발자국 걷더니 연기처럼 <u>사라져 버렸거든요</u>.

나. 물린 지 39시간이 지났을 무렵 두더지는 한밤중에 <u>죽어 버렸다</u>.

다. 복역을 마치고 출소해 보니 셋방은 전세돈하구 같이 <u>없어져 버렸더군</u>.

라. 이렇게 해서 파라오의 저주 사건은 한바탕의 해프닝으로 세월 속에 <u>묻혀 버리게</u> 된 것입니다.

마. 이 재료 중 대부분의 필라멘트는 <u>녹아 버리거나 타 버렸다</u>.

둘째, '-어 버리-'가 언제다 부정적인 결과를 유발하는 변화를 나타내는 동사들과만 결합하는 것은 아니다. '-어 버리-'와 가장 빈번하게 결합하는 동사 중 1위로 나타난 '되다'나 12위에 나타난 '변하다'와 같은 동사의 사례에서 알 수 있는 것처럼 긍정성이나 부정성 측면에 있어서 중립적인 의미를 띠는 동사들 역시 '-어 버리-'와 빈번히 결합하여 나타난다. 이러한 경우 '-어 버리-'는 해당 변화가 화자의 의지나 의도와 무관하게 발생된 것임을 보여주는 역할을 한다. 이에 해당되는 말뭉치 용례들로는 다음과 같은 것들이 있었다.

(6) 가. 언제부터인지 수자에게 노부부의 산책은 싫증 안 나는 풍경의 일부가 <u>돼 버렸다</u>.

나. 발군의 플레이로 그라운드의 스타로 떠오른 홍명보 선수의 열성팬이 <u>돼 버렸다</u>.

다. 84년 '사랑만들기'는 방화 흥행 2위를 기록, 난 생각지도 않게 유명인이 <u>돼 버렸다</u>.

라. '사랑한다'는 말이 '생각하다'라는 일반적 의미에서 '특별히 좋아하고 생각하다'라는 좁은 의미로 <u>변해 버렸다</u>.

마. 너무나 성숙하게 <u>변해 버린</u> 그녀는 이미 아이가 아니었다.

셋째, '가다'류 동사들과 '놓다'류 동사들이 '-어 버리-'와 결합하는 사례에서 역시 빈번히 관찰되는데 이들 '가다'류 동사, 또는 '놓다'류 동사들은 모두 화자나 행위주 중심으로 근접하여 오는 방향의 이동을 나타내는 것이 아니라 화자나 행위주로부터 멀어져가는 방향으로의 이동을 나타낸다. 이는 '-어 버리-'의 의미는 '다가옴'의 의미보다는 '멀어짐'의 의미와 잘 어울린다는 점을 시사한다. 그 이유는 역시 '-어 버리-'가 본동사로서의 '버리다'의 의미로부터 파생된 '사라짐'의 의미를 지니고 있기 때문이다. 이를 잘 보여주는 용례들로는 다음과 같은 것들을 들 수 있다.

(7) 가. 차라리 서로가 훌쩍 떠나 버리면 홀가분할 것 같았다.
　　나. 가랑잎 같은 그의 몸이 봄바람에 날아가 버릴 것 같았다.
　　다. 어린아이의 발이었지만 매서운 발길질에 해피는 깽깽거리며
　　　　달아나 버렸어.
　　라. 피는 벼가 이삭이 필 때 거의 동시에 피이삭이 올라오는데, 이
　　　　것을 뿌리째 뽑아 버려야 한다.
　　마. 하지만 짱구는 코웃음을 치며 두 손으로 달려드는 남자의 어깨
　　　　를 밀어 버렸다.

넷째, '-어 버리-'가 가지는 '사라짐'의 의미는 곧 '-어 버리-'의 또 하나의 용법으로 주로 거론되어 온 '부담의 제거'의 의미 용법과도 직접적으로 관련된다. '-어 버리-'와 주로 결합하는 동사들 중에서 특히 이러한 용법으로 사용될 때의 '-어 버리-'와 주로 결합하는 것으로 관찰된 동사들로는 '떨치다, 벗다, 털다, 무시하다, 떼다, 감다, 맡기다, 씻다' 등이 있었다. 이들 동사들은 위에서 제시하였던 '죽다'류, '잃다'류, '사라지다'류의 동사들이나 '가다'류 동사들과는 달리 모두 타동사로만 구성되어 있다는 점이 특징적이다. 이는 '부담의 제거'라는 의미와 보다 분명하게 관련되는데 부담의 대상이 되는 대상이 목적어로 나타나야만 그것을 제거하는 의미가 파생될 수 있기

때문이다. 이와 관련된 용례들을 살펴보면 아래와 같다.

(8) 가. 그리하여 유치찬란했던 60년대식 사고방식, 행동반경을 훌훌
　　　떨쳐 버리고 (…)
　　나. 나를 틀 속에 가두어 놓으려고 또다시 어둠의 옷을 입히면 그
　　　옷을 과감히 벗어 버려야겠다.
　　다. 모든 지식의 먼지를 털어 버리고 순수한 마음으로 무심의 경지
　　　에서 자연에 순응하는 삶 (…)
　　라. 어디선가 유치한 생각 하지 마, 라는 소리가 들려왔지만 무시해
　　　버렸다.
　　마. 또 장군이는 이왕 손을 나누는 바엔 어서 아내를 떼어 버리고
　　　혼자 가뜬한 길을 훨훨 달아나고 싶었다.

이제까지 기술한 바를 정리해 보면 다음과 같다. 우선 '-어 버리-'
는 기본적인 상적 의미가 '종결'을 나타내는데 그것으로 인하여 양태
적으로 '불가역적 상태 변화의 강조', '부담의 제거'의 파생 의미를
표현하게 된다. 이 중에서 전자의 경우 주로 '상실, 파괴, 죽음, 소멸,
파괴, 실패' 등의 의미를 표현하는 동사들과 이동을 나타내는 동사
들, 그리고 '되다', '변하다'와 같이 변화 자체를 강조하는 의미의 동
사들과 결합하는데 여기에는 자동사와 타동사가 고루 포함된다. 후
자의 경우에는 몇몇 타동사와 특히 자주 결합하는 양상이 관찰되었
는데 이들은 곧 '털다, 떨치다, 벗다, 씻다' 등의 동사이다.

3.2.2. '-고 말-'과 선행 동사의 결합 양상

'-고 말-'은 상적으로 '종결'의 의미를 나타내면서도 화자의 안타
까움이나 의지 등과 같은 양태적 의미를 표현할 수 있다는 점에서

'-어 버리-'와의 유사성이 누차 제기되어 온 보조동사 구성 중 하나다. 또한 표면적으로 드러나는 문맥적 의미가 화자의 안타까움을 나타내는 경우도 있고 화자의 의지를 나타내는 경우도 있어서 한국어 학습자들에게 의미 해석에 있어 혼란을 주는 경우가 많다는 점에 있어서도 '-어 버리-'와 유사한 속성을 지닌다. 이에 '-고 말-'의 전반적인 동사와의 결합 양상을 살펴보고 문맥적 의미에 따라서 선행 동사와의 결합 양상에 차이가 있는지를 검토해 볼 필요가 있다.

　우선적으로 '-고 말-'과 통계적으로 유의미한 정도로 자주 결합하는 것으로 분석된 선행 동사로는 모두 35개가 나타났다. 이들 동사들의 목록은 아래 표와 같다.

〈표 4〉 '-고 말-'의 주요 선행 동사 목록

순위	동사	관측빈도	전체빈도	예상빈도	t점수
1	(보조동사) 버리다	279	9,155	15.10	15.80
2	되다	358	65,946	108.77	13.17
3	사라지다	55	2,264	3.73	6.91
4	잃다	51	2,095	3.46	6.66
5	죽다	60	6,659	10.98	6.33
6	웃다	48	3,859	6.37	6.01
7	그치다	31	1,330	2.19	5.17
8	터뜨리다	26	597	0.98	4.91
9	전락하다	22	222	0.37	4.61
10	실패하다	22	563	0.93	4.49
11	끝나다	30	3,331	5.49	4.47
12	잊어버리다	20	428	0.71	4.31
13	무너지다	21	862	1.42	4.27
14	없어지다	22	1,268	2.09	4.24

15	놓치다	20	651	1.07	4.23
16	주저앉다	18	424	0.70	4.08
17	포기하다	19	967	1.59	3.99
18	당하다	22	2,379	3.92	3.85
19	떨어지다	28	4,734	7.81	3.82
20	쓰러지다	17	786	1.30	3.81
21	빠지다	24	3,696	6.10	3.65
22	떠나다	22	3,956	6.53	3.30
23	저지르다	13	746	1.23	3.26
24	깨지다	12	470	0.78	3.24
25	해내다	11	326	0.54	3.15
26	망하다	11	406	0.67	3.11
27	떨어뜨리다	11	456	0.75	3.09
28	잡히다	13	1,158	1.91	3.08
29	놀라다	16	2,396	3.95	3.01
30	상실하다	10	335	0.55	2.99
31	부서지다	9	295	0.49	2.84
32	내다	25	6,902	11.38	2.72
33	자살하다	8	209	0.34	2.71
34	감추다	10	936	1.54	2.67
35	끊어지다	8	326	0.54	2.60

앞서 살펴보았던 '-어 버리-'의 선행 동사들의 수와 비교해 보았을 때 '-고 말-'은 상당히 제한적인 수의 몇몇 동사들과만 주로 결합하여 사용되는 경향이 있음을 알 수 있다. 이는 '-어 버리-'에 비해서 '-고 말-'의 의미가 상대적으로 더 좁고 유표적인 것과 관련이 있다.

다음으로 이 목록에 속하는 동사들이 어떤 의미군에 속하는지를 귀납적으로 분석하여 보면 아래 표와 같이 나타낼 수 있다.

〈표 5〉 '-고 말-'의 주요 선행 동사의 의미군

의미군	주요 동사
'죽다'류	자살하다, 죽다
'사라지다'류	사라지다, 없어지다
'잃다'류	놓치다, 상실하다, 잃다, 잊어버리다
'이기다/지다'류	망하다, 실패하다, 전락하다, 포기하다
'변하다'류	깨지다, 무너지다, 부서지다
'위치하다'류	떨어지다, 빠지다
'놓다'류	떨어뜨리다
'서다'류	주저앉다, 쓰러지다
'해내다'류	해내다

위의 표에서 제시한 동사의 의미군들을 살펴보면 다음과 같은 특성을 발견할 수 있다.

첫째, 불행한 사건에 대한 화자의 안타까운 감정을 나타내는 양태적 의미가 강조되는 용법의 '-고 말-'과 주로 결합하는 동사들의 경우 부정적인 사태로 해석될 가능성이 농후한 결과를 야기하는 변화를 의미하는 것들이 주로 관찰된다는 사실을 알 수 있다. 이와 같은 용법의 '-고 말-'의 경우 부정적인 결과를 나타내는 의미의 동사와 결합하는 양상이 두드러지는데, 이는 '-어 버리-'가 중립적인 의미의 동사들과도 빈번히 결합하였던 것과 대조되는 결과이다.

보다 구체적으로 살펴보면, 위의 목록에 속하는 동사 중 대부분이 죽음이나 실패, 패배, 파괴, 전락 등과 같이 뚜렷하게 부정적인 어휘적 의미를 가지고 있음을 알 수 있다. 또한 자세동사들 중에서는 '주저앉다', '쓰러지다' 등만이 '-고 말-'과 주로 결합하고 이동을 나타내는 동사들 중에는 '빠지다', '떨어지다', '떨어뜨리다' 등이 '-고 말

-'과 잘 어울리는데, 이들 동사들의 공통점은 이러한 동사들이 나타
내는 움직임의 방향이 언제나 위에서 아래를 향하는 방향이라는 점
이다. 이와 반대되는 방향의 움직임을 나타내는 동사들은 '-고 말-'
과 결합할 때 어색하게 느껴진다.

(9) 가. ??독수리가 하늘을 향해 날아오르고 말았다.
    나. ??김 선생은 몸을 일으켜 세우고 말았다.

이처럼 '주저앉다', '쓰러지다', '떨어지다', '빠지다' 등의 동사들
이 나타내는 '하강'의 이미지 역시 부정적인 함축과 관련되어 있는바,
'-고 말-'의 의미적인 특징을 잘 나타내 주고 있음을 알 수 있다.
이처럼 '-고 말-' 앞에는 부정적인 의미를 나타내는 동사들이 주로
결합되는 양상을 보이는데, 말뭉치에 나타난 용례를 몇 가지 제시하
면 아래와 같다.

(10) 가. 스스로 스타라고 인정하는 그 순간, 저널리스트의 모습은 (…)
     사라지고 마니까요.

    나. 과도한 (…) 이단 배척은 흑백 논리로 발전하여 포용력을 잃고
     마는 결함을 가진다.

    다. 누워 있던 브루노가 겨우 몸을 일으켜 (…) 쇠줄에 감겨 목을
     매단 채 죽고 만다.

    라. 여성은 동등한 직업인으로 대접받지 못하고 남성을 보조하는
     역할에 그치고 만다.

    마. 깨끗했던 물은 가까이 가기조차 두려운 저주의 독수로 전락하
     고 만 것이다.

둘째, '-고 말-'과 빈번하게 결합하는 선행 성분 중에서 '-어 버리-'를 제외하고 본동사로는 '되다'가 압도적으로 1위를 차지하였다. 이 역시 '-어 버리-'의 동사 결합 양상과 일치하는 부분이다. 그런데 세부적으로 '되다'가 취하는 논항들을 살펴보면 여기에서도 역시 '-어 버리-'와 구별되는 '-고 말-'의 특징이 드러난다. 앞 절에서 살펴보았던 '-어 버리-'와 '되다'의 결합 용례들의 경우와는 달리 '-고 말-'과 '되다'가 결합한 용례들은 거의 다 매우 부정적인 사태를 뚜렷하게 나타내고 있었다. 아래의 용례에서 이러한 사실을 확인할 수 있다.

> (11) 가. 여기에서 잘못되면 지금까지의 기다림이나 고생은 헛수고가 <u>되고 마는</u> 것이다.
> 나. 나는 군자(君子)도 못되고 (⋯) 칭찬에 약한 간사한 인물이 <u>되고 마는</u> 것이다.
> 다. 친구가 있고 애인이 있어도 가족들에게 외면을 당하면 뿌리뽑힌 인생이 <u>되고 마는</u> 걸까.
> 라. 정말 우리나라는 하루만 떠나 있어도 바보가 <u>되고 마는군요</u>.

이제까지 살펴본 바와 같이 주로 부정적인 의미를 나타내면서 '-고 말-'과 결합하는 동사들은 주어의 의도성 측면에서 살펴볼 때 [-의도성]의 의미 자질을 가지고 있는 것이라고 할 수 있다. 벌어진 사태를 부정적인 것으로 인식하고 그에 대한 화자의 안타까운 감정을 표현하는 '-고 말-'의 양태적 의미가 그 선행 동사들로 하여금 [-의도성]의 자질을 부여하도록 하는 것으로 보인다. 이 세상의 일반적인 상식에 비추어 볼 때 어떠한 주체가 자신에게 부정적인 결과를 일으킬 만한 행동을 의도를 가지고 하며 동시에 그 사건에 대한 안타까움의 정서를 표시한다는 것은 매우 일어날 가능성이 희박한 일이기 때문이다. 위의 표에 제시한 동사들 중에서 '놀라다'는 바로 이러한 비의도성의 의미에 잘 부합된다.

셋째, '-고 말-'과 주로 결합하는 선행 동사 중에서 이제까지 살펴본 것과는 반대로 뚜렷하게 긍정적인 의미를 나타내는 것도 있었는데 '해내다'가 바로 그것이다. 이 경우에는 [+의도성]을 가지는 주어를 취한다는 점에 있어서도 앞에서 살펴보았던 부정적인 의미를 나타내는 의미군에 속하는 동사들의 경우와 의미적 성격이 상이하다. '해내다'는 주로 '성취'의 의미를 나타내므로 '해내다'와 결합할 때의 '-고 말-'의 문맥적 의미는 위에서 살펴본 '-고 말-'의 경우와는 상이하게 풀이된다. 여기에 해당되는 용례들로는 다음과 같은 것들이 있었다.

(12) 가. 나폴레옹도 해내지 못한 일이지만 나는 <u>해내고야 말겠다!</u>
　　 나. 아무리 힘들어도 <u>해내고야 말리라.</u>
　　 다. 그러나 20세기 성자 슈바이처는 그 일을 <u>해내고야 말았다.</u>
　　 라. 이 엄청난 일을 네덜란드 사람들은 <u>해내고야 말았지.</u>

이처럼 '-고 말-'이 '해내다'를 선행 동사로 취할 때 몇몇 사전들에서는 이를 '-고 말-'의 이른바 '의지' 용법이라고 한 바 있다. 그러나 (12다), (12라)의 경우에서 볼 수 있는 것처럼 '-고 말-'이 선행 동사 '해내다'를 취할 때 항상 주어의 의지를 나타내는 것으로 보기는 어렵다. 따라서 이때의 의미는 성취하기 힘든 어떤 일이 끝끝내 성취되었음을 강조하는 것으로 해석하는 것이 바람직하다. '해내다'와 결합한 경우에도 '-고 말-' 자체가 가지는 본질적인 의미는 '어떤 사태가 끝끝내 종결됨'이라는 종결상으로서의 기본적인 의미에서 파생된 것이다. '-고 말-'에는 해당 사태나 상황이 종결되지 말아야 할 타당한 이유, 일반적인 기대 등과 같은 전제가 있고 그러한 전제에도 불구하고 끝끝내 종결을 맞게 되었음을 강조하는 의미가 있는데, 이 점은 '해내고 말다'의 예에서와 같이 긍정적인 결과를 나타내는 경우에도 동일하게 적용된다. 즉 이 경우에는 사태의 종결이 곧 성취를 뜻하며, 이를 어렵게 하는 여러 요소들이 전제되고, 그러한 반대적 상황에도 불구하고 해당 사태가 끝끝내 종결되었음-즉 성취되었음-을 강조하는 것이다.

3.3. 후행 요소와의 의미연결망[6]

담화상에 놓인 보조동사의 문맥적 의미를 표현해주는 언어 형식에는 앞서 살펴보았던 선행 동사들뿐만 아니라 해당 보조동사에 후행하는 후행 요소들 역시 포함된다. 그런데 이때의 후행 요소들은 선행 동사와 보조동사와의 결합 관계에 종속적으로 나타난다고 볼 수 있다. 즉 〈선행 동사 + 보조동사〉가 나타내는 문맥적 의미에 따라 어떠한 후행 요소가 주로 나타나는가 하는 점이 결정되는 측면이 있다는 것이다. 이는 한국어에서 어미들이 주로 시제, 서법, 문장종결법 등을 나타낸다는 사실과 무관하지 않다.

이러한 측면에서 이 절에서는 〈선행 동사 + '-어 버리-'〉, 그리고 〈선행 동사 + '-고 말-'〉의 연결 관계에 따라서 그 후행 요소들이 이들과 어떠한 관계를 맺으며 의미연결망을 구성하는지 살펴보는 방식을 따랐다. 이를 위해 우선 3.2절에서 제시한 바 있는 '-어 버리-',

---

6 이 절의 내용은 남신혜(2021)을 참조하여 정리한 것임을 밝힌다.

'-고 말-'과 주로 결합하는 동사들의 목록에서 상위 30개를 추출한 뒤 이 동사들이 보조동사들과 함께 쓰였을 때 그 뒤에는 어떠한 후행 요소들이 결합하는지를 의미연결망을 통하여 살펴보았다.

3.3.1. '-어 버리-'와 후행 요소의 의미연결망

우선 '-어 버리-'가 위에서 제시한 바 있는 30개의 주요 선행 동사들과 결합할 때 해당 서술부에서 후행 요소들과 맺는 연결 관계를 보여주는 의미연결망은 아래 그림과 같다.

〈그림 3〉 '-어 버리-'와 후행 요소들의 의미연결망

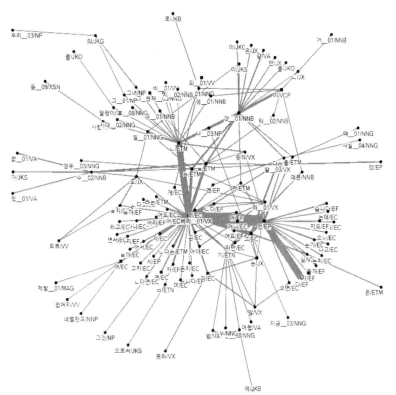

후행 요소와의 연결 관계를 살펴보았을 때 '-어 버리-'는 상당히 다양한 언어 요소들이 후행하고 있는 것을 알 수 있다.[7] 위의 그림에서 노드들의 연결 강도(edge weight), 즉 두 노드들이 얼마나 자주, 얼마나 강하게 연결되어 있는가 하는 정보는 선의 굵기로 표현되어 있다. 즉 굵은 선으로 연결되었을수록 두 노드들이 강하게 연결되어 있음을 나타낸다. 이를 보다 자세히 살펴보기 위해서 '-어 버리-'와 직접적으로 연결되어 있는 후행 어미들을 목록화하여 보면 아래 표와 같다.

〈표 6〉 '-어 버리-'와 후행 요소 간의 연결 강도

순위	후행 요소	연결 강도	순위	후행 요소	연결 강도
1	었/EP	1,252	24	시/EP	11
2	ㄴ/ETM	764		자/EF	11
3	고/EC	418	26	ㄹ까/EC	10
4	는/ETM	262		어/EF	10
5	ㄹ/ETM	256		어라/EF	10
6	ㄴ다/EF	218		ㄴ다고/EC	10
7	기/ETN	74	30	ㅁ/ETN	9
8	지/EC	59		려는/ETM	9
9	어/EC	50	32	고자/EC	8
10	면/EC	47		ㄹ까/EF	7
11	어야/EC	30	33	며/EC	7
12	어서/EC	29		지만/EC	7

---

7 이와 달리 '-고 말-'의 경우 상대적으로 몇몇 언어 요소들과만 제약적인 연결 관계를 맺고 있는 것으로 나타났다. 이에 대해서는 3.3.2에서 후술한다.

13	ㄹ지/EC	25		다니/EC	6
14	ㄴ다면/EC	18	36	어요/EF	6
	겠/EP	18		던/ETM	6
16	ㅂ니다/EF	17		어야지/EF	6
	곤/EC	17		든지/EC	6
	자/EC	17	41	면서/EC	5
19	거나/EC	16		라고/EC	5
20	게/EC	15		는데/EC	4
	어도/EC	15	43	지/EF	4
22	려/EC	14		니까/EC	4
23	ㄴ다는/ETM	12		려고/EC	4
				고만/EC	4

위의 목록을 보면 상당히 다양한 어미들이 '-어 버리-'와 연결 관계를 맺고 있는 것을 알 수 있다. 특히 종결어미나 종결 기능의 언어 요소들과 연결되는 경우가 대부분으로 나타나는 '-고 말-'과는 달리 '-어 버리-'의 경우 '-고, -지, -어, -면, -어야, -어서, -르지, -자, -거나, -게, -어도-, -려, -면서, -는데, -니까' 등과 같이 굉장히 다양한 연결어미와 직접적인 결합 관계를 맺고 있었다.[8]

'-고 말-'은 '선행 사태에 대한 결과로서 나타난 종결'을 강조하는 의미가 강하다면 이와 달리 '-어 버리-'는 보다 단순하게 어떠한 사태의 '종결'과 그에 따른 '불가역성' 자체를 표현하는 의미를 지니는 것으로 보인다. 따라서 '-어 버리-'는 선행절이든 후행절이든 어떠

---

8 이는 선행절에 나타나는 경우가 상당히 제약적인 '-고 말-'과 매우 상이한 양상이다. '-고 말-'의 후행 요소 의미 연결망은 3.3.2에서 후술한다.

한 제약이나 경향성 없이 자유롭게 나타나는 양상을 보이는 것이라고 할 수 있겠다. '-고 말-'과 '-어 버리-'의 이러한 차이는 아래 예문에서 확인할 수 있다.

(13) 가. 그는 내 말을 듣지 못한 체 지나가 버렸다.
　　 나. 그는 내 말을 듣지 못한 체 지나가고 말았다.

위의 (13가)와 (13나)의 경우 사실상 같은 의미로 해석되는데 이때는 서술된 사태에 대해서 화자가 안타깝다고 여기는 양태적 의미가 읽힌다. 그러나 이러한 양태적 의미는 '-고 말-'의 경우에는 분명하지만 '-어 버리-'의 경우 보다 맥락 의존적이다. 예컨대 아래 예문에서 (14가)는 각각 부정적 감정과 긍정적 태도를 나타내는 두 양태부사 '불행히도', '다행히도' 양자와 모두 공기하여 쓰일 수 있지만, (14나)에서 '다행히도'가 공기한 경우는 상대적으로 자연스럽지 않게 여겨진다. 이는 '-어 버리-'의 경우 사태의 종결 그 자체만을 표시하며 그에 따른 화자의 감정이 어떠한가에 대한 의미는 문맥에 의존하여 발생되지만 '-고 말-'의 경우 사태의 종결과 그에 대한 화자의 부정적 감정을 보다 분명하게 나타내는 까닭에 '다행히도'라는 양태부사와 함께 쓰이기 어렵기 때문이다.

(14) 가. (불행히도/다행히도) 그는 내 말을 듣지 못한 체 지나가 버렸다.
　　 나. (불행히도/*다행히도) 그는 내 말을 듣지 못한 체 지나가고 말았다.

이처럼 '-어 버리-'는 '-고 말-'에 비해서 양태적 의미가 상대적으로 투명한 편이기 때문에 어떤 위치에서든 자유롭게 나타날 수 있는 것으로 보인다. 예를 들어 아래 예문에서 (15가)와 (16가)의 '굳혀 버리다'는 '-면'이나 '-니까'와 자연스럽게 결합할 수 있지만 (15나) 와 (16나)에서 '굳히고 말다'는 '-면'이나 '-니까'와 결합하여 자연스 러운 의미를 나타내지 못한다. '굳히다'라는 행위가 완전히 종결됨으 로써 되돌릴 수 없음을 나타낸다는 점에 있어서는 양자가 동일하나 그에 수반되는 양태적 의미가 상대적으로 불투명한 '-고 말-'의 경우 그 양태적 의미로 인해서 함께 쓰일 수 있는 후행 요소가 제약되기 때문이다.

(15) 가. 그는 한번 결심을 <u>굳혀 버리면</u> 어떤 설득도 듣지 않는다.
　　 나. ^{??}그는 한번 결심을 <u>굳히고 말면</u> 어떤 설득도 듣지 않는다.

(16) 가. 일단 결심을 <u>굳혀 버리니까</u> 홀가분했다.
　　 나. ^{??}일단 결심을 <u>굳히고 마니까</u> 홀가분했다.

3.3.2. '-고 말-'과 후행 요소와의 의미연결망

'-고 말-'이 주로 취하는 주요 선행 동사 30개와 결합한 경우에 그 후행 요소들로 구성한 의미연결망은 다음 그림과 같다.

〈그림 4〉 '-고 말-'과 후행 요소들의 의미연결망

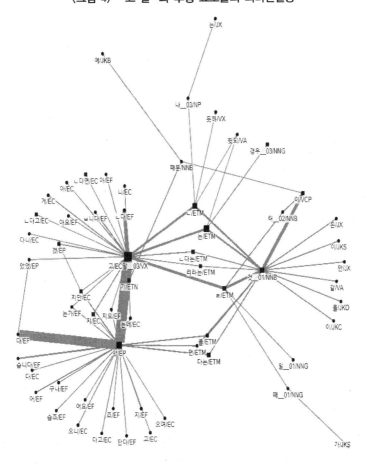

위의 네드워크의 의미를 자세히 살펴보기 위하여 수치로도 연결 강도를 확인해 볼 수 있도록 '-고 말-'과 직접 연결 관계를 맺고 있는

언어 요소들의 연결 강도를 표로 나타내면 아래와 같다.

〈표 7〉'-고 말-'과 후행 요소들 간의 연결 강도

순위	후행 요소	연결 강도	순위	후행 요소	연결 강도
1	았/EP	1,324	13	는데/EC	8
2	ㄴ다/EF	402		아/EC	8
3	ㄹ/ETM	206	15	리라는/ETM	6
4	는/ETM	153		아요/EF	6
5	ㄴ/ETM	140		니/EC	6
6	ㅂ니다/EF	26		았었/EP	6
7	ㄴ다는/ETM	22	19	ㄴ다고/EC	4
8	지/EC	14		ㄴ다면/EC	4
9	기/ETN	12		는가/EF	4
	게/EC	12		지요/EF	4
11	겠/EP	10		지만/EC	4
	아/EF	10		다니/EC	4

'-고 말-'과 직접 연결되어 있는 노드들을 살펴보면 일정한 특징이 나타나는데 바로 종결의 기능을 가지는 언어 형식이 대다수라는 것이다. '-고 말-'은 '-ㄴ다, -ㅂ니다, -아(요), -지요, -는가' 등의 종결어미와 직접 결합하거나 연결어미나 전성어미 중에서는 종결소 '-ㄴ다'나 '-리라' 등이 포함된 인용 형식인 '-ㄴ다면, -다니, -ㄴ다는, -리라는, -다는, -ㄴ다고' 등과 결합하여 나타나는 경우가 대부분이다. '-고 말-'과 가장 강력하게 직접적으로 연결되어 있는 요소는 다름 아닌 선어말어미 '-았-'이었는데, 이때 '-았-'을 매개로 하여 다시 연결되는 후행 요소들의 면면을 볼 때에도 '-다, -습니다, -구나. -어(요), -습죠, -죠, -지, -단다' 등과 같은 종결어미가 대

부분을 차지하고 있음을 알 수 있다. 더욱이 '-고 말-'이 '-ㄴ, -ㄹ, -는, -ㄴ다는, -리라는' 등의 관형형어미와 결합한 경우에도 그 뒤에는 다시 '이(다)'나 '같(다)' 등이 연결되어서 해당 문장이 종결되는 경우가 많았다. 이를 종합해 보면, '-고 말-'의 경우 주로 종결어미나 '-는 것이다' 등과 같이 종결을 나타내는 언어 형식과 결합하면서 사용된다는 특징이 있다고 할 수 있다.

　이러한 '-고 말-'의 통사적 특징은 '-고 말-'의 의미와 다시금 연결된다. '-고 말-'은 '-어 버리-'와 함께 종결의 의미를 나타내는 보조동사로 흔히 언급되지만 사태의 종결과 그에 따른 불가역성이라는 의미를 강조하는 '-어 버리-'와 달리, 사태의 종결 그 자체보다도 그 선행 과정이나 조건에 초점이 놓인다는 특징이 있다. 즉 '-고 말-'은 어떤 사태나 상황이 종결되지 말아야 할 타당한 이유, 일반적인 기대, 종결시키지 않도록 하기 위한 노력, 종결되지 않기를 바라는 희망 등의 전제가 선행절에 상정되며, 그러한 전제에도 불구하고 끝끝내 종결을 맞게 되었다는 사실이 표현되거나, 다른 한편으로는 어떤 사태가 종결을 맞기까지의 조건이나 과정이 서술된 선행절을 취하는 경우가 많다.[9] 이에 따라서 '-고 말-'의 경우 용례를 살펴보면 이러한 선행 과정이나 전제들이 표현된 선행절에 연결된 후행절의 서술부, 즉 전체 문장의 종결부에 나타나서 결과를 표현할 때 사용되는 경우가 대다수인 현상이 나타나게 된다. 이러한 사실을 확인할 수 있는 '-고 말-'의 말뭉치 용례를 몇 가지 제시해 보면 아래와 같다.

---

[9]　남신혜(2018:153)에서는 '-고 말-'의 용법에 따라서 부정되는 전제 사태의 의미가 무엇인지를 다음 표와 같이 정리한 바 있다.

(3) 가. [내가 애써서 쌓은 그 모래성 전제 사태], (…) 그 땅은 '쏴아쏴아' 파도가 밀려오면 금방 허물어져 버리고 말았다.

나. [작자들이 어떤 은밀스런 방법으로 또 다른 능실을 꾸며 숨긴다 하더라도 전제 사태] 그것이 얼마나 무모하고 부질없는 노릇인가 는 언젠간 저절로 증명이 되고 말 터였다.

4. 언어교육에의 적용

이제까지 '-어 버리-'와 '-고 말-'의 사례를 중심으로 하여 실제로 부려 쓰인 언어 자료를 통계 기반의 방법론과 의미연결망 분석 기법을 활용하여 분석한 결과를 제시하였다. 이러한 면밀한 분석 작업은 보조동사에 대한 통사론적 연구나 의미론적 연구에도 기여하는 바가 있다 하겠으나 무엇보다도 이를 통하여서 다음과 같은 언어 교육적 함의를 구체적으로 도출해 볼 수 있다.

첫째, '-어 버리-'가 이동동사('가다'류)와 결합할 때에는 주로 '다가옴'의 의미보다는 '멀어짐'의 의미를 나타내는 동사들과 잘 어울

용법	부정되는 전제 사태	'-고 말-'의 용법	전형적인 선행 동사
1	해당 사태나 상황이 종결되지 말아야 할 타당한 이유, 종결시 키지 않도록 하기 위한 노력, 종결지 말기를 바라는 희망	해당 사태의 종결과 그에 대한 화자의 정서 (안타까움) 표현	'-어 버리-', '되다', '사라지다', '잃다', '죽다' 등
2	해당 사태가 종결되기 어려운 조건, 극복되기 어려운 난점	해당 사태의 종결과 그에 대한 화자의 정서 (성취감 및 의지) 표현	'해내다'
3	일반적으로 기대되는 행동이나 상황	발생-종결된 사태가 일반적으로 기대되는 것과 다른 것이라는 화자의 인식을 표현	'웃다'

린다는 사실은 이제까지 교육 현장에서 교수 내용에 적용된 바가 없었다. '-어 버리-'가 보여주는 이러한 특성은 같은 의미군에 속하는 이동동사라 하더라도 그 이동의 방향성에 따라서 상이한 결합 관계를 가질 수 있다는 사실을 보여준다. 이러한 사실은 동사의 의미를 고려할 때 보다 세부적인 기준을 설정해야 할 필요성을 시사해 준다.

둘째, '-고 말-'이 가장 빈번히 취하는 선행 동사가 다름 아닌 보조동사 '버리다'로 나타났다는 점이 주목되어야 한다. 이제까지 '-어 버리-'와 '-고 말-'은 상호 의미적 유사성을 가지는 관련 표현으로 주목받아 왔으나 이 둘이 동시에 나타나는 빈도가 매우 높다는 사실은 주목받지 못하였다. 특히 '-고 말-'을 기준으로 보았을 때 '-어 버리-'의 공기 빈도가 높았으므로 '-고 말-'의 교수 내용에 '-어 버리-'를 관련 표현으로 포함시키되, 그 의미 기능상 유사성뿐 아니라 이들이 결합 관계에 있어서 높은 관련성을 가진다는 점, 그리고 이들이 공기하여 나타날 때의 의미에 대한 교수 내용이 포함되도록 할 필요가 있다고 본다. 또한 이러한 결합 양상은 이 두 보조동사의 제시 순서에 대한 시사점도 가진다. '-어 버리-'에 비하여 '-고 말-'이 제한적인 용언과 결합하며 빈도도 낮다는 점, '-어 버리-'에 비하여 '-고 말-'이 양태적 의미로의 확장이 더욱 많이 일어났다는 점, 서술부 내에서의 위치가 '-고 말-'보다 '-어 버리-'가 선행한다는 점 등을 종합하여 볼 때 '-어 버리-'가 '-고 말-'보다 앞서 제시되는 것이 그 반대의 경우보다 장점을 가진다고 판단할 수 있다. 따라서 '-어 버리-'가 선수 표현으로 제시되고 '-고 말-'을 교수할 때 그 선수 관련 표현으로서 '-어 버리-'가 제시되는 방식을 제안할 수 있겠다.

셋째, '-고 말-'의 후행 요소 의미연결망을 살펴본 결과, 많은 교재들과 사전들에서 '-고 말겠다'와 같이 그 후행 요소까지 특정되어서 결합된 꼴로 제시되고 있는, 이른바 '의지' 용법의 '-고 말-'의 경우, 그러한 제시 방식이 갖는 효과와 타당성에 대한 재고가 필요하다고 본다. 주로 '해내다'와 결합하여 성취를 나타내는 '-고 말-'이 반드시 화자의 의지를 나타내는 상황에서만 사용되는 것이 아니며 '의지'는 '-고 말-'에서 도출된 의미가 아니라 후행 요소 '-겠-'에서 도출된 의미이기 때문이다.

넷째, '-어 버리-'에서는 변화의 불가역성이 강조된다면 '-고 말-'에서는 사태의 불행함에 대한 화자의 안타까움의 정서가 강조된다는 점에서 양자가 가지는 의미 차이가 변별될 수 있다. 이러한 차이는 곧 이들 두 보조동사가 주로 결합하는 선행 동사의 차이로 이어지는 바, 이러한 용언들의 차이를 반영하여 예컨대 '죽여 버리다'와 '죽고 말다'와 같은 용례의 쌍을 제시함으로써 '-어 버리-'와 '-고 말-'의 차이를 선명하게 드러내 보일 수 있을 것이다.

다섯째, '-고 말-'이 '하강'이라는 일정한 방향성을 가지는 동사와 주로 결합한다는 점 역시 주목할 만하다. 이러한 하강의 이미지와 '-고 말-'과의 관련성에 대하여 주지함으로써 학습자들이 상승의 이미지를 가지는 동사들, 예컨대 '솟구치다', '세우다', '날아오르다' 등과 같은 동사들과 '-고 말-'을 결합하여 사용함으로써 오류를 생산하는 문제를 방지해 줄 수 있을 것이다.

여섯째, '-어 버리-'와 '-고 말-'의 의미연결망 자체를 교수 자료로 활용함으로써 학습자들에게 보다 시각적으로 명징한 학습의 효과를 줄 수 있을 것이다. 특히 최근 대두되고 있는 말뭉치 기반 언어학습(CBLT: Corpus based language teaching)의 관점에서 볼 때 학습자들에게 이러한 말뭉치 분석 결과를 시각적인 학습 자료로서 제공하는 일은 그 자체로도 가치를 가진다고 할 수 있겠다.

5. 나오기

이제까지 '-어 버리-'와 '-고 말-'의 사례를 중심으로 하여 실제 언어 자료에 나타난 보조동사의 문맥을, 주로 공기하여 나타나는 언어 형식을 통하여 구체적으로 살펴보았다. 아울러 그 문맥에서의 쓰임을 고찰함으로써 이들 보조동사들의 의미를 보다 면밀히 분석해 내고 이러한 사실이 한국어교육의 측면에서 어떠한 시사점을 줄 수 있는지 생각해 보았다.

본 연구에서 발견한 구체적인 언어 형식들의 결합 양상을 통해서 기존의 품사 중심적 접근법이 가지는 한계를 극복하고 보다 실용적인 문법 지식을 한국어 교수 학습 현장의 교수자 및 학습자, 그리고 한국어교육 내용 및 교수 자료의 개발자들에게 제공할 수 있는 토대를 마련할 수 있다는 점에서 이 연구의 의의를 찾고자 한다. 더불어 이 연구에서 제시한 선행 동사의 목록이나 후행 어미와의 의미연결망은 그 자체로 한국어 교재 및 문법서, 그리고 사전 집필자들에게 유용한 자료로 이용될 수 있다. 예컨대 해당 보조동사들의 문맥과 용법에 따른 의미와 그에 따른 전형적인 선·후행 요소와의 결합 양상을 가장 잘 드러내 줄 수 있는 예문을 작성하는 데 참고 자료로 사용할 수 있을 것이다. 넓게는 해당 보조동사와 연계하여 제시되는 단원의 주제, 어휘, 문화 내용과 같은 여타의 교수요목의 구성 요소들을 구성하는 데에도 참고할 만한 가치가 있다고 하겠다.

마지막으로 이 글에서 수행한 연구는 이제까지의 말뭉치언어학적 연구 성과에 최신 빅데이터 분석 기법을 더하여 새로운 방식의 연구를 탐색해 보았다는 점에서도 의의가 없지 않다고 하겠다. 앞으로도 하루가 다르게 발전하고 있는 국어정보학적 연구 방법론을 활용하여, 추상화된 언어가 아닌, 날것으로서 한국어의 모습을 보다 정밀하게 기술할 수 있을 것이다.

'비격식체 종결어미'가 사용된
장면의 실제는 무엇일까?
: 양태, 화자와 청자, 담화 기능의 측면에서

이 글은 한국어교육의 관점에서 비격식체 종결어미를 기술한다면 어떤 식으로 이루어져야 할지에 대한 질문에 대답하기 위한 고민과 생각을 담고 있다. 그동안 국어학 분야에서는 비격식체 종결어미를 기술하기 위해 문장종결법, 높임법, 양태의 문법 범주적 시각에서 풀어내는 경향이 강하였다. 한국어교육 분야에서는 이들을 기술하기 위하여 양태 범주적인 시각에서 보는 것과 더불어, 화용적, 담화적 접근이 시도되었다. 아래에서는 이러한 흐름에 대하여 살펴보고, 다시 다음과 같이 비격식체 종결어미를 넘어 한국어교육을 위한 문법에 대한 확장된 질문을 던져 보고자 한다. 다음의 질문에 대하여 생각하면서 읽어 보자. 한국어 교육을 위한 문법 기술을 위해서는 어떤 것을 고려하여야 할까? 국어사전에 기술된 한국어 문법 교육 항목에 대한 뜻풀이는 충분한가? 한 문법 형식은 언제나 같은 의미, 기능만을 가지는 것일까? 의미가 다른 문법 형식들이 실제 담화 속에서 같은 기능을 하는 경우는 없을까?

1. 들어가기

한국어 비격식체 종결어미는 외국인 학습자들이 가장 이해하기 어려워하는 동시에 재미를 느끼는 문법 요소라고 할 수 있다. 성, 수, 인칭 등과 같이 우리가 보통 현실 세계에서 진위를 따질 수 있는 것과 달리 화자의 태도는 현실 세계에서 확인하기가 어려운 요소이다. 그리고 화자의 태도를 억양이나 표정 등을 통해 충분히 표현하도록 할 수도 있었을 것이다. 그런데 한국인은 자신이 표현하고자 하는 감정과 태도를 굳이 비격식체 종결어미라는 형태 안에 새겨 넣었다.

(1) ㄱ. 지금 눈이 <u>와</u>.
     ㄴ. 지금 눈이 <u>오지</u>.
     ㄷ. 지금 눈이 <u>오네</u>.
     ㄹ. 지금 눈이 <u>오는군</u>.
     ㅁ. 지금 눈이 <u>오거든</u>.
     ㅂ. 지금 눈이 <u>오잖아</u>.

위의 예문을 보면 (1ㄱ~ㅂ)의 명제 내용은 '지금 눈이 오-'로 동일하다. 그러나 밑줄 친 부분의 종결어미로 인하여 각각의 화자의 태도는 모두 달라지는 것을 알 수 있다. 단순하게 눈이 오는 상황을 발화 시 현재 목격한 것을 단순히 발화하는 상황이라면 (1ㄴ, ㅁ, ㅂ)은 어색해져 버리고 만다. 그러나 눈이 오는 것을 빌미로 외출하고 싶지 않다는 화자의 의도를 간접적으로 표현하기 위해서라면 (1ㄴ, ㅁ, ㅂ)의 문장은 전혀 어색하지 않다. 만약 동일한 상황에서 영어로 이러한 화자의 의도를 표현하기 위해서라면 얼굴 표정과 같이 비언어적인 요소, 억양과 같은 준언어적인 요소, 담화 표지나 어휘와 같은 요소를 사용했을 것이다. 그런데 한국어에서는 자신의 감정과 태도를 명시적으로 형태를 달리하면서까지 문법적인 요소로 표현한다. 이처럼 복잡하지만 흥미로운 종결어미. 과연 어떻게 학습자들이 이 형태들에 대한 전모를 잘 알 수 있도록, 이해 가능하도록 설명할 수 있을까?

이러한 종결어미에 대해 기존 한국어 교재 또는 문법서, 국어사전 등에서는 문장의 유형(평서, 의문, 명령, 청유)과 상대높임법과 같은 문법 범주를 기준으로 삼아 그 의미를 기술하고 있다. 그러나 종결어미, 특히 '-어, -지, -네, -군, -거든' 등과 같은 비격식체 종결어미들은 화자의 인지적인 태도, 담화 상황, 맥락 등에 대한 추가 기술이 없으면 그 의미가 서로 변별되기 어렵다. 이 글에서는 한국어교육을 위해 비격식체 종결어미의 기술을 어떻게 해야 할지를 살펴볼 것이다. 이 과정을 통하여 우리가 한국어교육을 위한 문법 기술을 위해서는 문장 유형, 상대높임법뿐만 아니라 양태 범주, 담화 기능, 담화 상황을 모두 고려하는 것이 중요하다는 것을 확인하게 될 것이다.

이를 위하여 비격식체 종결어미 중 평서형 문장에서 쓰이면서 전형성을 보이는 8종의 형태, '-어, -지, -네, -군, -거든, -잖아, -을게, -을래'를 대상으로 일부분 예시를 보이며 기술하도록 하겠다.

2. 선행 연구의 동향과 문제 제기

비격식체 종결어미를 기술한 선행 연구들은 시간의 흐름에 따라 그 기술 방향이 달라져 왔다. 아래의 내용을 보면 국어 문법을 기술한 초기 연구에서는 상대높임법과 문체법에 기대어 기술해 왔고, 시간이 지나 최근에는 인식 양태와 담화론의 영역까지 끌어들여 기술하였다는 큰 흐름을 발견할 수 있을 것이다. 각 비격식체 종결어미를 기술하기 위해 어떤 문법 범주 또는 언어학 분야를 관여시켰는지 쟁점을 중심으로 알아보면서 한국어교육 분야에서 이들을 기술하기 위해서는 어떤 방향으로 기술하는 것이 유효한지 살펴보자.

첫째로, 비격식체 종결어미를 상대높임법의 범주에 기대어 설명한 연구들이 있었다. 이러한 경향은 국어학 분야에서 문법 기술을 막 시작하였던 시기에 일반적인 것이었다. 김희상(1911), 최현배(1937) 등의 연구가 대표적으로 여기에 속한다. 여기에서도 두 가지 경향성을 찾을 수 있는데, 하나는 김희상(1911), 이익섭(1974), 박영순(1976) 등에서와 같이 상대높임법을 단일한 체계로 보고 비격식체를 단일 체계 내의 한 등급에 속하는 것으로 기술하는 축이 있으며, 최현배(1937), 정렬모(1946), 김석득(1966), 이희승(1969), 허웅(1969) 등에서와 같이 등외로 처리하는 것으로 기술하는 한 축이 있다.

둘째로, 비격식체 종결어미를 문체법의 범주에 기대어 설명한 연구들이다. 〈조선어학〉(박승빈 1935)부터 시작하여, 정렬모(1946), 이희승(1969) 등이 여기에 속한다. 박승빈(1935)에서는 반말체인 '해체'는 대화자에 대한 대우가 확정되지 못한 상태에서 사용되는 형태이므로 문체법의 측면에서 봐야 한다고 하였다. 또한 성기철(1985), 이정민(1981) 등은 이들 종결어미를 '격식체'와 대비되는 '비격식체'라 구별하여 별개의 문체법으로 보기도 하였다.

지금까지 살펴본 두 가지 측면에서 기술한 연구들은, 기존 국어학 분야에서 '-어(요)', '-지(요)', '-네(요)'와 같은 종결어미들의 집단적 정체성이 무엇인지를 파악하기 위한 시도들로 보여질 수 있다. 해라체, 하게체, 하오체, 하십시오체에 속하는 종결어미들과 달리 비교적 후대에 생겨난 해체와 해요체에 속하는 종결어미를 뭉뚱그려 이 부류를 과연 어떻게 보아야 하는지에 대한 질문에 답하기 위한 연구로 보여진다. 이러한 연구들에서 제시하고 있는 것을 종합적으로 정리하면 아래의 표와 같이 볼 수 있겠다.

〈표 1〉 문체법과 문장 종결법에 따른 비격식체 종결어미의 분류

	평서형	의문형	명령형	청유형	감탄형
반말체/ 비격식체	-어, -지, -게, -데, -거든, -는데, -ㄹ게, -ㄹ래, ...	-어, -지, -게, -데, -네, -나, -는가, -ㄹ래, ...	-어, -지	-어, -지	-네, -군

　〈표 1〉의 내용을 보면, 위에 기술한 연구들이 해당 어미들을 한 부류로 묶고, 이들의 정체성을 파악하는 데에는 성공하였을지는 몰라도, 이들이 과연 어떠한 점에서 다른지, 실제 의사소통 상황에서 어떠한 기제에 의해서 해당 형태가 화자에 의하여 '선택'되어 사용되는지에 대한 세부적인 기술을 하기에는 역부족이라는 점이 발견된다. 따라서 아래에 기술할 연구들은 이러한 한계를 극복하기 위하여, 다른 문법 범주를 가져오기 시작하고 여기에서 양태 범주가 언급되기 시작한다.

　다음으로 비격식체 종결어미를 양태 범주의 측면에서 설명하고자 한 연구를 살펴보겠다. 한두 형태가 아닌 비격식체 종결어미 총체에 대한 거시적인 담론을 담고 있는 연구에 한정하여 살펴보면, 장경희(1985), 이기동(1987), Lee(1991), 손현선(1996), 박재연(1998, 2006), 임동훈(2008) 등과 같은 연구들이 있다. 이들 연구는 비격식체 종결어미를 기술하는 데 있어 화자의 명제 내용에 대한 태도, 화자의 청자에 대한 태도에 주목을 하였다.

　장경희(1985)에서는 양태 범주의 의미를 기술하고 한국어에 양태소가 있음을 주장하여 이들이 지니는 의미를 분석하여 체계를 밝혔다. 이 연구에서는 한국어 양태소에는 선어말어미, 종결어미, 관형형어미가 있다고 보고 이들의 의미를 기술하였다. Lee(1991)에서는 한

국어의 시제, 상, 양태 범주를 전반적으로 다루었는데, 종결어미는 양태 범주에서 논의되었다. 종결어미의 일부를 양태 범주를 나타내는 것으로 파악하여 그 의미를 밝혔다. 이 연구에서는 종결어미들의 의미를 유형론적인 관점에서 파악하여 각 종결어미들의 양태 의미에 대하여 설득력 있는 기술을 제공하였다. 손현선(1996)에서는 반말 종결형태 '-어', '-지', '-군', '-네', '-는가', '-나'가 명제 내용의 근거를 나타내는 양태적 특성을 공통적으로 갖고 있음을 밝히고자 하였다. 이 연구에서는 각 종결어미의 문법적 특성과 양태적 특성을 비교하여 설명하였고, 각 종결어미들의 인지적인 의미에 대하여 설득력 있게 기술하고 있다. 박재연(1998)에서는 반말을 정의하고 통시적인 기원에 따라 반말체 종결어미 목록을 작성하여 이를 대상으로 각각의 의미와 기능을 밝혔다. 이때 각 종결어미들의 의미 설명에 주로 사용된 기제는 양태에 관련된 의미들이었다. 박재연(2006)에서도 양태 범주를 확립하고 이를 나타내는 양태 어미들의 의미, 기능을 밝혔다. 이 연구에서는 양태를 나타내는 표지에 선어말어미, 종결어미가 있다고 보고, 이에 속하는 어미들의 양태 의미를 대립 관계로 파악하여 체계적으로 기술하였다. 임동훈(2008)에서는 한국어의 서법과 양태 체계를 어떻게 보아야 할지에 대하여 논의하고, 한국어 선어말어미와 종결어미의 양태 의미에 대하여 기술하고, 우언적 구성 또한 양태 의미로 기술할 수 있음을 보였다.

　이렇게 양태 범주에 기대어 설명한 연구들은 국어학 분야에서 주로 논의되었던 것으로 비격식체 종결어미의 의미를 기술함에 있어서 그 본질을 건드린 논의라고 볼 수 있다. 이전에는 한데 뭉뚱그려 '-어', '-지', '-네' 등의 비격식체 종결어미의 의미 차이를 단순히 어떤 '부드러운 느낌', '건방진 느낌' 등과 같이 매우 모호한 술어로 표현하였던 것을 특정 문법 범주인 양태 범주 안에 넣어 이들이 표상하는 바를 명확하게 구분하여 주었다는 점에서 이들 종결어미의 본질에 한 발짝 다가갔다고 볼 수 있다. 실제로 이 어미들은 화자의 인식을 표상하기 때문이다. 그러나 이 어미들의 전모를 알기 위해서는, 특히 실제 발화 상황에서 어떻게 사용되는지 그 기제를 알기 위해서는 이러한 양태 범주를 기댄 설명만으로는 부족하다. 화자가 어떤 발화 의도와 목적, 효과를 내기 위해서 무슨 종결어미를 선택하였는지에 대한 고찰이 있어야 한다. 바로 여기에 담화 및 화용론이 개입해야 할 필요가 있다고 볼 수 있다.

마지막으로 비격식체 종결어미를 담화 및 화용론의 측면에서 설명하고자 한 연구를 살펴보겠다. 여기에서도 역시 한두 형태가 아닌 비격식체 종결어미 총체에 대한 거시적인 담론을 담고 있는 연구에 한정하여 살펴보면, 한길(1986), 차현실(1990), 박나리(2000, 2004) 등과 같은 연구들이 있다. 이들 연구는 비격식체 종결어미를 기술하는 데 있어 화자의 명제에 대한 태도, 청자에 대한 태도, 사용되는 담화 상황에 주목을 하였다.

한길(1986)은 이 종결어미들을 문법론, 의미론, 화용론의 측면에서 다각도로 조망하여 다양한 의미 기술의 가능성을 보여주었다. 차현실(1990)에서는 담화 문법의 차원에서 기술되어야 한다고 언급하면서 반말체 어미는 종결의 기능을 가지면서 다음 담화를 이어주는 연결의 기능도 공유하고 있음을 지적하였다. 또한 청자 대우 표시가 아니라 화자가 담화 내용의 사태와 관련하여 담화 내용에 갖는 태도를 나타내는 기능으로 보아야 한다고 주장하면서 이는 반말체 문장의 구조를 통해서도 알 수 있다고 밝혔다. 이 연구를 통해서 비격식체 종결어미의 의미를 밝히기 위해서는 문장종결법이나 상대높임법이 아닌 화자의 태도에 초점을 맞추어야 할 필요성이 제기되었다. 박나리(2000, 2004)에서는 지금까지 종결어미는 주로 상대높임법이나 격식체/비격식체의 차원에서 조명되었으며, 격식체/비격식체의 차이는 발화 상황의 격식성, 어투나 문체의 자연스러움 여부로 기술되어 왔다는 문제점을 지적하면서, 이들의 선택과 사용에 도움을 주려면 담화 화용적인 측면에서의 기술이 필요함을 인식하고, 구체적인 발화 상황 속에서 비교/대조하여 살펴봄으로써 외국인을 위한 한국어 교육문법의 종결어미 기술의 가능성을 제안하고자 한 연구이다.[1]

지금까지 살펴본 연구들은 박나리(2000, 2004)를 제외하고는 모두 '국어학' 분야에서 비격식체 종결어미의 총체의 정체성을 밝히기 위해 연구된 성과물이다. 그렇다면 한국어교육 분야에서는 이렇게 국어학 분야에서 해당 종결어미들을 양태 체계와 담화론에 빗대어 기술한 이러한 성과를 적용하는 것이 충분히 교육적으로 유효하였을까? 한국어교육 분야에서 이 종결어미에 대해 유효한 설명을 하려면, 우리가 실생활에서 이들 종결어미를 사용할 때, 어떤 의도와 어떤 발화 목적을 가지고 사용하는지를 실례를 통해 고찰하는 것이 필요하다. 비록 국어학 분야에서 양태 범주에 기대어 해당 종결어미들의 차이를 밝히는 것이 가능하였고, 담화 및 화용론의 거울에 비추어 해당 종결어미들이 사용되는 상황을 대략적으로 밝히기는 하였지만 한국어교육 분야에서 적용할 만한 지식으로 전환하기에는 보완할 점이 있을 것으로 보인다. 이 지점에서 우리는 실제 말뭉치를 이용하

---

1 이 연구에서는 이들 종결어미를 기술할 때 인지 작용에 대하여도 고려하고자 하였다. 비록 양태 범주에 대한 직접적인 언급은 없으나 양태 범주와 관련하여서도 종결어미가 기술될 수 있음을 인식한 것으로 볼 수 있다.

여 해당 형태들을 담화 분석하는 일이 필요하다는 것을 알 수 있을 것이다.

장채린(2018, 2022)은 위와 같은 시사점을 보고, 국어학 분야에서의 그동안의 성과가 한국어교육에 적용하여 어떻게 가르칠 수 있을지, 교수자들과 학습자들을 위한 지식으로 전환할 수 있을지에 대해 고민한 연구라고 볼 수 있다. 이 연구를 통해 유추할 수 있는 것은 비격식체 종결어미를 교육적 맥락에 맞게 기술하기 위해서는 어느 일부 영역에만 기댈 수 없고, 이 모든 논의가 종합적으로 필요하다는 것이다. 즉 한국어교육의 문법 교육 내용학을 위해서는 언어 자체의 '체계'에 초점을 맞추는 것이 아닌 '설명력'에 초점을 맞추는 것이 필요한데, 그러기 위해서는 상대높임법, 문체법, 양태 범주, 화용론, 말뭉치학의 모든 영역을 종합적으로 보는 눈이 필요하다고 하겠다.

3. 비격식체 종결어미의 기술

3.1. 비격식체 종결어미의 핵심 기능

본고의 연구 대상이 되는 종결어미 '-어, -지, -네, -군, -거든, -잖아, -을게, -을래' 중에 결합된 명제에 대한 화자의 태도를 나타내는 부류와 담화 상황에서 청자의 인식 상태에 대한 화자의 태도를 나타내는 부류로 나눌 수 있다. 우선 '-어, -지, -네, -거든'은 결합된 명제에 대한 화자의 태도, 즉 대명제 태도를, '-거든, -잖아, -을게, -을래'는 청자의 인식 상태에 대한 화자의 태도, 즉 대청자 태도를 나타내는 어미로 나눌 수 있다.[2]

2장에 따르면 학자들이 비격식체 종결어미들을 기술하기 위하여

상대높임법, 문체법에 기대어 기술하기 시작하다가 양태 범주의 측
면에 기대어 기술하기 시작하였다는 흐름을 발견할 수 있었을 것이
다. 이 '양태 범주'의 도입은 비격식체 종결어미와 화자의 인지적인
측면을 연결 짓기 위함이었다. 그런데 이 양태 범주라는 것도 학자나
연구마다 그 정의와 범위가 다르다. 우선 이 양태 범주의 하위에는
인식 양태(epistemic modality), 내면화(assimilation), 증거성(evidentia-
lity) 등의 개념이 논의되고 있다.[3]

인식 양태는 명제의 사실성(factual state)에 대한 화자의 믿음의
정도 내지는 태도를 표현하는 문법 범주이다(Palmer 2001). 주로 한국
어에서는 '-겠-, -을 것이-, -을 것 같-' 등과 같은 선어말어미나
우언적 구성을 통해 의미가 실현된다. 만약 어떤 문장에서 인식 양태
표지가 나타나지 않았다면 화자의 명제의 진리치에 대한 전적인 약
속이며, 인식 양태 표지가 나타난다면 명제의 진리치에 대해 화자가
전적인 책임을 지지 않음을 의미한다(Bybee et. al., 1994). 내면화는
화자의 지식 체계에 해당 명제 정보가 통합되었는지의 여부를 표현
하는 의미를 가지고 있다. 예를 들어 '-네'와 같은 종결어미는 해당
명제 내용을 처음 맞닥뜨렸을 때 사용되는 것이므로 아직 내면화되
지 않은 정보를 말할 때 사용하는 것으로 이해될 수 있다는 점을 떠올

---

2 자세한 논의는 장채린(2018, 2022) 참고.
3 학자마다 양태(modality)의 개념 안에 인식 양태, 증거성, 내면화를 모두 포함하는
   경우도 있고(Lee 1991, 박재연 2006 등), 인식 양태와 증거 양태만 포함하는 경우도
   있으며(Palmer 2001, 손혜옥 2016 등), 인식 양태, 증거 양태, 내면화를 모두 독립된
   범주로 다루는 경우도(Aikhenvald 2004, 박진호 2011 등) 있다(김상민 2020:2). 여기
   에서는 이러한 범주와 개념들이 서로 어떤 관계를 가지는지에 대해서는 논하지 않고,
   이 장에서 다루는 비격식체 종결어미에 관여하는 범주가 무엇인지를 찾아 그것과 관련
   시켜 기술해 보도록 하겠다.

려보면 이해가 쉬울 것이다. 증거성은 정보의 출처를 분류하여 명세화하는 문법 범주로서, 한국어에서는 주로 선어말어미 '-더-', 종결어미 '-네, -군' 등에 의해 실현되는 것으로 기술되어 왔다. 이와 같은 양태 범주의 하위 개념 중 선행 연구에서 특히 비격식체 종결어미와 깊은 관련이 있는 것으로 언급되어 온 것이 바로 내면화이다. 장채린(2018, 2022)에서도 선행 연구와 말뭉치 분석을 통해 비격식체 종결어미 '-어, -지, -네, -군, -거든, -잖아, -을게, -을래'를 내면화라는 범주에 기대어 설명할 수 있음을 밝혔다. 장채린(2018, 2022)에서 선행 문헌을 통한 논증, 문법 현상을 통한 논증, 맥락 기능을 통한 논증으로 밝혀낸 8종의 종결어미의 핵심 기능을 아래에서 간략하게 핵심만 설명하도록 하겠다.

'-어'와 '-지'는 Lee(1991), 손현선(1996)에서의 언급과 같이 화자의 인지 체계에 내면화된 정보, 즉 알고 있는 정보에 대해 말할 때 사용되는 것으로 관찰되며, '-네'와 '-군'은 비내면화된 정보, 즉 발화시 기준으로 화자의 인지에 편입되지 않은 지식을 말할 때 사용되는 것으로 관찰된다.

(2) ㄱ. 그러고 나서 마지막 장면이 기계 이렇게 반지인데, 공주한테 끼워 주면서 둘이 <u>결혼해</u>.　　　　(주제대화_영화와 배우)

　　 ㄴ. 근데 사실 옛날에 우리 조상들이 아이를 어떻게 길렀…구, 어떻게 했는지에 대한 그런 태교는, 사실 무시당하고 있다는 거. 참 슬픈 <u>현실이지</u>.　　　　(독백_유아교육)

　　 ㄷ. 어 몸이 안 <u>움직이네</u>.　　　　(일상대화_날씨에 대해)

　　 ㄹ. 어::, <u>그래서 당신 독백을 두 시간 했구나,</u>
　　　　　　　　　　　　　　　　　(주제대화_연애 에피소드)

위의 말뭉치에서의 예문을 보면 ㄱ, ㄴ은 결합된 명제 내용을 화자가 이미 알고 있는 상태에서, ㄷ, ㄹ은 결합된 명제 내용을 화자가 발화시 당시에 접한 후에 발화하는 것을 알 수 있다. 그렇다면 '-어'와 '-지', '-네'와 '-군'은 각각 서로 어떻게 구별되는가? 선행 연구 분석과 말뭉치 용례 분석을 통하여 장채린(2018, 2022)에서 밝힌 바를 간략하게 말하면 '-어'와 '-지'는 관념화 여부, '-네'와 '-군'은 깨달음 여부로 서로 대립을 이루고 있다고 할 수 있다.

(3) ㄱ. 가: 졸업 학점 때문에.
　　　　나: <u>아 마음이 흔들리고 있어</u> 어떡해. 그냥 다녀?
　　　　가: 휴학하면 나중에 후회한다니까.
　　　　　　　　　　　　　　　　　　　(일상대화_식사중 대학생 3인)

　　ㄴ. <u>군대 갔다 왔으면 당연히 육 년이지</u>, 바보 아냐?
　　　　　　　　　　　　　　　　　　　　　(일상대화_교육에 대해)

(3)의 밑줄 친 부분은 휴학할지를 고민하는 상황에서 자신의 현재 심정을 묘사하고 있는 발화이다. 발화시 당시의 자신의 심정을 단순하게 표현하고 있으며, 이러한 상황에서 자신의 현재 심정을 관념화하여 말할 이유가 없다. 이러한 때에는 밑줄의 '-어(요)'를 '-지(요)'로 교체하여 말하게 되면 매우 어색함을 알 수 있다. 그러나 ㄴ과 같이 단순한 현재 심정이 아닌 어떤 명제에 대한 가치 판단이 이루어진 후에는 '-지(요)'의 사용이 자연스럽다. ㄴ이 발화된 상황은 화자가, 관념화된 지식으로 청자에게 강조하여 알리려고 하는 의도를 가지고 있는 것을 알 수 있다. 군대를 다녀온 것을 계산해 보면 당연히 6년이라는 것, 즉 자신의 인지체계에 관념화된 내용을 말하는 상황으로 이때에는 '-지'가 사용된 것이 자연스러우며, '-어'로 교체하면

부자연스럽다.

> (4) ㄱ. 아니 뭐~. 고기도 있구, <u>어! 문 닫았네</u> 여기,
> (일상대화_대학생 4인 잡담)
>
> ㄴ. 가: 우리들한테 만일에 내가 너처럼 수업이 없으면 후배 데리
> 고서 이렇게 좋은 날::, 후배가 심심해하는데
> 나: <u>그래서 그렇게 복장 터지게 하고 발끈하게 했구나::,</u>
> (주제대화_영화와 배우)

(4ㄱ)은 발화시 당시 시각적으로 지각하여 말한 것을 '-네'를 사용
하여 발화한 용례이며, (4ㄴ)은 상대방의 말을 들은 후에 비로소 깨닫
고 이해하게 된 내용을 '-구나'를 사용하여 말한 용례이다. 예문에서
'-네'와 '-구나'를 서로 바꾸어 써도 용인 가능하지만 각 상황에서
위와 같은 형태가 더 적절한 것을 쉽게 판단할 수 있을 것이다.

한편 '-거든'과 '-잖아', '-을게'와 '-을래'는 대청자 태도를 가진
종결어미이다. 이들은 각각 해당 정보가 청자의 지식 체계에 내면화
되어 있는지의 여부, 청자의 의향에 부합하는 미래 행동인지의 여부
로 서로 대립을 이루고 있다.

> (5) 그렇게 남한테 신경 안 쓰고. 근데 너는 남한테 애정을 좀 주잖아.
> <u>근데 걔는 그렇지 않거든. 걔는 딱 정말 필요한 사람 아니면 애정</u>
> <u>안 주거든</u>. (일상대화_저녁식사)

위의 예문을 보면 '-잖아'는 화자와 청자 모두 알고 있는 정보를,
'-거든'은 청자는 모르는 내용을 말할 때 사용된다는 것을 문맥을
통하여 쉽게 판단할 수 있을 것이다. 이와 관련하여서는 신지연

(2000), 박재연(2006), 한송화(2016), 박동화(2017), 장채린(2018, 2022) 등의 다수의 연구에서 논증한 바 있다.

> (6) ㄱ. 그래, 집에 갈 때 파인애플 <u>사 줄게</u>.   (일상대화_미팅)
> ㄴ. 가: 어후, 나 집에 <u>갈래</u>.
> 나: 왜?   (일상대화_잡담)

위의 ㄱ, ㄴ은 각각 '-을게'와 '-을래'의 전형적인 쓰임을 반영하고 있는 용례이다. ㄱ에서는 '-을게' 앞에 명제 내용이 청자를 위한 화자 자신의 미래 행동이 온 것을 알 수 있으며, ㄴ에서는 '-을래' 앞에 청자의 의향과 관계 없는 자신의 미래 행동이 명제 내용으로 온 것을 알 수 있을 것이다.

지금까지 '내면화 여부', '관념화 여부', '현재 지각 및 사유의 여부', '대명제/대청자의 여부', '청자 의향 부합의 여부'에 따라 이 여덟 개의 종결어미를 분류할 수 있음을 살펴보았다. 이러한 내용을 표로 정리하면 아래와 같이 기술될 수 있다.[4]

<표 2> 비격식체 종결어미의 핵심 기능

분류			핵심 기능(원형적 의미)	해당 형태
대명제 태도	정보	[화자의 기지정보]	[관념화되지 않은 정보]	-어(요)
			[관념화된 정보]	-지(요)
		[화자의 미지정보]	[현재 지각한 정보]	-네(요)
			[깨달은 정보]	-군(요)

---

4 장채린(2018, 2022)에서 제시한 표와 동일하다.

대청자 태도		[청자의 미지정보]	─거든(요)
		[청자의 기지정보]	─잖아(요)
	행동	[청자 의향에 부합하는 화자의 미래 행동]	─을게(요)
		[청자 의향에 부합하지 않는 화자의 미래 행동]	─을래(요)

위의 〈표 2〉는 8종의 종결어미의 핵심적인/원형적인 의미 기능을 나타낸 것이다. 위의 표에 정리된 내용은 어떻게 보면 현재까지 국어학 분야에서 해당 종결어미들에 대하여 연구한 것을 교육적인 맥락에 적용 가능하도록 총정리한 것으로 볼 수 있겠다. 즉 각 기능들의 공통점과 차이점이 잘 보이도록 대립 관계로 제시한 것이다. 유사한 문법적 특징이나 담화상 기능을 지니는 것들이 어떠한 점에서 서로 차별점을 가지는지가 위의 표를 통해서 드러난다. 그러나 이대로 한국어교육 상황에서 그대로 보이고 제시하기에는 무리가 있다. 분명 실제 언어 생활에서 이들 종결어미가 출현하였을 경우에는 매우 여러 가지 기능으로 분화되어 나타나기 때문이다. 따라서 아래의 3.2에서 살펴볼 실제 말뭉치상의 기능을 제시하면서 위의 내용이 함께 어우러져 적용되어야 할 것이다. 그러나 최소한 〈표 2〉의 내용은 한국어 교수자에게 매우 유용하게 사용될 수 있을 것이다.

3.2. 비격식체 종결어미의 담화 기능 분석

장채린(2018, 2022)에서는 이 8종의 종결어미들의 실제 쓰임을 전수 태깅을 통하여 조사하였다. 그 결과 장채린(2018, 2022)에서의 〈표 22〉와 같이 나타났다. 장채린(2018, 2022)의 표는 각 형태의 기능과 그것의 구체적인 쓰임을 나열한 것인데, 여기에 나타난 담화 기능을

중심으로 하여, 각 기능을 어떤 종결어미들이 표현하는가를 살피면
아래의 표와 같이 새롭게 정리해 볼 수 있겠다.

〈표 3〉 담화 기능별 종결어미의 쓰임

	-어	-지	-네	-군	-거든	-잖아	-을게	-을래
진술하기	○	○	○	○				
질문하기	○							
명령하기	○	○						
청유하기	○	○						
즉각적인 감정, 감각 표현하기	○							
의지 표현하기	○	○					○	○
가정하기	○	○				○		
기원 및 바람 표현하기		○						
아쉬움, 비난, 원망 등 부정적인 감정 표현하기		○						
확인 질문하기		○	○	○				
단언성 강화하기(확신 표현하기)		○						
호응 유발하기		○						
상대의 공감 요구하기		○				○		
앞선 발화에 대한 강한 동의·반대 표현하기		○						
화제 도입하기		○	○		○	○		
확인하기			○			○		
인정하기			○					
맞장구치기			○					
단언성 약화하기			○					

책임성 약화하기			○					
사실성 강화하기			○					
객관적 태도 표현하기			○					
과거의 감정 공유하기			○					
청자의 집중 유도하기			○			○		
청자의 반응 유도하기			○					
배경정보 제시하기			○		○	○		
요약하기			○					
수용 표현하기				○				
자기 오류 정보 수정하기				○				
정보 제공하기					○	○		
친밀감 형성하기					○	○	○	
간접적으로 표현하기					○	○		
단정적인 태도 표현하기					○			
근거 제시하기					○	○		
핀잔주기						○		
청자의 동조 요구하기						○		
약속하기							○	
허락 구하기							○	
요청하기							○	○
완곡하게 거절 표현하기							○	
제안하기								○
협박하기								○
화자의 통제권 표현하기								○

위의 표를 보면 다음과 같은 점이 흥미롭게 다가온다. 우선 첫째로, 서로 대립을 보이는 종결어미 쌍들끼리 비슷한 기능을 공유하는 경우가 있다는 것이다. 이러한 특징은 '-거든'과 '-잖아'에서 두드러진다. 이 두 종결어미는 위의 〈표 2〉에 따르면 대청자 종결어미이면서, 청자의 인지체계에 대한 가정에 있어서 서로 상반된 모습을 보이는 대립을 이루는 종결어미라고 볼 수 있다. 그런데 '정보 제공하기, 친밀감 형성하기, 간접적으로 표현하기, 근거 제시하기'와 같이 다수의 기능들을 서로 공유하고 있다.

둘째로, 〈표 2〉에서 밝힌 핵심 기능에 위배되는 듯이 보이는 기능들이 실제 언어생활에서 사용되고 있다는 점이다. 예를 들어 '-을게'의 핵심 기능은 '청자 의향에 부합하는 화자의 미래 행동'을 말하는 것이다. 그런데 '허락 구하기, 완곡하게 거절하기'와 같이 청자의 체면을 위협하는 상황에서 이러한 핵심 기능을 가진 '-을게'가 쓰인다.

셋째로, '-네'는 대명제 태도를, '-거든'과 '-잖아'는 대청자 태도를 나타내는데 '-네'의 기능들을 보면, 청자와의 의사소통이 매우 활발하게 이루어지는 상황에서 여러 기능으로 쓰인다는 것을 알 수 있으며, '-거든, -잖아'의 기능들을 보면, 해당 문장의 앞뒤 문맥과의 관계 속에서 어떤 기능을 하기 위해 쓰인다는 것을 알 수 있다. 대명제 태도는 명제에 대한 태도를, 대청자 태도는 청자에 대한 태도를 나타내는 것인데, 실제 담화 상황 속에서는 전자를 나타내는 어미는 청자에 대한 발화 의도를 나타낼 때, 후자를 나타내는 어미는 문맥 속에서의 발화 의도를 나타낼 때 쓴다는 사실이 흥미롭다.

이러한 몇 가지 특징이 시사하는 바는 한국어 교육 분야에서 이들 종결어미를 기술하기 위해서는 해당 종결어미의 국어학적인 논의에서 도출된 핵심 기능, 실제 말뭉치에서 나타난 여러 기능, 이 두 가지 차원 중 어느 하나만 필요한 것이 아니라 이들이 어떻게 서로 관여하고 이들이 어떤 역학 관계를 가지는지에 대한 고찰이 필요하다는 점이다. 아래에서는 위의 세 가지 특징에 대하여 이러한 시사점을 반영하여 기술하고자 한다.

특징 1) 서로 대립을 보이는 종결어미 쌍들끼리 비슷한 기능을 공유하는 경우가 있다.

이러한 특징과 관련하여서는 의미상 대립을 보이면서 같은 기능을 공유하는 특징이 두드러진 '–거든'과 '–잖아'를 중심으로 살펴보도록 하겠다. 이 두 형태는 '화제 도입하기, 배경 정보 제시하기, 근거 제시하기'라는 주요 기능을 공유하고 있다. 이 두 형태들을 온전히 알기 위해서는 위의 핵심 기능만으로도 부족하며, 맥락에서 나타나는 기능만으로도 부족하다. 표면적으로 같은 기능을 나타내는 데 어떤 발화 의도에서 차이가 나는지를 핵심 기능을 중심으로 이해하는 것이 필요하다는 점을 아래에서 확인하게 될 것이다. '–거든'과 '–잖아'가 공유하는 '화제 도입하기'와 '배경 정보 제시하기'의 두 가지 기능을 중심으로 살펴보겠다.

먼저, '화제 도입하기'는 담화상에서 새로운 주제를 제시하거나 주제를 전환하는 경우이다.

(7) 가: 그전까지만 해두 기자들은 뽑구 그랬다구 그 다음에 이제. 학회 활동 같은 것두 얘기 들어 보니까는 사람 수 적어지는 건 그렇다 치구, 각 종류 학회들이 너무 막 중립 그까는 막 획일적이 되구, 재미가 없어지구, (… 중략 …) 옛날에 비해서 뭔가 달라 보인다 이거지. 근까 그 점이 중요한 거야.
다: 내가 내 동생이랑,

　　가: 음.
　　다: <u>우리 집이 형제가 나이 차가 많거던</u>. 나랑 우리 형이랑은 세
　　　　살이구 내 동생이랑 나랑은 여섯 살인데, 공부를 지가 혼자 못
　　　　해. 이게 공부는, 저번에 보니까 전교 일등두 하구 그러는데
　　가: 심지어 공부마저
　　다: 우리 때는 공부를 어느 정도 한다구 해두 뭐~ 잘 하건 못 하건
　　　　어머니는 별루 신경을 안 쓰구,

(써클_ycc 잡담)

(8)　가: 허재 우승하면 은퇴해::,
　　나: 뭐라구?
　　가: 허재 우승하면 은퇴한다구.
　　나: 아 이번에?
　　가: 응,
　　나: 아::. 그::~ 홍콩에::,
　　가: 어.
　　나: <u>요즘 사스 때문에, 그 마스크 많이 쓰고 다니잖아::</u>. 근데

(전화대화)

(7)에서 전체적으로 보았을 때 두 가지 화제가 제시되어 있다. 처음에 제시된 화제는 요즘의 동아리 현황이다. 요즘의 동아리 현황을 화제로 대화를 나누다가 중간에 밑줄 친 부분에서 '-거든'을 사용하여 새로운 화제를 도입하여 화제가 전환되는 양상을 발견할 수 있다. 이때의 화자는 이제부터 이야기할 내용은 나의 정보 영역에서 나온 것이라는 표현을 청자에게 하면서 집중을 유도하고 있다.

(8)에서 화제는 크게 두 가지로 볼 수 있다. 첫 번째 화제는 '농구'이며, 두 번째 화제는 '마스크'이다. 이때 발화자 '나'는 '-잖아'를 통해 청자도 알고 있는 사실임을 표현하며, 해당 화제에 대한 청자의

의식을 활성화시키고자 하고 있다.

이와 같이 두 종결어미는 화자의 청자에 대한 인지적인 전제가 다르지만 표면적으로는 동일하게 '화제 도입하기'의 담화적 기능으로 발현될 수 있음을 확인할 수 있었다. '-거든'는 화자의 정보 영역에 속한 화제를, '-잖아'는 청자의 영역에 속한 화제를 꺼내 이야기함으로써 이 기능이 수행되는 것을 알 수 있다.

둘째로, '-잖아'와 '-거든'이 '배경 정보 제시하기' 기능으로 실현된 것을 살펴보자. 담화 내에서 전달되는 정보는 크게 '전경정보(foreground information)'와 '배경정보(background information)'로 나뉘는데, 전자는 화자의 담화 의도를 나타내는 정보로서 담화를 추진시키는 기능을 하며, 후자는 전경정보를 뒷받침해 주는 보편적 정보나 맥락적 정보의 기능을 한다(정희자 2002:163). 말뭉치에서는 이러한 배경정보를 전달하는 경우 '-거든(요)', '-잖아(요)'가 적극 활용되는 것을 발견할 수 있었다.

(9) ㄱ. 날씨가 중간에 쫌 좋았단 말이야 그래서. <u>와 내가 지리산 안 가니까 오빠 친구들이 왔거든</u>, 언니랑 이렇게, 〈Q〉 서울랜드 가요 〈/Q〉 그랬더니, 어 서울랜드 가재, 너무 좋아 가지구 티티엘 카드 다 챙기구 이랬다? 〈웃〉

(일상대화_날씨에 대해)

ㄴ. 가: 글쎄 요즘에 저기 가구 싶드라,

나: 어디?

가: 수영장.

나: 수영장? 나 아직두 수영 못 하는데 잠수는 잘 못 해.

가: <u>수영장 왜 요새 장마 지기 전에 덥잖아</u>, 지금하구 장마 지구 나면 오히려 수영장 가두 별루 안 시원하구 햇빛만 따겁

구 이러니까, 지금 가는 게 딱 좋은데, 같이 갈 〈tr〉 사
〈/tr〉 애들이 없어.

(일상대화_관광명소에 대해)

(9ㄱ)의 밑줄 친 부분에서 전달된 배경정보는 '내가 지리산 안 가
니까 오빠 친구들이 왔다'이며, 이를 뒷받침으로 하여 전달하고자
한 전경정보는 언니와 서울랜드 가자고 오빠들한테 이야기했다는 내
용이다. 여기에서 화자는 '-거든'을 통해 자기가 제공하는 정보가
청자의 지식 체계에 없으며, 화자 자신의 지식 체계에서 나온 것을
형태적으로 드러냄으로써 청자로 하여금 그 명제 내용이 유의미한
정보임을 알아차리게 한다. 그리하여 자신이 제공한 정보를 통하여
청자가 배경 지식을 형성하도록 유도한다.

(9ㄴ)의 밑줄 친 부분에서 화자는 '-잖아(요)'를 통하여 화자가 전
경정보로 이야기하는 데에 필요한 배경정보를 언급한 것을 볼 수 있
다. (9ㄴ)에서 발화자 '가'는 '지금 수영장에 가고 싶다'라는 말을 주된
메시지로 전달하고 싶어 한다. 즉 지금 수영장에 가고 싶다는 내용은
전경정보이다. 이 전경정보에 대한 배경정보인 '수영장은 요새 장마
지기 전에 덥다'라는 내용을 종결어미 '-잖아'를 통해 전달하고 있다.

이와 같이 두 종결어미는 서로 핵심적인 기능이 다르지만 동일하
게 담화상에서 '배경정보 제시하기'로 나타날 수 있음을 알아보았다.
화자는 '-거든(요)'로 [청자의 미지정보]를, '-잖아(요)'로 [청자의 기
지정보]를 표현하게 된다. 이렇게 표현된 배경정보는 청자에 의해
유의미한 것으로 받아들여져 화자와 청자의 공유 지식을 형성하게
된다. 이를 통하여 화자는 청자가 전경정보를 받아들이는 데에 무리
가 없도록 인지적으로 준비를 시키려는 목적을 달성할 수 있다.

지금까지 '-거든'과 '-잖아'가 담화 기능들을 공유하고 있으나 그 화자의 태도 및 발화 의도가 서로 판이하게 다름을 핵심 기능을 통해서 알 수 있었다. 그러나 여기에서 공통적으로 나타나는 효과는 화자가 청자의 인지 체계에 대한 앎이 있다는 것을 청자에게 드러냄으로써 서로의 유대감이 발휘된다는 것이며, 단지 그것을 위해 청자가 아느냐 모르냐에 대한 화자의 가정을 나타내는 두 대립적인 형태 중 하나가 선택된다는 사실을 엿볼 수 있었다. 특징 1)에서 기술된 논의를 통해 도출해 낼 수 있는 것은 우리가 해당 문법 형태를 기술하기 위해서는 표면적으로 드러난 기능뿐만이 아니라 그 안에 숨겨진 핵심 기능 또한 알 필요가 있고, 그 이면에 숨겨진 화자의 발화 의도가 무엇인지 또한 추론하여 종합적으로 살필 필요가 있다는 점이다.

특징 2) 핵심 기능에 위배되는 듯이 보이는 기능들이 실제 언어생활에서 사용되고 있다.

아래의 내용은 '-을게'의 유표적인 맥락 기능이다.

(10) '-을게'의 유표적인 맥락 기능
  – 요청하기
  – 허락 구하기
  – 완곡하게 거절 표현하기

〈표 2〉에 따르면 '-을게'의 핵심적인 의미는 [청자의 의향에 부합하는 화자의 미래 행동]이므로 약속을 의미한다. 이는 청자가 원하는 것에 자신의 행동을 맞추겠다는 의미이므로 청자의 체면에 위협이 되는 회행으로 보이는 요청하기, 허락 구하기, 서절하기와는 거리가 멀어 보인다. 요청, 허락 구하기, 거절은 모두 청자의 체면을 위협하

거나 청자가 원하는 것과 반대되는 내용을 말하는 것이기 때문이다. 그러나 위와 같은 기능으로 '-을게'가 실질적으로 사용되고 있다. 아래에서는 '요청하기'로 나타난 '-을게'를 중심으로 살펴보자.

(11) 커피 한 잔만 <u>부탁드릴게요</u>.   (주제대화_직장생활)

위의 예문에서는 '-을게'가 요청을 하는 기능으로 사용된 것이다. 물론 밑줄 친 부분의 '부탁드리-'라는 동사 때문에 요청의 기능이 부각이 되기는 하였지만, 위에서 밑줄 친 부분을 '부탁드려도 될까요?', '부탁합니다', '부탁드려요', '부탁하겠습니다' 등과 같이 다른 말로 해도 될 상황에서 어떻게 '-을게요'가 자연스럽게 요청의 기능을 하는 상황에서 사용되었을까 고찰해 보자. 여기에서는 발화 상황과 화청자의 관계, '요청하기'의 기능 또는 화행의 성격, '-을게'의 핵심 기능을 모두 고려하여 기술될 필요가 있다.

(11)은 상사가 부하 직원에게 요청하는 것을 나타낸다. 위의 상황에서는 커피를 가져오는 일은 회사에서 부하 직원이 할 것으로 기대되는 일에 속한다. 즉 화자가 청자에게 요청하는 일의 성격을 보면 청자의 의무와 합치되는 양상을 보인다. 화자가 청자에게 부담을 주는 행위인 요청을 하고는 있으나 그 행위가 청자가 해야 하는 일에 포함되므로, 자신이 요청하는 일이 청자에게 부담이 되지 않는 일처럼 이야기할 수 있는 계기가 마련된다. 또한 이때 화자는 윗사람, 청자는 아랫사람이다. 이때 '청자 의향 부합성'이라는 속성이 매개가 되어 '-을게'가 사용될 수 있다.

이와 같이 표면적으로 보았을 때에는 '요청하기'의 기능의 성격과 '-을게'의 핵심 기능의 속성이 배치되므로 '-을게'가 이러한 기능으로 사용될 수 없을 것으로 생각될 수도 있으나 위의 (11)과 같은 상황에서는 '-을게'의 핵심 기능과 관련되는 속성이 발휘될 수 있는 환경이 조성되므로 '-을게'가 사용될 수 있음을 알 수 있다. 이를 통해 확인할 수 있는 것은 문법을 기술하기 위해서는 발화 상황과 화청자 요인, 담화상의 기능, 핵심 기능을 모두 고려하여 기술될 필요가 있다는 점이다.

특징 3) 대명제 태도를 나타내는 어미는 청자에 대한 발화 의도를 나타낼 때, 대청자 태도를 나타내는 어미는 문맥 속에서의 발화 의도를 나타낼 때 쓰는 경우가 많다.

대명제 태도를 나타내는 어미 중 하나인 '-네'를 중심으로 이러한 특징을 기술해 보도록 하겠다. '-네'는 기본적으로 화자가 처음 지각한 내용을 말할 때 사용한다. 즉 대명제 태도를 나타내는 것으로 볼 수 있다. 그러나 이것이 표면적으로 발현되는 기능은 매우 여러 가지로 나타난다. '맞장구치기', '과거의 감정 공유하기', '청자의 집중 유도하기', '청자의 반응 유도하기' 등이 그것이다.

(12) ㄱ. 가: 타일랜드 사람이랑 중국 사람들은요? 우반구 손상이 되면, 언어 장애예요.
　　　　나: <u>그러네요.</u> 성조가 분명하니까.

(강의_언어병리학 특강)

　　ㄴ. 가: 경찰이, 육백 명 깔렸어. 그래 가지구 막.
　　　　나: <u>위압당했겠네.</u>

(주제대화_이야기 만들기)

(13) 가: 뭐? 할머니가 **뺨**을 때렸어? 빨간 옷 입고 간다고?
　　　다른 사람들: (웃음)

　　가: 그러는 거야, <u>진짜 우스워 죽는 줄 알았네.</u>

(수업대화_콘솔)

(14) 가: 여기두 에이는? <u>피 플러스 큐네?</u>

　　나: 네.

　　가: 이거 이쪽으로 넘겨서 인수분해해 주면 결국엔 뭐야?

(수업대화_과외지도)

(15) 가: <u>줄 예쁘네?</u>

　　나: 아, 회사 다닐 때 준 거야. 두루넷에서 준 거 두루넷에서.

　　가: 나도 갖고 싶다.

(일상대화_식사중 대학생 3인)

　　(12~15)는 각각 '–네'가 '맞장구치기', '과거의 감정 공유하기', '청자의 집중 유도하기', '청자의 반응 유도하기'로 사용된 예문을 나타낸 것이다. 이와 같이 담화 상에서 '–네'가 표현하는 기능들을 보면 모두 담화 요소 중 '청자'라는 요인과 관련이 매우 깊은 것을 알 수 있다. 맞장구를 친다는 것, 특정 시간대의 감정을 공유한다는 것, 집중을 유도한다는 것, 반응을 유도한다는 것 모두 '청자'라는 요인을 빼놓고는 성립되지 못하는 기능이다.

　　이러한 양상은 '–네'의 원형적인 기능이 화자의 '명제'에 대한 태도를 나타내는 것과 관련이 있다는 앞의 기술을 떠올려보면 다소 의아하게 생각될 수도 있을 것이다. 그러나 우리는 여기에서 한 가지 알 수 있는 것은 '–네'의 원형적인 기능인, 화자가 명제 내용을 처음 지각함을 알리려는 것, 그 행위 자체가 발화의 목적이 되는 것이 아니라 수단이 된다는 것이다. 즉 청자의 말에 맞장구를 치고, 청자와 감정을 공유하고 청자의 집중과 반응을 유도하기 위하여 화자는 해당 명제 내용을 발화시 당시에 처음 지각하였다는 표시를 수단으로 사용한다는 것이다.

4. 한국어 교육에의 적용

3장에서 기술한 세 가지 특징과 관련된 논의를 통하여 교육에 적
용할 수 있는 부분을 도출해 보면 크게 세 가지로 정리될 수 있다.
첫째, 표면적으로 나타나는 기능이 같다고 해서 그 형태의 본질까
지 같다고 주장할 수는 없다는 것이며, 따라서 교수자는 이러한 표면
상 같은 기능을 나타내기도 하지만 이 형태들의 본질(즉, 원형)이 어떠
한 식으로 다른지까지 알고 있어야 이들의 의미의 윤곽을 전체적으로
잘 설명할 수 있게 된다는 것이다. 원형 의미, 즉 본고에서는 핵심
기능으로 기술하고 있는 것을 교육적인 맥락에서 잘 제시하기 위해서
는 아래와 같은 그림이 제안될 수 있겠다. 우선 대명제의 태도를 핵심
기능으로 가지고 있는 '-어, -지, -네, -군'을 우선 살펴보겠다.

〈그림 1〉 대명제 태도를 가지는 종결어미의 핵심 기능 제시 방안(장채린 2018, 2022)

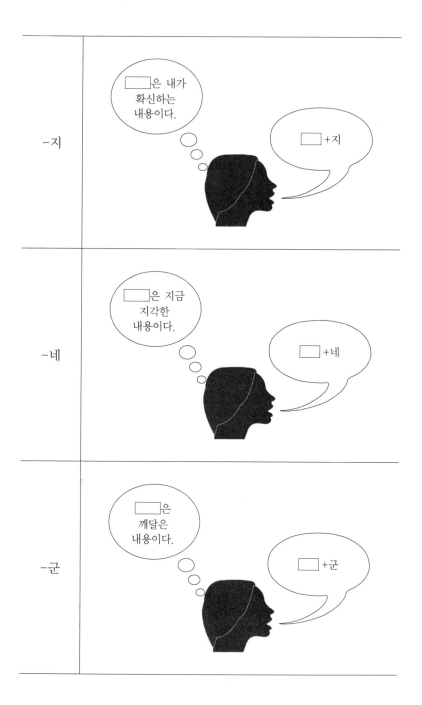

다음으로 대청자 태도를 보여주는 '-거든'과 '-잖아', '-을래'와 '-을게'를 학습자들에게 이해되기 쉽게 그림으로 제시한다면 다음이 활용될 수 있겠다.

〈그림 2〉 대청자 태도를 가지는 종결어미의 핵심 기능 제시 방안(장채린 2018, 2022)

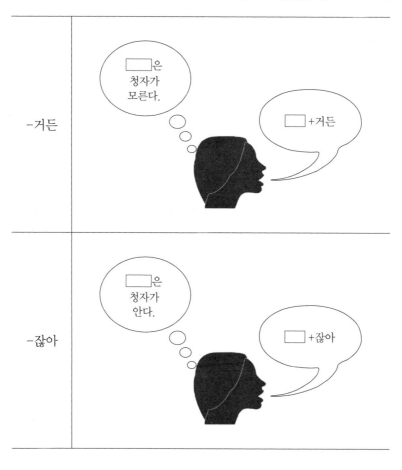

　　교수자는 학습자들에게 이러한 원형적인 의미를 짚어줄 필요가 있다. 단순히 표면적인 기능이 아닌 해당 형태를 사용할 때의 화자의 태도의 측면에서 무엇이 중심이 되는지를 알려주는 것이 학습자가 해당 형태의 의미와 문법, 담화 기능 등 전반적인 사항들을 이해하는 데에 도움이 될 것이다. 단순하게 문장으로 해당 형태들의 핵심 기능을 설명하는 것보다 위와 같이 화자와 명제 내용, 청자를 시각적으로 보여주고, 화자가 어떠한 태도 또는 전제를 가지고 해당 형태를 사용하는지에 대해 설명하는 것이 더욱 설명력을 높이는 방법이라 생각

된다. 나아가 핵심 기능은 한 형태가 가지는 여러 층위의 기능인 개념적 기능, 대인적 기능, 담화적 기능의 뿌리이기도 하다. 따라서 아래와 같은 핵심 기능의 파생성을 보여준다면 학습자들은 인지적으로 해당 문법 형태를 기억하고, 그 의미의 다변적인 면모를 파악하는 데에 도움이 되리라 생각한다.

〈그림 3〉 '-잖아'의 핵심 기능에서 파생되는 다층적 표면적 기능

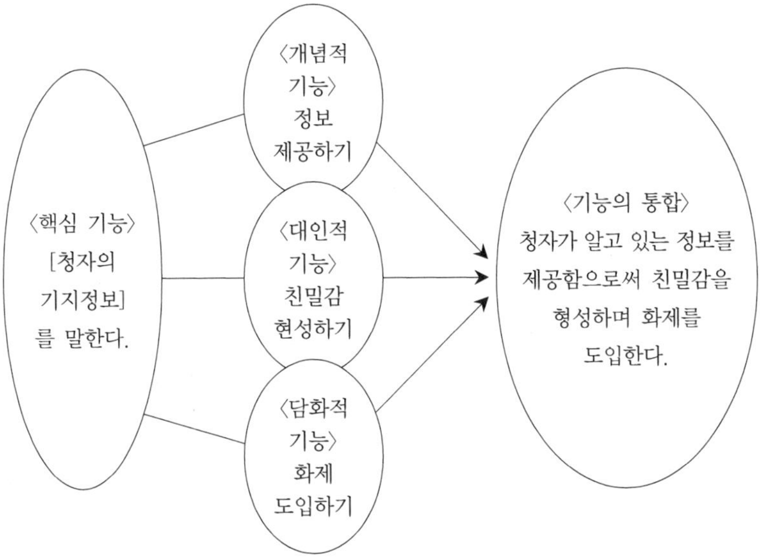

위와 같은 양상을 보이는 종결어미에 대하여 장채린(2021)에서 좀 더 구체적으로 원형 이론을 도입하여 아래와 같은 그림으로 설명하는 방식을 제안하는 것으로 발전되었다. 아래의 그림은 Hamawand (2016/2017)에서 원형 이론에 입각하여 영어의 보문소 'to-'의 의미망을 그린 것을 원용하여 한국어의 종결어미 '-을게'에 적용하여 본 것이다.

〈그림 4〉 '-을게(요)'의 기능 확장(장채린 2021)

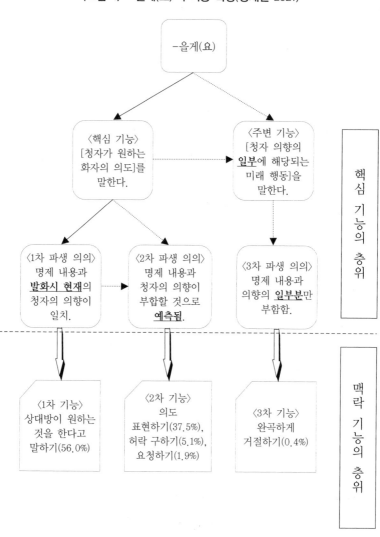

〈그림 3〉과 〈그림 4〉는 모두 해당 형태의 원형에 해당하는 핵심 기능을 출발점으로 하여 실제 담화에서 표면적으로 드러나는 기능들을 설명할 수 있다는 것을 보인 것이라고 볼 수 있다. 만약 교수자가

'표면적으로' 드러나는 기능들만을 가르치게 된다면 학습자는 해당 형태들을 기본적으로 같은 의미를 가진 것이라 받아들일 수도 있고, 점점 수준이 올라갈수록 학습량이 많아지면서 인지적으로 부담이 될 수도 있다. 그러나 만약 핵심 기능을 짚어주고, 거기에서 파생되는 양상을 보여줄 수 있는 방향으로 교육 내용이 마련된다면, 학습자는 그 연계성을 파악하고, 논리적인 이해를 하는 데에 도움이 될 수 있을 뿐만 아니라 인지적인 부담도 더욱 줄어들게 될 것으로 보인다. 아울러 이러한 핵심 기능은 '기능'의 측면과 더불어 해당 문법 형태의 '문법적인 특성'이 왜 그렇게 나타나는지에 대한 설명력을 높이는 데에도 활용될 수 있음을 장채린(2018, 2022)에서 보였다. 간단히 정리하면 아래와 같다.

〈비격식체 종결어미의 핵심 기능과 문법적 특성〉

① '-어'는 [화자의 기지정보], [관념화되지 않은 정보]를 말할 때 사용하는데, 문장 유형은 평서문과 의문문, 명령문, 청유문 모두 사용될 수 있다. 또한 주어 인칭과 결합 용언 양상을 보면 첫째, 1인칭 주어의 심리·감각 형용사 구문에서는 사용 가능하며, 둘째, 2, 3인칭 주어의 심리·형용사 구문에서는 사용 불가능하다는 점이 있다. 결합 가능한 선어말어미는 '-시-, -었-, -겠-(추측, 의지)'이 있다. 화자의 기지정보를 말하는 것이므로 화자 자신의 심리·감각에 대한 명제 내용과의 결합이 가장 자연스러우며, 화자가 잘 알지 못하는 타자의 심리 및 감각 내용은 어색하기 때문이다. 또한 '-어'는 관념화되지 않은 명제 내용을 말하는 것이므로 선어말어미와의 결합 제약은 일으키지 않는다.

② '-지'는 [화자의 미지정보], [현재 지각한 정보]를 말할 때 사용하는데, '-어'와 마찬가지로 평서문, 의문문, 명령문, 청유문 모두에서 사

용될 수 있다. 주어 인칭과 결합 용언의 양상을 정리하면, 첫째, 1인칭 주어의 심리·감각형용사 구문에서 사용 가능하며, 둘째, 2, 3인칭 주어의 심리·감각형용사 구문에서 사용 불가능하다. 한편 결합 가능한 선어말어미는 '-시-, -었-, -겠-(추측)'이다. '-지'는 '-어'와 동일하게 화자의 기지정보를 말할 때 사용하므로 1인칭 주어의 심리 및 감각 형용사와의 공기는 자연스러우나 타자의 심리나 감각 내용과의 공기는 부자연스럽다. 또한 '-겠-'이 나타내는 '의지'의 내용(발화시 당시의 결심)은 관념화의 대상이 되기 어려우므로 추측의 의미로서의 '-겠-'과만 결합이 자연스럽다는 특징이 있다.

③ '-네'는 [화자의 미지정보], [현재 지각한 정보]를 말할 때 사용하는데, 평서문에서만 사용한다. 질문처럼 기능하는 유사 의문문에서 사용될 수 있지만 엄격한 문장 유형으로 따졌을 때는 평서문에서만 사용 가능하다고 볼 수 있다. 한편 대체적으로 1인칭 주어 구문이 어색하지만, 1인칭 주어의 인지동사, 심리·감각 형용사 구문 결합은 자연스럽다. 반면 2, 3인칭 주어의 심리 및 감각 형용사 구문과의 결합은 가능하나 다소 어색하다는 특징이 있다. 이는 모두 '-네'의 핵심 기능이 반영된 문법적 특징이다. 선어말어미 중 '-시-, -었-, -겠-(추측)'은 결합 가능하지만 '-네'가 현재 지각한 정보를 가리키므로 과거 지각을 의미하는 '-더-'와의 결합은 어색하다.

④ '-군'은 [화자의 미지정보], [깨달은 정보]를 말할 때 사용한다. 주어 인칭과 결합 용언 양상을 '-네'와 비슷하기는 하나 2, 3인칭 주어의 심리 및 감각형용사 구문과의 결합이 자연스럽다는 특징이 있다. '현재' 지각한 정보가 아닌, 해당 정보를 지각한 후 어느 정도의 사고 과정을 거쳐 깨달은 정보를 말할 때 사용하기 때문에 타자의 심리는 파악하는 데에 시간이 걸리므로 자연스러운 것이다. 한편 선어말어미는 '-시-, -었-, -겠-(추측), -더-' 모두 결합 가능하다.

⑤ '-거든'은 [청자의 미지정보]를 말할 때 사용하므로 청자의 정보 영역에 있는 주체와의 공기가 어색하며, '-시-', '-었-'과의 결합이 자연

스러우며 나머지 선어말어미와의 결합은 다소 어색하다.

⑥ '-잖아'는 [청자의 기지정보]를 말할 때 사용하므로 청자의 정보 영역에 있는 주체와의 결합이 자연스럽다. 선어말어미 결합 양상은 '-거든'과 비슷하다.

⑦ '-을게'는 [청자 의향에 부합하는 화자의 미래 행동]을 말할 때 사용하므로 1인칭 주어만 가능하며, 동사와 주로 결합한다.

⑧ '-을래'는 [청자 의향에 부합하지 않는 화자의 미래 행동]을 말할 때 사용하므로, 1인칭 주어(의문문에서는 2인칭 주어만 가능)만 가능하며, 동사와 주로 결합 가능하다는 특징이 있다.

위의 문법적 특징에 관한 기술을 보면 모두 해당 형태가 가진 의미 및 기능과 문법적인 특성이 전혀 무관하지 않다는 것을 알 수 있다. 핵심 기능을 중심축으로 하여 표면적으로 드러나는 문법적 특징까지 관련지어 그 연결 고리를 설명할 수 있고, 설명의 합리성을 높일 수 있다는 것을 살필 수 있을 것이다. 이것 또한 학습자의 인지적인 부담을 덜어줄 수 있다는 측면에서 교육적으로 도움이 될 수 있을 것이다.

둘째, 사실은 해당 형태의 본질, 즉 원형적인 의미가 표면적인 기능과 어긋나는 것처럼 보이는(즉, 유표적인 기능으로 발현되는) 경우가 있는데, 그럴 때는 명제 내용, 발화 상황, 화자와 청자와의 관계까지 파악하여야 왜 이러한 양상으로 나타났는지를 설명할 수 있다는 것이다. '-을게요'가 실제 발화에서 '-으실게요'로 쓰여 요청, 부탁, 명령과 같은 기능으로 자주 발현되는 현상을 교육적인 맥락에서 어떻게 이해 가능하게 제시할 수 있을지를 예로 들어 보이도록 하겠다. 이러한 기술은 학습자를 위한 교육 내용보다는 한국어 교사를 위한 교육 문법의 내용으로 활용될 수 있을 것이다.

원래 '-을게요'는 주어를 항상 1인칭으로 취하며, 1인칭 화자의 의지를 나타내는 것이므로 그 앞에 '-(으)시-'와 같이 높임의 의미를 나타내는 선어말어미가 결합하는 것이 원칙상 불가능하다. 그러나 2000년대부터 현재까지 병원, 미용실, 백화점을 비롯한 가게에서 직원들이 '이쪽으로 앉으실게요', '먼저 수납하고 오실게요' 등과 같은 발화를 하는 것을 실제로 자주 발견할 수 있었다. 비록 잘못된 표현으로 지적되어오기는 했으나 엄연히 한국인들이 자주 사용해 오고 있으므로 이것이 담화상으로 어떠한 기능을 나타내는지는 최소한 이해 지식으로라도 알 필요가 있다.

ㄱ. 이쪽으로 <u>앉으실게요</u>.
ㄴ. 먼저 수납하고 <u>오실게요</u>.

위와 같이 '-(으)실게요'는 대부분 서비스업에 종사하는 화자가 고객인 청자를 대상으로 하는 지시화행에서 나타나는데, 이러한 원리를 이해하기 위해서는 '-을게'의 핵심 기능, 명제의 내용(즉, 명령의 내용), 화자와 청자의 관계를 모두 이해할 필요가 있다. 위의 발화문에서 명제 내용은 모두 청자의 체면을 위협할 수도 있는 명령의 내용을 담고 있지만 동시에, 청자가 원하는, 청자에게 도움이 되는 내용이다. 표면적으로 '-으세요'와 같은 명령의 종결 표현을 사용하는 것은 손님이 왕인 한국에서 더욱 부담이 되며 청자의 체면을 위협하는 직접적인 언행이 될 위험이 크다. 이러한 상황에서 적절한 표현을 찾다 보니 언중들은 자연스럽게 '비록 명령을 하고 있지만 결국 당신에게 도움이 되는 행동을 하고 있다'라는 암시를 줄 수 있는 핵심 기능을 가진 '-을게'가 선택된 것으로 볼 수 있겠다.

셋째, 결국 어떤 특정 형태의 쓰임을 좌지우지하는 것은 담화적인 동력, 즉 청자와 앞뒤 문맥과 관련하여 갖는 화자의 의도 때문이

라는 것이다. 따라서 교수자는 학습자에게 해당 형태의 원형적인 의
미를 설명하는 것에서만 그칠 수 없으며, 그 원형 의미가 어떠한 담
화적인 동력, 즉 화자의 발화 목적을 실현하게 하는 수단으로 사용
되는지를 실제 사례를 다수 검토하고 경향성을 파악하여 설명할 수
있어야 한다.

예를 들어, '-네'를 말할 때의 화자의 태도는 비록 명제 내용에만
국한되어 있지만 말뭉치에서 나타난 여러 예문들을 살펴보면 순전히
화자가 명제 내용을 처음 알아서 순수한 놀람, 감탄, 신기함 등의
감정을 나타내는 것보다는, 맞장구를 치거나 감정을 공유하고, 집중
과 반응을 유도하기 위한, 즉 청자에 대한 관여를 위해 그러한 '-네'
의 핵심 기능을 수단으로 이용하는 경우가 많았다. 따라서 교수자는
해당 형태의 핵심 기능을 설명하는 것도 필요하지만, 해당 형태가
실제 발화에서 어떻게 쓰이는지, 즉 어떤 담화 상황에서 화자가 청자
와 앞뒤 문맥에 대하여 어떤 의도를 가지고 사용하는지를 설명할 필
요가 있다.

5. 나오기

지금까지 비격식체 종결어미를 전반적으로 연구한 선행 연구들의
경향을 살폈고, 이들을 어떻게 기술할지에 대하여 이들의 핵심 기능
과 담화 기능을 중심으로 알아보았다. 국어학과 한국어교육학에서
진행되어 온 논의들의 논증을 통하여 핵심 기능을 추려내었으며, 말
뭉치에 출현하였던 담화 기능을 분석하여 특징 세 가지를 도출하였
고, 이를 바탕으로 한국어 교육에서 적용하는 방법을 제안하였다.

여기에서 도출된 특징과 적용 방안을 정리하면 아래와 같다.

〈그림 5〉 비격식체 종결어미의 담화 기능 분석과 교육에의 적용

담화 분석을 통해 드러난 종결어미의 양상	한국어교육에의 적용
① 서로 대립을 보이는 종결어미 쌍들끼리 비슷한 기능을 공유하는 경우가 있다.	㉮ 표면적으로 나타나는 기능이 같다고 해서 그 형태의 본질까지 같다고 주장할 수는 없다. 따라서 교수자는 이러한 표면상 같은 기능을 나타내기도 하지만 이 형태들의 본질(즉, 원형)이 어떠한 식으로 다른지까지 알고 있어야 이들의 의미의 윤곽을 전체적으로 잘 설명할 수 있다.
② 핵심 기능에 위배되는 듯이 보이는 담화 기능들이 실제 언어생활에서 사용되고 있다.	㉯ 사실은 해당 형태의 본질, 즉 원형적인 의미가 표면적인 기능과 어긋나는 것처럼 보이는(즉, 유표적인 기능으로 발현되는) 경우가 있는데, 그럴 때는 명제 내용, 발화 상황, 화자와 청자와의 관계까지 파악하여야 왜 이러한 양상으로 나타났는지를 설명할 수 있다.
③ 대명제 태도를 나타내는 어미는 청자에 대한 발화 의도를 나타낼 때, 대청자 태도를 나타내는 어미는 문맥 속에서의 발화 의도를 나타낼 때 쓰는 경우가 많다.	㉰ 어떤 특정 형태의 쓰임을 좌지우지하는 것은 담화적인 동력, 즉 청자와 앞뒤 문맥과 관련하여 갖는 화자의 의도 때문이다. 따라서 교수자는 학습자에게 해당 형태의 원형적인 의미를 설명하는 것에서만 그칠 수 없으며, 그 원형 의미가 어떠한 담화적인 동력, 즉 화자의 발화 목적을 실현하게 하는 수단으로 사용되는지를 실제 사례를 다수 검토하고 경향성을 파악하여 설명할 수 있어야 한다.

〈그림 5〉의 내용을 보면 결론적으로 교육을 위해 비격식체 종결어

미를 설명하기 위해서는 양태 범주와 연결되는 핵심 기능, 해당 형태와 결합된 명제 내용, 담화 상의 요소라고 볼 수 있는 화자와 청자의 관계, 발화 상황, 화자의 발화 의도, 기능과 같은 범위 중에 **빼놓을** 수 있는 것은 한 가지도 없다는 것을 알 수 있다. 비격식체 종결어미라는 제목을 가진 영화에서는 핵심 기능(원형적 의미, 여기에서는 양태와 관련됨), 명제 내용, 화자와 청자, 발화 상황, 발화 의도, 말뭉치 상에 잦은 빈도로 나타난 담화 기능이라는 등장인물이 모두 필요하다. 이러한 결론은, 비록 본고에서는 비격식체 종결어미에 국한하여 살펴보았지만, 연결어미, 조사, 보조 용언 구성 등 한국어교육 문법의 단위가 되는 모든 형태들에도 적용되는 내용이 아닐까 싶다.

조사는 어떻게 담화적인가?
: 조사 사용의 숨은 의도를 찾아서

그간 조사는(특히, 격조사는) 서술어에 종속된 것으로 파악되거나 특정 의미를 드러내기 위해 사용된다고 여겨져 왔다. 최근에는 정보구조적 관점에서 조사를 설명하려는 시도가 활발히 이루어지고 있다. 그러나 문법적 혹은 정보적 제약이 있는 환경에서도 그러한 제약을 지킬 것인지 말 것인지를 결정하는 것은 화자의 몫이다. 이 글은 한국어 일상 대화에서 나타난 조사 '이/가', '은/는', 무조사의 교체 현상을 중심으로 조사의 선택이 화자의 의사소통 목적을 달성하기 위한 수단으로 기능하고 있음을 밝히고 있다. 일견 복잡하고 무질서해 보이는 대화 속에서 문법 항목이 화청자의 의사소통에 어떻게 기여하고 있는지 구체적인 예를 통해 살펴보도록 하자.

1. 들어가는 말

1.1. '이/가'와 '은/는'의 변별 기제에 대한 문제 제기

조사는 한국어 학습의 초기 단계에서 학습하게 된다. '은/는'은 자기소개를 하는 과에서 제시되며, '이/가'는 '은/는'을 배운 후에 '이것이 무엇입니까?'와 같이 물건의 명칭을 학습하는 과나 소위 존재문이라고 할 수 있는 '있다' 구문의 주어로 제시된다(강현화 외, 2017: 88–89). 이 두 조사는 주어 자리에 나타날 수 있다는 공통점을 갖는데, 대부분의 교재에서 '이/가'는 문장의 주어(subject)를 나타내는 조사로, '은/는'은 담화의 주제(topic)를 나타내는 조사로 제시하여 이 두 조사의 변별을 시도한다.

그렇다면 주어와 주제의 차이는 무엇인가? '주어'는 문장 차원에서 서술어에 관한 것이며, '주제'는 주어보다 더 큰 개념으로 문두에 나와(문두성) 그것에 대한 이야기를 함(대하여성)을 특징으로 갖는 것으로 설명할 수 있다. 그러나 '주어'와 '주제'의 구분은 개념적인 것으로 언어학에 대한 기본 지식이 전제되지 않는다면, 한국어 모어 화자나 한국어 학습자 모두에게 낯설고 모호한 개념이며, 이론가들조차 무엇이 주어이고, 주제인지에 대해 서로 다른 견해를 갖기도 한다. 아래의 예에서 '저'는 모두 주어일 수도 있고 해석에 따라서는 주제가 될 수도 있다.

(1) 가. <u>제가</u> 내일 여행을 가요.
    나. <u>저는</u> 내일 여행을 가요.

이러한 문제를 해결하기 위해 '이/가'는 신정보를, '은/는'은 구정보라는 개념을 도입하기도 한다. 옛날이야기를 시작할 때 우리는 '이/가'로 이야기 속 인물을 담화에 도입하는 것이 자연스럽다. 그리고 도입된 인물에 대해 새로운 설명을 추가할 때는 '이/가'가 아니라 '은/는'의 사용이 더 자연스럽다.

(2) 가. 옛날 옛적에 <u>도깨비가/도깨비는</u>^{??} 살았어요.
    나. 그 <u>도깨비가</u>^{??}/도깨비는 사람들을 놀리는 것을 아주 좋아했어요.

이처럼 '이/가'는 도입문에서 담화에서 처음으로 나온 지시체, 즉 신정보에 결합하며, '은/는'은 이미 나온 지시체를 다시 가리킬 때,

즉 구정보에 결합하는 것으로 이 두 조사의 차이를 설명하기도 한다. 그러나 이는 현상적인 것에 대한 해석으로 근본적으로 왜 도입문에 '이/가'가 쓰이며, '은/는'의 사용이 어색한지에 대한 설명이 여전히 부재하다. 유현경 외(2017), 유현경 외(2017), 최석재(2013)에서도 신정보인지 구정보인지는 이 두 조사를 가르는 절대적인 기준이 되지 않음을 지적하고 있다.

만일 정보성이 이 두 조사의 사용을 가르는 절대적인 기준이 된다면, 화자나 청자와 같이 대화상에서 이미 공유된 지시체에는 일관적으로 '이/가'나 '은/는'이 사용되어야 할 텐데 그렇지 않다는 것을 조금만 생각해 보면 알 수 있다. 아래의 예는 실제 대화에서의 '이/가'와 '은/는'의 발화 예이다.

(3) (친구와의 전화 대화)[1]
  01 수영: 그러니까. 이게::

---

1 전사 기호는 Jefferson의 전사 체계를 일본어로 전사하도록 응용한 高木(다카기) 외 (2016 : 27-37)를 사용하고 있다.

기호	의미	기호	의미
=	발화의 밀착	°	목소리가 작아지는 부분
(.)	0.2초 이하의 짧은 휴지	–	발화의 중도 끊김
(0.3…)	0.3초 이상의 짧은 휴지	↑	급한 음의 상승
.	어미의 음절이 내려감	↓	급한 음의 하강
,	음이 조금 내려가고 뒤에 발화가 있을 것이라는 예측되는 경우	> <	빠른 속도로 발화
?	어미의 음이 올라갔을 때	< >	느린 속도로 발화
¿	'?' 정도는 아니지만 어미의 음이 올라갔을 때	¥	웃음 띤 목소리로 발화한 것
:	음의 길이 표시	크기 12, 굵게	강하게 발화
.h	들숨	h	날숨
(h)	웃으면서 산출된 발화	(( ))	전사자가 추가한 상황 설명

02 (0.3)

→03 수영: 하:::°내가° 난 너무 행동력이 부족한 거 같애.

04 민지: 응응.

(4) (자매의 전화 대화)

01 동생: =근데↑ ○○ 급행 안 되는 거 아니야?

02 다들 그러더라.

→03 <u>나는</u> 인- 〉<u>나는</u>〈 <u>내가</u> △△ 사는데 △△ 안 사는

04 사람들이 더 잘 알아.

05 언니: 〉○○ 급행 안 가는데,〈 근데:::↑

위의 대화에서 화자는 조사를 '이/가'에서 '은/는'으로(예 (3)), '은/는'에서 '이/가'로 교체하고 있다(예 (4)). '이/가'를 주어, '은/는'을 주제로 파악한다면 이러한 교체 현상은 주어와 주제어의 교체로 파악되는데, 우리가 말을 할 때 여기서는 '주어' 대신 '주제어'가 더 적절하다든가 하는 판단이 이루어지고 있다고 직관적으로 생각하기 어렵다. 오히려 화자는 자신의 의도를 더 잘 드러내 줄 조사가 무엇인지를 고민하고 그에 따라 '이/가'나 '은/는'을 적절히 선택한다고 보아야 할 것이다.

마찬가지로 위의 대화에서 '나'라는 화자의 존재는 이미 두 대화자 간에 공유된 것으로 정보적 위치가 동등하지만, 화자는 '이/가'를 '은/는'으로 교체하기도 하고, '은/는'을 '이/가'로 교체하기도 하면서 이 두 조사를 제약 없이 사용하고 있다. 이로써 우리는 '이/가'와 '은/는'의 문제를 더는 '주어'와 '주제', '신정보'와 '구정보'로 파악할 것이 아니라 화자의 의도에 따른 선택이라는 새로운 관점에서 바라볼 필요를 느끼게 된다.

1.2. 무조사에 관한 문제 제기

조사와 관련된 또 다른 문제는 문어와 달리 구어에서는 '이/가'나 '은/는'의 사용이 필수적이지 않다는 데에 있다. 현재 한국어 교육 현장에서는 이러한 현상을 주로 입말에서의 격조사 생략 현상으로 다루고 있다. 그러나 격조사 생략이라고 할 때 생략 환경을 일반화할 수 없으며 원래 있어야 할 조사가 무엇인지 정확히 파악하는 것이 어렵고, 오히려 조사의 사용이 비선호되는 경우도 있어 문제가 된다. 아래의 예를 살펴보자.

(5) (텔레비전 프로그램 '비정상회담'에서의 대화)
　　남자 출연자(중국어 모어 한국어 학습자): 미래의 제 여자친구와
　　　　　　　　　　　　　　　　　　　　　　닮았네요.
　　여자 출연자(중국어 모어 한국어 학습자): 죄송해요. 제가? 결혼했
　　　　　　　　　　　　　　　　　　　　　　어요.

실제로 해당 영상의 제목은 '저∅ 결혼했어요'로 여성 출연자의 발화에서 실현된 '이/가'를 영상 제목에서는 실현시키지 않고 있다. 이는 한국어 모어 화자가 수의적으로 조사 사용 여부를 결정하는 것이 아니라 조사를 사용하지 않는 것이 더 자연스럽다는 직관이 작용한 결과라고 할 수 있을 것이다. 조사의 생략은 본래 쓰여야 하는 것이 쓰이지 않았다는 것을 전제하므로 한국어 학습자가 입말에서 조사를 사용하지 않는 것은 생략 오류 혹은 누락 오류로 파악되기 십상이었다. 그러나 조사를 사용하지 않는 것 역시 화자가 '이/가', '은/는'을 선택하는 것과 마찬가지로 나름의 의도를 드러내기 위한 수단이라는 적극적인 해석이 가능하다. 단편적 현상을 통한 변별이

나 복잡한 생략 환경의 제시가 아니라 화자가 언제 그리고 왜 특정 조사를 선택하는지에 대한 담화적 차원의 접근이 요구된다.

참고 용어에 대하여: 조사 생략, 부정격, 비실현, 기호 'Ø', 무조사 주어 자리나 보어 자리 등 조사가 사용되어야 할 자리에서 조사가 사용되지 않는 현상을 가리키는 용어로 아래와 같은 용어들이 사용되고 있다.

■ 조사 생략
'생략'이라 하면 원래 있어야 할 것이 없음을 의미하게 되는데, 무엇이 생략된 것인지 특정할 수 없으며 조사를 넣으면 오히려 문장이 어색해지는 일이 있다. 즉, 회복 가능성이 없으므로 이를 생략이라고 부르는 것이 적절한가에 대한 문제점이 지적된 바 있다(이남순, 1987; 김지은, 1992 등 참고).

■ 부정격, 비실현
이남순(1987)에서는 조사 생략이 아니라 실현과 비실현의 관점에서 파악하며, 의미적으로 문장 성분의 통합만으로 격이 표시되는 주격, 대격, 속격을 부정격이라고 부르고, 격조사가 실현되어 격이 표시된 나머지 경우를 정격이라고 부른다. 이후 최재희(1999), 박유현(2006), 이은경(2015), 오선영(2018) 등에서는 조사의 비실현이라는 용어를 사용하고 있다.

■ 기호 'Ø'
김지은(1991)에서는 주어 자리에 한정하여 조사 '이/가'가 사용되지 않은 것을 기호 'Ø'로 표시한다. 유동석(1984)에서도 기호 'Ø'로만 표시하고 있으나, '이/가', '을/를', '은/는'과 교체 관계를 이루는 것으로 파악한다는 점에서 김지은(1991)과 차이를 갖는다.

■ 무조사

무조사라는 용어는 일본어학에서 주로 사용되는 용어로 국내에서는 임홍빈(2007), 김지현(2007), 홍정화(2010) 등에서 사용하고 있다. 임홍빈(2007)에서는 아무런 조사를 갖지 않으면서 논항에서 격조사가 있는 것과 대립 관계를 이루는 것이라고 설명하고 있다.

이 연구에서는 무조사라는 용어를 사용하며, 조사가 사용되어도 무방한 자리에 조사가 사용되지 않은 현상은 기호 'Ø'로 표기한다. '비실현'은 조사가 나타나지 않은 현상을 포착하는 용어로 해석되는데, 이 연구에서는 그 이면에 존재하는 화자의 선택에 더욱 관심을 두고 있기 때문에 '비실현' 대신 '무조사'라는 용어를 사용한다. 즉, 이 연구에서는 '이/가', '은/는', 무조사가 교체 관계를 이루고 화자는 이 중 자신의 의도를 가장 잘 드러내 줄 조사를 선택한다고 보는 것이다.

2. 선행 연구의 검토

2.1. 통사 차원

'이/가'와 '은/는', 무조사에 대한 연구는 언어를 바라보는 관점에 따라 다양한 해석이 이루어져 왔다. 문장을 기본 단위로 보는 통사 차원의 연구에서 '이/가'는 문장 내에서 서술어에 대한 주어의 자격을 나타내는 대표적인 주격조사로 파악되어 왔다. 그러나 '이/가'가 문장 내에서 주어를 나타내는 문법적 역할만을 한다고 보기 어려운 예가 존재한다. 남기심(1985)에서는 '이/가'가 문장 내에서 여러 번

쓰이거나 '이/가'의 사용이 비선호되는 예를 통해 '이/가'를 단순히 격조사로 볼 수 있는지에 대한 문제를 제기한 바 있다.

(6) 남기심(1985:95)의 예(밑줄, Ø 필자)
　　가. 저 사람이 아들이 아직 나이가 어리다.
　　나. 잘 있게. 나Ø 가네.

　고석주(2000)에서는 주격조사로서의 '이/가'를 부정하고 양태 조사로서의 '이/가'를 주장하기도 한다. 최근에는 '주어되는 말에 '이/가'가 붙는다'는 다소 절충적 해석(유현경 외, 2018:297)을 하기도 하지만, 여전히 많은 연구가 '이/가'가 주격조사임을 논의의 전제로 하면서 구조적 기능 외에 어떠한 의미나 기능을 하는지 살피거나(김일웅, 1980; 최순영, 1986; 성기철, 1994; 유혜원, 2009 등) '이/가'의 기본 기능이 주격조사라는 점을 비전형적인 '이/가'의 분포를 통해 역으로 검증하기도 한다(신서인, 2019).

　'이/가'를 단순 격조사로 파악하게 된다면, '은/는'에 비해 실제로 '이/가'가 담당하는 의미나 기능이 소홀하게 다루어지며, 무조사 역시 '이/가'의 단순 생략으로 다루어진다는 문제를 낳게 된다(목정수, 1998). 또한 '이/가'와 '은/는'을 변별하는 것이 더욱 어려워진다. 일례로 남윤진(2005)에서 초등학교 국어 교과서에서 사용된 '은/는'을 그것과 바꿔 쓸 수 있는 격조사별 빈도를 조사한 결과, '이/가'로 대체되는 비율이 88.56%로 가장 높게 나타났다. 이는 통사적인 기준으로는 '이/가'와 '은/는'의 변별이 쉽지 않다는 것을 의미한다.

　최근에는 '은/는'을 '이/가'와 같은 주어 표지로 보고, 서로 다른 기능을 하는 조사로 구분해야 한다는 주장이 제기되기도 한다(송경안

·이은하, 2020). 무조사에 관해서도 격조사의 생략으로 파악하게 되면 생략이 이루어지는 환경에 주목하게 되는데, 통사적 혹은 의미적 환경에 대한 경향성은 제시할 수 있으나(김지은, 1991; 박유현, 2006) 절대적인 경향성을 갖는 통사 환경보다 조사의 실현과 비실현이 공존하는 경우가 대다수이다. 오선영(2018:161)에서는 일상 대화에서 나타난 '이/가'의 실현과 비실현의 비율을 환경별로 제시하고 있는데, 상대적인 경향성은 확인할 수 있지만 이를 기준으로 한국어 교육에서 활용하기에는 한계가 있다.

2.2. 의미 차원

'이/가', '은/는', 무조사가 주어에 결합한다는 공통점이 있으나 어떤 조사가 결합하느냐에 따라 의미적 차이가 발생한다. '이/가'의 의미에 대해서는 용어의 차이가 있기는 하지만 대체로 자매항의 '선택'이라는 의미가 두드러지는 경우와 그렇지 않은 경우로 나누고 있다. 구체적인 용어의 예로는 '배타적 지칭'과 '중화적 지칭'(남기심, 1972), '배타적 대립'과 '비배타적 대립'(임홍빈, 1972), '선택 지정'과 '지정 서술'(신창순, 1975), '총기'와 '단순 서술'(김일웅, 1980), '선택 지정'과 '중립적 지정'(이필영, 1982), '배타적 의미'와 '중립 서술'(최순영, 1986) 등을 들 수 있다. 정연창·안동환(1997)에서는 '지정적 의미', '기술적 의미'로 구분하고, 이에 더해 '수정적 의미'를 더 설정하기도 한다.

(7) 가. 안녕하세요. <u>날씨가</u> 참 좋네요.
⇒ 중화적 지칭, 비배타적 태립, 지정 서술, 단순 서술, 중립적 지정, 중립 서술, 기술적 의미

나. <u>누가</u> 김미영 씨입니까?

    – <u>제가</u> 김미영입니다.

    ⇒ 배타적 지칭, 배타적 대립, 선택 지정, 총기, 배타적 의미

다. <u>형제가</u> 일본에 있어요?

    – 아니요, <u>친구가</u> 일본에 있어요.

    ⇒ 수정적 의미

그러나 이러한 의미는 맥락에 따른 해석적인 것으로 한국어에 대한 직관이 없는 학습자들에게는 언제 '이/가'를 사용해야 하는지에 대한 충분한 정보를 제공해 주지 못한다. 특히 (7가)와 같이 중화적 지칭의 의미로 학습자가 '이/가'를 사용했지만 그 사용이 어색하게 느껴지는 경우가 있어 문제가 된다.

다음 〈그림 1〉은 '이/가'의 오류문을 둘러싼 학습자와 교수자의 입장을 필자가 가정하여 재구성한 것이다. 학습자 작문에서 '이/가'는 중립적 의미로 주어를 나타낸다고 볼 수 있지만, 교수자는 이를 오류로 판정하였다.

〈그림 1〉 '이/가' 오류를 둘러싼 인식 차이

나*가(√는) 매일 저녁 한국어 공부합니다. (곽흥란, 2013:218)

주어니까 '이/가'를 써야지!

중립적 기술로도 볼 수 있는데, 왜 어색하지?

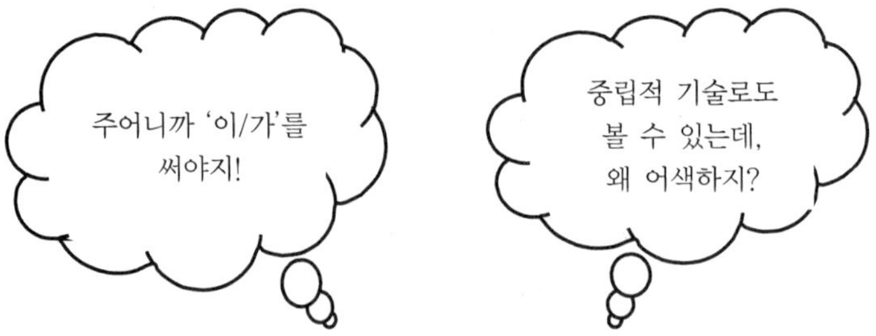

〈학습자 입장〉   〈교수자 입장〉

김미경·강현화(2017:32-33)에서 중국어권 중·고급 학습자의 중간언어를 분석한 결과, 주어 뒤에 '이/가'와 '은/는'이 모두 활발히 사용되고 있으나 주어 자리에서 '이/가'가 사용된 비율이 64.3%, '은/는'이 사용된 비율이 36.6%로 '이/가'의 사용이 더욱 활발하다고 보고한다. 이를 통해 그들은 학습자들의 중간언어에 '이/가'가 주격조사라는 인식이 내재되어 있는 것으로 해석할 수 있다고 하였다. 그리고 숙달도가 올라가도 주어 자리에서의 '이/가'의 사용이 여전히 선호됨을 통계적으로 확인하고 있다. 학습자들의 중간언어에서 나타나는 이러한 경향성은 주어 자리에서 소위 중립적 기술의 의미로 '이/가'를 사용하였으나 그것이 오류로 판정되거나 어색하게 여겨지는 이유에 대해 충분히 설명해 주지 못한다는 문제를 갖는다.

'은/는'의 의미로는 '대조'와 '화제(혹은 주제)'를 들 수 있는데(채완, 1973), 언뜻 서로 관계가 없어 보이는 두 가지 의미가 '은/는'에 공존하고 있어 논란이 되어 왔다. 연구자들에 따라 '대조'를 기본 의미로 보고, 때에 따라 '대조 화제', '대조 초점'의 의미를 갖는다고 보는 입장이 있는가 하면(전영철, 2005; 임동훈, 2012), '대조'를 맥락적 의미로 파악하고 '화제'를 기본 의미로 갖는다는 입장을 취하는 경우도 있다(박철우, 2003). 그러나 '대조'라는 용어가 갖는 개념적 정의가 학습서나 연구자마다 다르고(김미형, 2015), '화제'를 어떻게 정의할 것인가 자체가 중요한 연구 문제가 되므로(최윤지, 2016:35-44) '은/는'의 의미를 '화제'나 '대조'라는 용어로 단순화하여 제시하는 것 역시 신중해야 할 필요가 있다. 박철우(2014)에서는 '화제'라는 용어 대신 '담화 범위 한정'이라는 기능에 초점을 둔 새로운 용어를 제시하기도 한다. 한송화(2017)에서도 이를 받아들여 '대상 한정'이라는 용어로 '은/는'의 담화 내에서의 기능과 기능 간의 관련성에 대해 실제 용례를 통해 상세히 밝히고 있다.

한국어 교육의 관점에서 고려해 봐야 할 것은 선행 연구에서 언급된 '이/가', '은/는'의 의미들이 과연 이 두 조사를 충분히 변별해 주는가 하는 점이다. '이/가'와 '은/는'의 의미가 유사하게 해석될 여지가 있기 때문이다. '이/가'의 '선택' 혹은 '배타적 지칭'이란 나머지항의 제외나 배제를 의미하며, '은/는'의 '대조'는 나머지항의 적극적인 부정이나 '모름'과 같은 소극적인 부정으로 해석되는데, 양쪽 모두 어느 것을 선택함으로써 다른 것이 자연스럽게 부정되는 결과를 낳는다는 유사점이 있다. 김미형(2011, 2015)에서는 '이/가'는 '주어의 선택'에 초점이, '은/는'은 '주어와 서술어 양쪽의 선택'에 초점이 주어진다고 해석하기도 한다.

   (8) 김미형(2015: 26)에서 제시한 '이/가'와 '은/는'의 사용 전제
      가. <u>철수가</u> 회사에 간다.
     → '철수', '영희', '진수' 중에서 하나를 선택하는 상황
      나. <u>철수는</u> 회사에 간다.
     → '회사에 가다', '놀러 가다', '집에 있다', '세수를 하다' 등과 같
        은 다른 술어를 염두에 두고 있는 동시에 각 서술어에 대한 또
        다른 자매항을 염두에 두는 상황

그러나 위의 예는 맥락이 결여되어 있어 화자가 '이/가'를 사용했다고 하여 주어 선택을 염두에 두었다거나 '은/는'을 사용했으므로 주어와 서술어의 선택을 염두에 두었다고 볼 수 있는 근거가 부족하다. 예를 들어, '회사에'도 '학교가 아니라 회사**에**'와 같이 '에'에 음성적인 강세를 두어 발화한다면 이 역시도 초점으로서의 역할, 부사어를 선택하고 있다고 볼 수 있어 '이/가'와 '은/는'에만 국한된 문제라

고 보기도 어렵다. 이와 같은 문제를 해결하기 위해서는 담화 상에서 전후 맥락을 통해 화자가 어떤 의도로 '이/가'와 '은/는'을 선택하고 있는지에 대한 실마리를 찾아야 할 필요가 있다.

'은/는'을 '대조'의 의미로 제시할 때 등위문에서 상반된 어휘가 사용된 경우가 예로 제시되는 일이 많다. 그러나 어휘적 대립을 이루는 문장에서 늘 '은/는'이 사용되는 것은 아니며, 어휘적 대립에 중점을 두어 교수하면 오히려 학습자의 오류를 유발할 우려가 있다.

(9) 가. 중급 학습자의 작문(서정숙, 2016: 219)
사람들이 배우자를 선택할 때 생각이 많이 다르다. 어떤 사람이 <u>애정은</u> 제일 중요하다고 생각하고 어떤 사람이 <u>성격은</u> 제일 중요하다고 생각한다. 여러 가지 생각이 있다.

나. 고급 학습자의 역번역문(허용·박은정, 2019: 273)
a. 원문
<u>자연의 꿈이</u> 소극적 도피라면 <u>도시 안에서의 꿈은</u> 적극적인 현실의 변화를 꾀하는 꿈이다.
b. (학습자의) 역번역문
<u>자연의 꿈은</u> 소극적인 도피라면 <u>도시의 꿈은</u> 적극적인 변화를 꾀한다.

(9가)의 예에서 학습자는 반복되는 동일한 어휘인 '어떤 사람'에는 '이/가'를 사용한 반면, 중요시 하는 조건을 꼽을 때는 '애정'과 '성격'에 각각 '은/는'을 결합시키고 있다. (9나)에서 연구자들은 한국어를 학습자의 모어인 중국어로, 그리고 그 중국어를 바탕으로 다시 한국어로 역번역하는 과제를 제시하였다. 학습자는 '자연'과 '도시', '소극적'과 '적극적'이라는 상반된 어휘를 조사 선택의 근거로 삼고 '이/가'

대신 '은/는'을 사용하고 있음을 유추해 볼 수 있다.

〈그림 2〉 '은/는'의 오류를 둘러싼 인식 차이

〈학습자 입장〉 의미적으로 대립되는 어휘가 있으니까 '은/는'을 써야지!

〈교수자 입장〉 어휘적 대립만으로 '은/는'을 설명할 수 없을 것 같네.

한 가지 더 생각해 봐야 할 것은 '이/가'의 '중립적 기술'과 '은/는'의 '화제'를 어떻게 구분해 줄 수 있는가 하는 것이다. 다음은 신문기사의 도입부인데, (10가)는 '서울시가'로 (10나)는 '서울시는'으로 기사가 시작된다.

(10) 가. 서울시가 앞으로 도시철도 및 광역철도 연장에 '직결 운영'이 아닌 '평면환승'을 원칙으로 한다.

(2021.02.09. 출처: 파이낸셜 뉴스)

나. 서울시는 설 연휴 기간 동안 버스의 원활한 소통과 교통난 해소를 위해 서울시 관할 인 경부고속도로의 버스 전용차로의 단속 시간을 7시부터 새벽 1시로 연장한다고 9일 밝혔다.

(2021.02.09. 출처: 파이낸셜 뉴스)

'이/가'와 '은/는'의 변별에 대한 선행 연구들의 해석을 참고해 보면, (10가)에서 '서울시가'는 글을 쓴 기자가 사태를 객관적으로 기술

하고자 하고 있기 때문이라고 해석할 수 있으며, (10나)의 '서울시는'
은 독자도 알고 있으리라고 생각하는 대상을 문두에 둠으로써 선행
어에 대해 안다고 전제하고 서술하고 있다고 해석할 수 있다. 그러나
신문 기사의 특성상 위의 두 예는 모두 화자가 객관적으로 기술하고
자 하는 목적을 어느 정도 갖고 있다고 볼 수 있으며, '서울시' 역시
문두에 위치하며 후행어가 선행어에 대한 설명이라는 점, 두 기사가
모두 서울시의 정책에 대한 것이라는 점에서 '화제'로 파악될 여지가
있다.

　임홍빈(2007a)에서는 '이/가'도 문장 주제를 나타낸다고 주장하며,
최규수(1999)에서는 '이/가'를 '도입 주제', '은/는'을 '중심 주제'로 구
분하기도 한다. 이처럼 '중립적', '중화적', '기술적'이라고 파악되어
온 '이/가'의 의미가 비단 '이/가'에 한정된 것이라고 볼 수 없으며,
마찬가지로 '화제' 역시도 이를 어떻게 정의하느냐에 따라 '이/가'도
화제의 특성을 갖는다고 할 수 있다는 점에서 이 두 조사를 의미적으
로 구분하기란 여전히 어렵다.

　무조사도 문두에서 제시어의 성격을 가지며 '은/는'과 마찬가지로
'언급대상성'을 가져 관계적 주제(화제)의 성격을 띠는 것으로 파악하
기도 한다(임홍빈, 2007b).

　한편, 무조사는 그 자체의 의미보다 무조사를 사용함으로써 얻어
지는 의미적 효과가 주목을 받아 왔는데, 이기동(1981)에서는 '개념적
밀착성', 유동석(1984)에서는 '의미적 밀착 효과'라고 설명하고 있다.
김재욱(2003)에서는 속담에서 '이/가'나 '을/를'과 같은 조사가 사용
되지 않음으로써 선행어와 후행어의 관련성이 밀접해지면서 은유화
가 일어난다고 해석한다.

〈그림 3〉 '이/가', '은/는'의 의미 변별의 문제점

	이/가	은/는		문제점
의미1.	선택 지정/ 배타적 지칭…	대조	⇒	자연스럽게 나머지 항을 배제 혹은 부정하므로 유사한 면이 있음.
의미2.	중화적/중립적/ 기술적…	화제	⇒	'은/는'도 객관적 진술에서 사용되며, '은/는'만이 화제를 나타낸다고 보기 어려움.

	⇓	⇓
문제점	맥락에 따른 의미	·개념을 어떻게 정의? ·이중 기본 의미는?

이기동(1981)에서도 아래와 같이 언급하고 있다.

(11) 이기동(1981:42)

또 「주어-∅+술부」 구조가 동사의 역할을 하는 경우가 있다:

(22) 귀뜨다, 귀먹다, 김빠지다, 눈뜨다, 눈멀다, 금가다, 끝나다

'눈멀다'의 경우 '시력이 없다'는 뜻이다. (22)의 표현에 '가'가 쓰이면, 위와 같은 단위성은 없어지고 초점이 주어로 옮아가는, 그래서 두 요소의 독립적 관계가 강하게 나타난다.

자매항의 해석에 있어서도 '이/가'나 '은/는'과 차이를 보인다. 고석주(2000/2002)에서는 '발화 상황에서 파악될 수 있는 유일한 개체가 주어 논항일 때 조사 '이/가'가 쓰일 수 없다'고 설명하며, 박유현(2006)에서도 '맥락상 유일한 대상'일 때 '이/가'가 비실현된다고 한 바 있다. 金智賢(2016)에서는 '발화현장성'을 무조사의 주된 특징으로

삼고 있는데, 현장에서 확인 가능한 것에 무조사를 사용하고 있음을 대화 자료를 통해 양적으로도 확인하고 있다. 그러나 이는 현상에 대한 해석이자 경향성의 제시이며, 왜 그러한가에 대한 심도 있는 고찰이 필요하다.

2.3. 화용 차원

지금까지 '이/가', '은/는', 무조사에 대한 통사, 의미적 연구에 대한 개요를 살피고, 이 세 조사의 구분이 쉽지 않은 이유에 대해 살펴보았다. 앞선 연구들에서도 이러한 한계를 극복하기 위해 '이/가'와 '은/는', 무조사를 화용적 관점에서 살피고 있다. 화용적 관점에서 이 세 조사에 대해 살핀 연구는 다음과 같이 나눌 수 있다.

(12) ① 화자의 시점이나 판단, 인식과 같은 담화 요소를 고려한 것(이기동, 1981; 유동석, 1984; 오충연, 1997; Kim, 2008; 유혜원, 2009; 홍정화, 2011; 양세희, 2014; 김일규, 2016; 최성호, 2017; Kim, 2021 등)
② 정보성과 관련하여 담화 내에서의 조사 기능에 대해 언급한 연구(김선희, 1983; 최규수, 1999; 최동주, 2012; 김수정·최동주; 2013; 서정숙, 2016; 서정숙, 2020)

1980년대의 초기 연구에는 연구자의 직관에 의존하여 화자의 의식 상태나 대화 상황을 설정하여 논의하였으나, 말뭉치 언어학이 발전하기 시작한 2000년대 이후의 연구는 실제 대화 자료나 문어 자료를 분석하여 각 조사의 기능을 분석하고 있다. Kim(2021)의 연구에서는 음성 자료뿐만 아니라 대화자의 몸짓을 함께 분석하기도 한다.

화용적 관점에서 '이/가', '은/는', 무조사에 대해 살핀 연구들은 연구 방법이나 용어에 차이가 있지만, 몇 가지 공통된 견해를 제시한다. 첫째, '이/가'는 화청자 간의 인식에 차이가 있거나 상대방에게 전제된 지식이 적다고 판단할 때 사용한다. 이는 주로 선행어의 '초점', '강조', '수정(혹은 대조)', '도입', '(기존에 도입된 대상에 대한) 새로운 전개', '묘사', '객관적 기술' 등의 용어로 표현된다. 둘째, '은/는'은 화청자가 선행어에 대한 공통된 지식을 가지고 있다고 전제하며, 서술어의 의미 전달이나 '주장', '평가', '상술'과 같은 후행어의 역할이 더욱 주목을 받는다. '은/는'은 화제 전개에 관여하고 담화의 결속성을 높이는 담화 표지로 평가되기도 한다(최규수, 1999; 서정숙, 2016 등). 셋째, 무조사는 화청자간 활성화된 대상을 나타내는 말과 결합하여 '은/는'과 마찬가지로 화제를 나타낸다고 보는 견해가 있는가 하면(임홍빈, 2007; 최동주, 2012), '탈전제'를 특징으로 한다는 다소 상반된 주장이 존재한다(이기동, 1981; 유동석, 1984). 유동석(1984)에서는 무조사가 문장의 의미적 밀착성을 강화해 주므로 명령이나 청유와 같은 언표 내적 효력을 더욱 강화시키는 기능을 담당한다고 설명하기도 한다.

2.4. 선행 연구의 한계

이상으로 통사, 의미, 화용 차원에서 '이/가', '은/는', 무조사의 선행 연구에 대해 살펴보았다. 먼저 통사 차원에서는 '이/가'를 주격 표지로 본다면, '은/는'과의 변별이 어려워지고 무조사를 주격조사의 생략으로 파악하게 된다는 한계가 있다. 의미 차원에서 '이/가'와 '은/는'의 변별 역시 자매항 해석에 유사한 면이 있으며, '대조'나 '화제'와 같은 용어를 어떻게 정의하느냐에 따라 그것을 나타내는 조사

항목이나 기본 의미가 달라진다는 문제가 발생함을 언급했다. 셋째, 화용 차원에서는 실제 언어 자료의 분석을 통해 '이/가', '은/는', 무조사에 대한 유의미한 연구 결과가 제시되고 있기는 하나 '주어'나 '서술어'와 같은 통사적 개념을 벗어나지 못하고 있으며, 무조사에 대한 충분한 연구가 이루어지지 않았다는 점을 과제로 꼽을 수 있다.

언어 교육의 궁극적인 목적은 목표어로 적절히 의사소통할 수 있도록 하는 것이다. 따라서 한국어 학습자에게 필요한 '이/가', '은/는', 무조사의 교육 내용은 그것이 통사적으로 어떠한 기능을 가지며, 각 조사가 사용되었을 때 의미적으로 어떠한 차이를 갖는지에 대한 것만으로는 충분하지 않다. 여기에 더해 한국어 모어 화자가 언제 그리고 왜 '이/가', '은/는', 무조사를 사용하는지에 대한 연구 결과를 바탕으로 사용을 위한 교육 내용이 무엇인지에 대해 고려할 필요가 있다. 앞서 밝힌 화용 차원에서의 '이/가', '은/는', 무조사의 연구들에서는 실제 대화를 대상으로 한 연구들도 있기는 하였지만 대개 직전 발화나 후행 발화가 고려되지 않은 채 통사적 단위인 문장에서 조사의 쓰임을 살피고 있다. 이에 본서에서는 실제 한국어 모어 화자의 대화 자료를 바탕으로 화청자가 '이/가', '은/는', 무조사를 일상 대화 속에서 각 조사를 구체적으로 어떻게 사용하고 있는지에 대해서 대화 분석의 방법을 빌려 살피고자 한다(홍연정, 2022).[2]

> 참고 왜 대화 분석인가?(홍연정, 2022:7-9)
> 1960년대에 사회학자 Harvey Sacks, Emanuel Schegloff, Gail Je-

---

[2] 3장에서 제시하는 일상 대화의 예는 홍연정(2022)에서 가지고 왔음을 밝힌다.

fferson 등에 의해 시작된 것으로, 그들은 대화를 규칙적인 구조에 의한 것으로 파악하며, 또 이러한 규칙이 깨지는 것 역시 흥미로운 연구 대상으로 삼는다(Paul&Sibonile, 2010저/澤田(사와다) 외, 2018 역). 대화 분석의 방법론은 '이/가', '은/는', 무조사의 교체 관계를 살피는 데에 유용하다. 그 이유는 첫째, 대화 분석이라는 방법을 빌림으로써 단순히 '대화'를 자료로 한 것 그 이상을 규명할 수 있다. 둘째, 대화 분석에서는 '말차례 전환과 유지', '인접쌍', '복구 및 수정', '이야기 시작-전개-끝'과 같은 대화의 여러 국면을 설정하고 있는데, 그 안에서 조사가 어떻게 사용되는지를 살핌으로써 일견 무질서해 보이는 대화를 체계적으로 분석할 수 있다는 장점이 있다. 셋째, 대화 분석은 억양 및 강약, 휴지의 길이 등 음성적인 부분까지 전사 범위에 포함하고 있다. 지금까지 조사의 생략 혹은 비실현, 초점과 강조 등 화용적 의미를 논할 때마다 돋들림이나 강세, 휴지와 같은 음성적인 변화를 동반한다는 지적이 많았으나, 이는 대부분 연구자들의 직관에 의한 것이었다. 컴퓨터 프로그램을 통한 분석까지는 아니지만, 전사 단계에서 연구자가 비언어적 요소에 관심을 기울이고 전사를 하는 과정을 통해 조사와 음성적 변화의 관계에 대해서도 함께 고려해 볼 수 있게 된다는 장점이 있다.

3. 일상 대화에서의 '이/가', '은/는', 무조사의 선택

3.1. 화청자의 인지 상태에 따른 조사 선택

3.1.1. 화자의 인지 상태에 따른 조사 선택

화자는 자신의 인식 상태에 따라 조사를 다르게 선택하는 것으로 보인다. 어떤 두 대상을 구분하여 각각에 대해 설명할 때 '은/는'을 사용하는데 반해, 정보에 대한 확신성이 떨어져 선행어와 후행어의

연결에 의구심을 표현할 때에는 '은/는'이 아니라 '이/가'가 사용되기
도 한다. 아래의 대화의 예를 살펴보자.

> (13) (자매간의 대화: 특급행과 급행의 차이)
> 　01 동생: =특급행이랑 급행이랑 달라?
> 　02 언니: 어.
> →03　　　 근까 특급행은 진짜 빨리 가거든↑
> 　04　　　 용산까지 이십분 찍거든↑
> 　05 동생: 어.
> 　06 언니: 근데::, 급행:::↑
> 　07　　　 ((소음)) 왜 이렇게 시끄러워?
> 　08 동생: 바람.
> →09 언니: 근데 급행::↑은,
> 　10 동생: 응.
> →11 언니: 급행은, (.) >아니< 급행이 용산까지 사십분인가¿
> 　12　　　 삼↑십분인가¿
> 　13　　　 십분 차이밖에 안 나, 일반행이랑.

　'특급행'과 '급행'의 차이를 묻는 동생의 질문에 대해(01), 언니는
'특급행은'(03), '급행은'(09, 11)과 같이 조사 '은/는'을 사용하여 각각
에 대해 설명한다. 그런데 이때 선행어인 '급행'에 대한 지식이 흔들
릴 때에는 '은/는'이 아니라 '이/가'로 조사가 교체된다. 선행어와 후
행어의 연결에 강한 확신성을 갖는 '은/는'과 달리 '이/가'는 선행어
와 후행어의 연결에 대한 화자의 의구심을 표현하는 것으로 보인다.
　유사한 예를 다른 대화에서도 찾을 수 있었다. 아래의 대화에서
화자는 자신이 직전 발화에서 언급한 대상에 대한 추가 설명을 하고
자 하지만, 정보에 대한 확신성이 떨어지자 '은/는'을 무조사로 교체

하고 있다.

    (14) (아르바이트 선후배 간의 대화: 지하철 사고에 대한 이야기)
        01 수아(선배): 어머 어머 어머.
        02   아:: 경의 중앙선이네::.
        03 선미(후배): 네::↓
   →04 수아: <u>경의 중앙선은::</u>,
        05 선미: 네네.
   →06 수아: .hh °어↑° <u>경의 중앙선ø::</u> (.) 막혀 있나? 그거?
        07 선미: .h [그러니까요.]
        08 수아: [그걸 모르겠네.]
        09 선미: 이렇게 허술하지 않았을 텐데::, =여성분이:::
        10   아::
        11   〉아, 그런데〈 댓글 봤어요¿ 언니?
        12   =양쪽에 안전문 다 설치되어 있는데, 철로를 왜 걸-
        13   걸어서 건너 다니시나::¿
        14   이렇게 막, 써 있구.
        15 수아: =아, 〉맞어 맞어 맞어.〈 그거↓ 안전문 있잖아.

두 사람은 오늘 있었던 사고에 대한 신문 기사를 보면서 대화를
하고 있다. 화자(수아)는 사고가 난 것이 '경의 중앙선'이라는 사실을
인식하고(02), 경의 중앙선에 대한 설명을 이어가고자 조사 '은/는'을
선택한다(04). 그러나 다음 차례에서는 숨을 들이쉬고 '어'를 상승 억
양으로 발화함으로써 자신의 설명하고자 하려는 후행 발화에 문제가
생겼음을 암시하고, 설명을 중지한 채 경의 중앙선의 안전문이 막혀
있는지 여부에 대해 질문한다(06). 화자(수아)가 후행 발화에서 '그걸
모르겠네'(08)로 밝히고 있듯이 화자는 자신이 발화하고자 하는 바에

대한 확신성이 떨어졌다는 것을 알 수 있다. 앞서 (13)의 대화와 달리
'이/가'가 아니라 무조사로 교체된 것은 선행어와 후행어의 연결 관
계에 화자의 발화 의도가 있는 것이 아니라 정보를 단순히 확인한
후, 궁극적으로는 사고 경위에 대해 더 추측해 보고자 하는 데에 목적
이 있기 때문이다. 즉, 발화 의도가 단순 정보의 확인에 있기 때문에
무조사가 사용된 것이다.

3.1.2. 청자의 인지 상태에 따른 조사 선택

화자는 자신의 인지 상태뿐만 아니라 대화 상대방이 자신의 발화
를 어떻게 받아들일 것인지를 예상하여 조사를 선택한다. 아래의 대
화에서 화자는 청자가 자신의 발화 내용을 어렵지 않게 이해할 수
있다고 생각하고 무조사를 사용하지만, 상대방이 자신의 발화를 제
대로 이해하지 못하고 있음을 표현하자 '이/가'를 사용하여 자신의
앞선 발화를 다시 상세화한다.

(15) (자매간의 대화: 동생이 자주 가는 식당에 대한 이야기)
　　01 동생: 그::: 여기 ○○ 칼국수라고::,
→02 　　　 내가 맨날 △△이라고 부르는 곳ø 있거든↑
　　03 언니: 어. △△?
　　04 동생: ○○. Uhuhuh
→05 　　　 어, 근데 거기ø 진짜, (.) 뭐야, 돈까스ø 진짜 맛있단
　　06 　　　 말이야.
→07 언니: 돈까스가 맛있어? ○○ 칼국수 집이?
　　08 ((동생이 수화기 밖 사람에게 감사하다고 말한다))
　　09 동생: 어. 얘기해.
→10 언니: 아니 근까, 왜 △△ 칼국수 집의 돈까스가 맛있냐구.

11 (0.3)

12 동생: 잠깐만.

13 ((동생이 수화기 밖 사람에게 감사하다고 말한다))

→14 동생: 그:: 거기가 메인 메뉴가 칼국수거든↑

15 언니: 응.

→16 동생: 근데::, 그 사이드 메뉴에 치즈 돈까스가 있는데,

17   진::짜 맛있단 말이야.

식당의 존재(02)나 그 식당의 맛있는 음식(05,06)을 밝히는 것은 비교적 단순한 정보 전달에 속한다. 그러나 해당 식당명('○○ 칼국수')에서 예상할 수 없는 음식이 맛있다고 했다는 점에 상대방(언니)은 조사 '이/가'를 사용하여 선행어와 후행어의 연결에 의아함을 표현하고 있다. 그리고 더 명확히 자신의 의아함에 대한 설명을 요구한다(10). 명시화를 요구받은 화자(동생)은 앞선 05,06의 발화와 달리, 조사 '이/가'를 사용하여 정보를 상세화하여 제공한다는 차이가 있다(14, 16). 이를 도식화하면 다음과 같다.

〈그림 4〉 (15)의 대화에서 대화자의 인지 상태에 따른 조사 사용의 변화

화자	동생	언니	언니	동생
인지 상태	(이해하기 쉬운 정보로 예상)	(이해하기 어려움 표현)	(이해하기 어려움 재차 표현)	(상대방의 어려움을 인지하기 시작)
조사 사용	△△이라고 부르는 곳ø(02) 거기ø(05) 돈까스ø(05)	칼국수 집의(07) 돈까스가(07)	칼국수집의(10) 돈까스가(10)	거기가(14) 메인 메뉴가(14) 치즈 돈까스가(16)

유사한 예를 다른 대화에서도 찾을 수 있었다. 아래의 대화에서
화자는 상대방이 배경 지식을 갖고 있다고 생각할 때와 그렇지 않을
때 조사 사용에 차이를 보이고 있다.

(16) (친구 사이의 대화: 반려동물의 입양 경위에 대한 이야기)
　→01 수영: 그래 가지구 그때 <u>이모ø</u> 왔을 때, =그때 말하지 않았냐?
　→02　　　 =나ø:: 푸들↑ 푸들이:: 미미는:: 안 씻기구::,
　　03　　　 포메라니안은 씻겨 가지구,
　　04　　　 **열심히** 빗질 해 가지구,
　　05 민지: 응응.
　→06 수영: <u>이모ø</u> 완전, **뽕** 눈에 가 가지고 있잖아::,
　　07 민지: 응.
　　08 (중략)
　　09 수영: 바로 데리고 가더라고.
　→10 민지: 아:: <u>이모가</u> 데려 갔어?
　→11 수영: 〉근까〈 (.) 〉이제〈 <u>이모가</u>::
　　12 민지: 응.
　　13 수영: 둘 중 한 명 내가 맘에 드는 거를 [데리고 가겠다 이렇게
　　14 한 겨::]
　　15 민지:　　　　　　　　　　　　 [**아**::::::::]
　　16 수영: 그래 [가지구 미미는] 안 씻기구::,
　→17 민지:　　 [그래서 <u>니가</u>::]　　　 **아**:::: 일부러::

화자(수영)는 자신의 강아지 중 한 마리를 이모가 데리고 간 일이
있다는 것을 상대방(민지)에게 전달하고 있다. '그때 말하지 않았
냐?'(01)에서 알 수 있듯이 화자는 상대방이 현재 자신이 발화하고
있는 것에 대한 배경 지식이 어느 정도 있다고 생각하고, 이때에는

'이모', '나'와 같은 행동의 주체들이 모두 무조사로 표현되고 있다. 그러나 상대방(민지)이 '아'를 길게 발화하고 처음 인지했음을 암시한다. 그리고 이 이후 발화에서는 모두 조사 '이/가'가 사용되어 발화 내용을 더욱 상세히 하고 있음을 알 수 있다.

〈그림 5〉 (16)의 대화에서 대화자의 인지 상태에 따른 조사 사용 양상

화자	수영	민지	수영	민지
인지 상태	(상대방이 알 수도 있음)	(인지 시작)	(상대방이 모른다는 것 인식)	(인지 시작)
조사 사용	이모ø(01) 나ø(02) 이모ø(06)	이모가 (10)	이모가 (11)	니가 (17)

3.2. 화청자의 체면 보호를 위한 조사 선택

대화 참여자는 자신의 발화가 상대방의 체면을 위협할 위험이 있다고 판단할 때 다양한 장치를 통해 체면 위협 행위를 완화하고자 하는데, 조사 선택도 이러한 체면 유지 행위에 도움을 주는 것으로 보인다. 아래의 예에서 화자는 이전 발화와 후행 발화에서 조사를 '이/가'에서 무조사로 교체하는데, 이는 상대방의 체면을 고려한 조사 선택이라고 할 수 있다.

(17) (부부간의 대화: 남편의 프로젝트 신청에 대한 대화)
  01 (0.4)
  02 아내: 근데 나는 개인적으로 별로 추천하고 싶지 않아.
  03 남편: =그래?

　　04 아내: 어.

　　05 (0.5)

→06 아내: 왜냐면 <u>오빠가</u> 이런 거 잘 못 하잖아.

　　07 (.)

　　08 남편: 내가 잘하는 게 뭐지? uhuhuh

　　09 아내: °응?° 그냥 생각하는 거 잘하는데::↑

　　10　　　이런 거는 그런:: 그런 거랑 상관 없이::,

　　11　　　딱딱딱 떨어지게 상대방이:: 알아듣기 쉬운 간단하고,

　　12　　　짧은 그런 말들로::

　　13 남편: 으흠.

　　14 아내: 딱딱딱딱 떨어지게, 딱딱딱딱 계획 세워서,

　　15　　　딱딱딱딱 이런 실현 가능성을 제시해 줘야 되는데,

　　16 남편: 으흠.

→17 아내: <u>오빠</u>∅ 이런 거 잘 못한단 말이야.

　　18 (.)

　　19 남편: ((일본어로)) °소우카°

　　위의 대화에서 남편은 아내에게 자신이 신청하고자 하는 연구 프로젝트에 대해 이야기하는데, 이에 대해 아내는 0.4초라는 비교적 긴 휴지를 두고(01), 해당 프로젝트 신청에 반대하는 입장임을 밝힌다(02). 그리고 대화 상대방인 남편의 확인 질문에 답을 한 후(03, 04), 남편이 말차례를 잡지 않고 0.5초라는 틈이 발생하자(05), 자신이 반대하는 이유에 대해 밝힌다(06). 화자(아내)가 상대방(남편)의 프로젝트 신청에 반대하는 근거를 밝히는 첫 발화에서는 '이/가'가 실현되고 있는데, 이는 상대방이 미처 예상하지 못한 이유를 스스로 밝히는 것과 관계한다. '이/가'는 주술 관계와 같은 논리적 연결을 명시화하여 상대방이 새로운 인식을 형성하는 데에 도움을 주는 조사이기 때

문이다(홍연정, 2022). 그러나 전달 내용이 상대방의 능력에 대한 부정적인 평가로 비추어질 여지가 있어, 화자(아내)가 이를 다시 반복해서 전달할 때에는 '이/가' 대신 무조사를 선택함으로써 주어인 '오빠'에 대한 초점을 철회한다(무조사의 '탈초점' 기능).

화자는 '은/는'이나 '이/가'를 사용하여도 적법한 문장이 됨에도 불구하고 무조사를 선택함으로써 상대방에 대한 비난의 정도를 약화시키도 한다. 아래의 대화는 친한 언니 동생 사이인 '유민'과 '소리'의 대화이다. '소리'는 이전에 늘 다른 사람(주로 남성)이 고기를 구워주었는데, 대학생 때 동성 친구와 고깃집에 가서 자신이 고기를 구웠던 경험에 대해 '유민'에게 전달하고 있다.

(18) (지인과의 대화: 고깃집에서의 에피소드를 들은 후 유민의 반응)
    01 소리: 〉짠도 해야 °되-°〈 =나 진짜 정신이 없어 가지고:,
    02   그때 친구한테도 얘기했다.
    03   야::: 너무 힘들다면서:: 고기집은 남자친구랑 와야
    04   되겠다면서::, 막.
    05   그때 그 얘기했던 게 아↑직도 기억 난다.
→06 유민: 이래서 <u>한국 여자∅</u> 안 되는 거야::.
    07 소리: 어↑ uhahaha
    08 유민: 뭘 남자친구랑 와야 돼::. =같이 할 생각을 안 하구::
    09   무슨¿
    10 소리: 〉근까〈 내가 너무 정신이 없어 가지구::.

해당 에피소드에 대한 소리의 결말에 대해(03,04) 유민은 무조사를 사용하여 부정적인 평가를 한다(06). 유민은 계속해서 자신이 불편하다고 느낀 부분을 재인용하여 발화하는데(08), 이때 '뭘'이나 '무슨'과

같이 비난이나 핀잔과 같이 부정적인 태도를 드러내는 담화 표지가 사용되고 있다. 화자(유민)는 '한국 여자'라는 복수 명칭을 사용하는 동시에, 주관적 평가에 자주 사용되는 조사 '은/는'이 아니라 무조사를 사용함으로써 강한 확신으로 자신의 의견이 전달되는 것을 피한다. 06의 발화문은 무조사 대신 '이/가'를 사용해도 적법한 문장이 되지만 논리적으로 해당 명제 내용을 전달하는 데에 발화 의도가 있지 않고, 자신의 불편한 감정을 드러내는 데에 발화 의도가 있으므로 '이/가'가 아니라 무조사가 사용된 것이라고 볼 수 있다.

지금까지 화자가 '이/가'나 '은/는' 대신 무조사를 사용함으로써 상대방의 체면을 보호하고자 한 예를 살펴보았다. 그러나 이는 무조사에만 국한된 현상은 아니다. 아래의 예에서 화자는 '은/는'을 사용함으로써 상대방의 체면을 보호하고 있다.

(19) (회사 동료 간의 대화: 녹음 중 꼬르륵 소리)
  01 예은: 아:: 거기는 회식 장소가 ((배에서 꼬르륵 소리)) 키마
  02   리구나, 정해졌구나.
  03 나연: 네. 정해졌어요.
  04 예은: °아::°
  05   혹시 내 배에서 난 꼬르륵 소리 들었나요? uhhuhu
  06 나연: **아니요.**
  07 예은: (h) 배에서 (h) .hh 왜 꼬르륵 소리가 (h)나지? (h)
→08 나연: <u>저는</u> 오늘 점심 때::, 소리가 되게 많이 났어요.

녹음 중에 예은은 자신의 뱃속에서 꼬르륵 소리가 나자 당황한 모습을 보인다. 꼬르륵 소리가 난 후 한국어에서 일본어로 코드 스위칭이 일어난 것이 이를 뒷받침해 준다. 화자(예은)는 자신의 뱃속에서

난 소리를 들었는지에 대해 상대방에게 직접적으로 묻고(05), 상대방(나연)은 이를 부정한다(06). 실제로 꼬르륵 소리는 녹음기에서도 선명하게 기록되어 있어 상대방(나연)에게도 들렸을 가능성이 높고, 나연이 '아니요'를 다른 발화보다 큰 목소리로 발화한다는 것 역시 들렸지만 당황한 상대방을 위해 부정하고 있다고 유추해 볼 수 있다. 이어서 예은이 웃으면서 '왜 소리가 나는지 모르겠다고' 하자(07), 나연은 자신도 유사한 경험을 했음을 이어서 발화한다(08). 이는 상대방(예은)과 자신(나연)이 유사한 경험을 했다는 것을 전달함으로써 상대방의 체면을 유지하고자 하는 것으로, 이때 '도'가 아니라 '은/는'을 사용하고 있다는 점에 주목해야 한다. 만약 화자(나연)가 '저도'로 대답을 한다면 상대방에게서 꼬르륵 소리가 났다는 것을 인정하고 동일 범주에 속하게 되므로 이를 피하고자 '은/는'을 사용한 것으로 풀이할 수 있다. '은/는'은 범주화를 기본 기능으로 가지므로(홍연정, 2022) 이 예에서는 상대방과 자신이 동일 범주에 속하지 않는다는 것을 표현함으로써 상대방의 체면을 지키고 있다고 해석할 수 있다.

〈그림 6〉 나연(화자)의 인식: '저도'와 '저는'의 비교

"저도"	"저는"	
↓	↙	↘
유일 범주: 꼬르륵 소리가 난 사람	범주1: 꼬르륵 소리가 안 난 사람	범주2: 꼬르륵 소리가 난 사람
예은(상대방), 나연(화자)	예은(상대방)	나연(화자)

화자는 상대방뿐만 아니라 자신의 체면을 지키기 위해 조사를 사

용하기도 한다. '이/가'는 중립문이나 객관적 사태에 대한 묘사에서 주로 사용되는데, 화자는 자신에 대한 곤란한 질문에 대한 답변에서 '이/가'를 사용함으로써 자신을 객관화하는 방식으로 체면 유지를 하기도 한다.

> (20) (부부간의 대화: 남편이 해준 음식에 대한 기억)
>   01 아내: 언제 했어? =어디서? (.) 우리 집에서 했어?
>   02 남편: 하::::: 사진 찾는다::
>   03 (중략)
>   04 남편: 해 줌 뭐함.
>   05 (0.3)
> →06 아내: <u>내가</u> 뭐 맛있게 먹었어? =맛있다고?
>   07 남편: 어.

> (21) (부부간의 대화: 헤어 커트에 대한 이야기)
>   01 아내: 오빠 머리:::↑ 머리 어떡해? 오빠∅ 머리 자를 거야?
>   02 남편: 응?
>   03 아내: 조만간?
> →04 남편: 글쎄::. <u>내가</u> 언제 잘랐지¿ 이게::.
> →05   어후:: 언제 <u>내가</u> 이거 커트 했는지 °봐야겠다.° 어이구::

(20)에서 화자(아내)는 상대방(남편)이 음식을 해 주었다는 것을 잊고 있었는데(01), 상대방(남편)이 당시 찍은 사진을 찾아 보여주고 나서야(02) 수긍한다. 화자(아내)는 자신을 나타낼 때 조사 '이/가'를 사용하여 마치 다른 사람의 이야기를 하듯 질문함으로써 자신의 체면을 유지하고자 한다. (21)에서 화자(아내)는 대화 중 갑자기 상대방(남편)의 헤어스타일에 대해 언급하는데, 상대방은 이를 바로 이해하지 못

하고 되물음으로써 수정을 시도한다(02). 이에 아내는 남편의 현재 머리에 대해 설명하고 머리를 자를 때가 되었다는 것을 전달하는 대신 '조만간?'이라는 시간을 명시함으로써 머리를 곧 잘라야 함을 간접적으로 전달하고(03), 남편은 이에 '수긍'이라는 선호적인 대답 대신 대답을 보류하는 담화 표지 '글쎄'를 사용하여 직접적인 대답을 피한다(04). 이어 화자(남편)는 자신을 가리킬 때 모두 조사 '이/가'를 사용하고 있는데(04, 05), 이 역시 다소 곤란한 상황 속에서 자신을 객관화함으로써 자신의 체면을 보호하고자 하는 행위라고 볼 수 있다.

이상으로 조사 선택이 어떻게 화청자의 체면 위협 행위를 완화하는 데에 사용되는지에 대해 살펴보았다. '이/가', '은/는', 무조사 각각이 특정 체면 위협 행위에 어떻게 관여하는지는 발화 상황이나 대화자의 관계에 따라 해석이 달라질 수 있으나 화자가 무엇을 어떻게 전달하고자 하는가 하는 의도에 따라 조사가 선택된다는 데에는 변함이 없다.

3.3. 직전 발화에 대한 반응 발화에서의 조사 선택

일상 대화는 일견 무질서해 보이지만 선행 발화에 대해 후행 발화가 있을 것이라는 기대가 존재하고 이것이 대화의 가장 기본 단위인 인접쌍의 제1부분과 제2부분이라고 하는 기본 연쇄를 구성한다. 대화 참여자는 직전 발화에 대해 그것이 즉각적이고 분명하게 전달되는 선호 응답이든 장황하게 전달되는 비선호의 응답이 되었든 끄덕임과 같은 비언어적 반응이든 어떠한 방식으로든 반응이 이어질 것임을 기대하게 되며, 이것이 대화라는 상호작용의 형태로 나타나게 된다. 여기에서는 직전 발화 혹은 이전 발화에 대한 반응 발화에서

'이/가', '은/는', 무조사가 어떻게 왜 선택되고 있는지에 대해 살펴보
고자 한다. 특히 직전 발화에 대한 반응으로서 '이/가', '은/는', 무조
사가 어떠한 역할(기능)을 하는지에 대해 중점을 두고 고찰하겠다.

　먼저, '이/가'는 화자가 직전 발화에 대해 논리적인 이해에 어려움
이 있다는 것을 나타냄으로써 명확한 정보를 요구하거나 믿을 수 없
다는 놀라움이나 불신과 같은 태도를 표현하게 된다.

　(22) (선후배의 대화: 북한 배의 표류에 대한 이야기)
　　　01 (0.5)
　　　02 현철(선배): 흠:::
　　　03 ((뭔가 물건을 내려 놓는 소리가 들린다.))
　　　04 (.)
　　　05 현철: 〉°근°데〈 오늘 북한 배°가° ○○에 왔대요.
　　　06 경희(후배): (.) 북한 배::?
　　　07 현철: 응.
　　　08 경희: (.) ¥왜요?¥
　　　09 현철: =몰라요. 안에 사람은 없고.
　　　10 ((현철이 차를 마시고 내려놓는 소리가 들린다))
　　　11 (0.7)
　　　12 경희: 음::?
　　　13 (0.3)
　→14 경희: 사람이 없는데 어떻게 배가 와요?
　　　15 현철: 그냥 떠내려 왔다거나 〉뭐〈 그렇겠죠?

　위의 대화는 이전 화제에 대한 이야기가 마무리되자 0.5초의 침묵
이 흐르고(01), 선배인 현철이 자신이 전해 들은 이야기를 전달함으로
써 대화가 다시 시작되는 장면이다(05). 현철의 발화에 경희는 짧게

침묵하고 직전 발화의 단어를 반복함으로써('북한 배?') 자신이 충분히 이해하지 못했음을 전달하고 수정을 요청하지만(06) 긴 설명이 없이 짧은 확인만이 되돌아온다(07). 이에 경희는 다시 짧게 침묵함으로써 충분한 정보를 얻지 못했음을 표현하고 그 이유를 묻는다(08). 현철의 추가 정보(09)에 대해서는 0.7초의 더욱 긴 침묵을 두고 짧게 되묻는다. 상대방이 이에 반응이 없고 다시 0.3초의 틈이 발생하자(13) 화자(경희)는 자신이 전해 들은 정보(05, 09)에 대해 더욱 명확한 정보를 요구하는 질문을 하는데 이때 '이/가'가 사용된다(14). 화자(경희)는 '이/가'를 사용함으로써 자신이 지금까지 들은 이야기의 논리적 연결에 어려움을 겪고 있음을 나타내게 되며, 이것이 명제 내용에 대한 불신이라는 부정적 감정을 표현하는 부수적인 효과로 이어지게 된다.

직전 발화에 대한 놀라움이나 의심, 반대와 같이 명제에 대한 부정적인 태도를 나타낼 때 조사 '이/가'가 사용된 예는 일상 대화에서 다수 존재한다.

(23) (부부의 대화: 장 본 것)
01 남편: 엘에이 갈비 샀어?
02 아내: 아니.
03 남편: 아이씨::.
→04 아내: 엘에이 갈비 샀는데 <u>사만육천원이</u> 나왔겠니?
05 남편: uhahaha

(24) (아르바이트 선후배 사이의 대화: 농담)
01 선미(후배): 복귀하면 제가:: 꽃 사 들고 갈게요. [아, 가만.]
02 수아(선배): [uhahaha][hahaha]

03 선미:　　　　　　　　　　　　　　[uhahaha]ha uhuh

04　　　그거 알아요, 근데? .hhh

05 수아: .hh

06 선미: ¥오른쪽에 사장님, 왼쪽에는:: 영수 오빠예요.

07　　　¥uhahahahahaha

→08 수아: uhuhuh <u>그게</u> 꽃이야:::↓

09 선미: .hh ¥할미꽃도 꽃이잖아↑요::::↓.¥ Uhuhu[huhu]huh

(23)의 04의 발화('엘에이 갈비 샀는데 <u>사만육천원이</u> 나왔겠니?')와 (24)의 08의 발화('<u>그게</u> 꽃이야')에서 화자는 모두 조사 '이/가'를 사용하여 주술 관계의 연결 관계에 의문을 던짐으로써 명제에 대한 부정적인 태도를 나타내고 있다.

'은/는' 역시 직전 발화에 대한 부정적인 태도를 표현할 때에 사용될 수 있다. 그러나 주술 관계의 논리적 연결에 의구심을 표현하는 '이/가'와 달리 '은/는'은 상대방이나 다른 사람이 만들어낸 범주에 대한 의문을 표현하는 방식으로 명제에 대한 부정적인 태도가 표시된다. 아래의 예를 보자.

(25) (친구 사이의 대화: 다음 모임에서 먹을 음식에 관하여)

01 유민: ¥생각해 봤냐?¥

02 소리: 항상 생각하지.

03　　　육회는 약간 너무 위험할 것 같애.

→04 유민: 야 <u>막창은</u> 안 구- 안 위험해?

05 소리: 뭐가?

06 유민: 가게 말이야.

→07　　　<u>막창은</u> 안 위험하고 <u>육회는</u> 위험해?

08 소리: 어. uhahahahaha

소리는 유민과 속해 있는 모임에서 무엇을 먹을지에 대한 이야기를 시작한다. 여러 음식 중에서 소리는 '육회'를 언급하며, '위험하다'는 부정적 평가를 덧붙인다(03). 이에 유민은 동의하지 않으며, 자신이 생각하는 '위험한 음식'이라는 범주에 속하는 또 다른 음식명인 '막창'을 언급한다(04). 아마 '막창'은 두 사람이 이전에 함께 먹은 적이 있거나 소리가 좋아하는 음식일 가능성이 높은데, 유민의 07의 발화('막창은 안 위험하고 육회는 위험해?')는 동일한 범주('위험한 음식')에 속한다고 할 수 있는 '막창'과 '육회'를 다른 범주에 속하는 것으로 취급하는 것에 대해 부정적인 태도를 나타내게 된다. '위험하다'와 '안 위험하다'가 '긍정'과 '부정'의 문자적 대립을 이루고 있어 '은/는'이 대조의 뜻을 나타내는 것으로 해석할 수도 있지만, 어휘적 대립을 나타내는 구성에서 늘 '은/는'이 사용되는 것은 아니며(예26), 상대방의 의견에 동의하며 강한 긍정을 나타낼 때에도 '은/는'이 사용되기도 하므로(예27) 재고의 여지가 있다.

(26) (학교 선후배의 대화: 과제에 대하여)
　　현철: 이게 맞고 저게 틀렸다↓ 그런 비교가 생겨 버리니까.

(27) (친구와의 대화: 소소한 행복에 대하여)
　　01 민지: 또 그런 행복-
　　02　　　그렇게 맨날 시켜 먹는 행복이:: ¥소소하지 않다.
　　03　　　¥ (.) °huhu°
　　04 (.)
　　05 민지: ¥큰 행복이라고, 그런 행복도.¥
→06 수영: 아:: 나는:: **진짜** 그렇게 생각해.

무조사는 '이/가'나 '은/는'과 달리 화자의 태도에 관계하지 않고 중립적으로 직전 발화를 이해하는 데에 부족한 정보에 대해 요구할 때 사용되고 있었다. 아래의 예를 살펴보자.

(28) (선후배 간의 대화: 시골의 교통수단에 대하여)
    01 도연(선배): 그리고 특히나:: 시골에 있으면은, 교통수단이
    02   진::짜 불편하거던::.
→03 주리(후배): 응. <u>언니</u>∅ 어딨었는데요::↗
    04 도연: 나:: ○○::군::에서 [자랐]는데::,
    05 주리: [원래]   고등학교 때까지?
    06 도연: 응::↓ [있었는데,]
    07 주리: [아::::↑]   대학교 오면서:::,
    08 도연: 응:↓
    09   그:: 뭐지? 여기:: 대학교 오면서:: 서울로 왔- 왔으
    10   니까::,
    11 주리: 응::.
    12 도연: 근데↑ 교통수단이 너::무 불편하니까::,

시골 생활의 불편함에 대해 자신의 이야기를 시작하는 도연의 발화에 대해(01), 주리는 본격적인 청자 역할을 하기에 앞서 상대방의 출신지를 묻는다(03). 이 질문을 통해 화자(주리)는 상대방(도연)이 시골 생활을 했는지에 대한 배경 지식이 없었다는 점을 알 수 있으며, '시골 교통의 불편함'에 대한 도연의 이야기를 제대로 이해하기 위해서 '도연이 시골에서 생활했다는 것'을 확인할 필요가 있다고 볼 수 있다. 실제로 07에서 주리가 '아'를 상승 억양으로 길게 발화함을 통해 상대방이 시골에서 생활했다는 배경 지식이 제대로 형성되었음을 나타내고, 두 사람이 출신지에 대한 발화가 끝난 후에 '교통수단'

이라는 어휘가 반복됨으로써 잠시 배경 지식의 확인을 위해 끊겼던 화제가 지속되고 있다는 것을 알 수 있다. 이처럼 무조사가 직전 발화에 대한 이해를 위한 배경 지식을 확인하기 위한 질문에서 사용되는 것은 논리적 연결을 염두에 둔 '이/가'나 개체의 범주화를 위해 사용되는 '은/는'과 달리 명제에 대한 전제를 갖지 않아('탈전제' 용법) 정보를 요구하는 질문의 발화 행위를 충실히 이행할 수 있게 되는 것이다.

다음과 같이 직전 발화에 대한 반응을 유보하고 사실 관계를 확인하는 질문에서도 무조사가 사용되고 있다.

> (29) (아르바이트 선후배 간의 대화: 지하철 사고)
> 　　01 수아(선배): 칠- 칠십대 노인 전동차에 치여 사망. 응?
> →02 선미(후배): 응? 오늘이에요 그거∅?
> 　　03 선미: 어. 한 시간 전에 올라온 건데?
> 　　04 수아: .hh 헤 어머. (.) 와::: 진짜였구나::.

오늘 있었던 전동차 사고에 대한 이야기를 하던 중 상대방(선미)이 관련 기사를 발견하고 제목을 읊자(01), 무조사를 사용하여 해당 기사가 오늘 기사인지를 확인한다(02). 상대방이 이를 확인해 주고 나서야(03), 해당 기사에 대한 반응이 04에서 이루어지고 있음을 알 수 있다.

무조사는 상대방의 발화에 대한 반응 발화뿐만 아니라 화자 자신의 발화에 대한 이해를 돕기 위한 발화에서도 마찬가지의 쓰임을 보인다. 아래의 예는 한 방송 인터뷰 중 일부를 발췌한 것이다. 인터뷰 중 응답자는 질문자의 이해를 돕기 위해 자신의 이후 발화를 위한 보충 발화에서 무조사를 사용하고 있다.

(30) (텔레비전 프로그램 '유퀴즈 온 더 블록'의 인터뷰)

    01 질문자: 좀 뿌듯했던 경우도 많이 있었을 것 같아요.

→02 응답자: 네. 아:: 저::: 그게:: 저∅ 에스엔에스 하거든요.

    03 질문자: 응응응.

    04 응답자: 그 SNS에 하루는 누가 메시지를 이렇게 보내셨더라

    05   고요.

인터뷰 응답자는 자신이 만난 사람 중 인상에 깊었던 사람을 소개하고자 하는데, 그 사람을 알게 된 경유가 SNS라는 점을 상대방에게 이해시키기 위해 자신이 SNS 활동을 한다는 것을 앞서 밝히고 있다. 본격적인 응답에 앞서 상대방이 자신의 발화를 잘 이해할 수 있도록 발판을 마련하기 위한 발화에서 무조사가 사용된다는 것은 화자가 숨은 의도나 다른 대상을 떠올리지 않고 단순히 명제를 전달하기 위함이라고 할 수 있다.

화자가 상대방의 질문에 응답을 할 때에도 요구된 정보만을 응답함으로써 자세한 설명을 피하고자 할 때에도 무조사가 사용되고 있었다.

(31) (친구 사이의 대화: 머리 모양에 대한 이야기)

    01 수영: =아, 나 단발만 너무 해 가지고::.

    02 민지: 맞아, 맞아.

→03 수영: 너는 지금 머리 얼마나 길렀냐? [잘랐어?]

→04 민지: [나∅: 엄청] 많이 길렀어.

    05 수영: 너 어디까지 오는데?

→06 민지: °어↑° (0.3) 나∅::: 가슴?

    07 (중략)

    08 민지: = 근데, 그 막 코로나 때문에::, ⟩그냥⟨ 미용실 안 가게

> 09   되구::,
> 10 (중략)
> 11 수영: 어. 근데 그 머리를 묶는 게:: 묶으면은 그 서당::
> 12 (중략)
> 13 민지: <u>나Ø</u> 그냥 그렇게 다니는 거야:: 요새 그냥,

화자는 앞선 발화에서 자신이 헤어스타일에 별로 신경을 쓰지 않는다는 것을 밝히고 있는데(09, 13), 상대방의 질문에 대해 최소한의 대답만을 함으로써(04, 06) 자신의 헤어스타일에 대한 자세한 설명을 하지 않고 질문에 대한 최소한의 정보만을 제공한다.

지금까지의 논의를 정리하면 직전 발화에 대한 반응 발화에서 조사 '이/가'는 직전 발화의 논리적 연결에 어려움을 표시하는 수단으로 사용되며, 부수적으로 명제에 대한 불신이나 부정적인 태도를 나타내고 있었다. '은/는'은 어휘적 대조를 이루는 구문에서 사용되어 대조의 의미를 나타내는 것으로 보이지만, 그 기저에는 선행어와 차별화되는 다른 범주가 존재한다는 것을 나타내기 위해 '은/는'이 사용되고 있음을 확인할 수 있었다. 이때 차별화되는 범주란 늘 이분법적으로 나뉘는 대조의 범주가 아니라 정도성에 차이를 보이는 범주도 포함된다는 점에 주의가 필요하다. 무조사는 직전 질문에 대한 최소한의 정보만을 전달할 때 사용되고 있었으며, 직전 발화나 후행 발화로 범위를 확장하여 살펴보면 무조사가 사용된 발화문은 일종의 예비 발화나 보충 발화의 성격을 갖는다는 것을 확인할 수 있었다.

4. 한국어 교육에의 적용

'이/가'와 '은/는', 무조사는 통사적으로는 주어가 되는 말과 결합할 수 있으며, 선행어가 화제의 성격을 갖는 말인 경우 주제(/화제)와 결합한다는 공통점이 있다. 따라서 이 세 조사를 변별하는 가장 중요한 요소는 선행어가 주어인지, 주제인지가 아니라 화자가 어떠한 의도로 주어나 주제를 나타내고자 하는가 하는 것이다. 화자의 의도를 고려한 조사 '이/가', '은/는', 무조사의 사용 원리는 다음과 같다.

4.1. 일상 대화에서 '이/가'의 사용 원리

일상 대화에서 '이/가'는 주술 관계를 포함하는 선행어와 후행어의 논리적 연결을 명시화하기 위해 사용된다. 화자가 주술 관계의 논리적 연결을 명시화해야 하는 상황은 크게 세 가지로 유형화할 수 있다.

첫째, 상대방이 모르거나 자신이 새롭게 인식하게 된 것에 대해 발화할 때이다. 이때 자매항의 존재가 필수적이지 않다는 점에 주목해야 한다. 기존에 '이/가'의 사용 상황은 '누가 철수입니까?'와 같이 '누가', '어느 것이'와 같이 선행어에 초점이 있는 질문을 전제한다고 파악되어 왔다. 그러나 아래와 같이 늘 '이/가'의 사용에서 이러한 질문이 전제되지 않는 것으로 보인다.

(32) (지인과의 대화: 조카의 이름에 대하여)
　　01 지은: 야, 진짜::. 이름이 뭐°지°¿ *라- 나진*이었나?
　　02 민정: 네. [맞아요.]

03 지은: [나진이?]
04 민정: ⟨**나**::⟩진이요.
→05 지은: <u>나진이가</u> 진짜 복덩이네.
06 민정: 아후:: 그[렇죠::.]

　두 사람은 민정의 조카에 대한 이야기를 하고 있다. 이때 대화
상에 '나진이' 외에 복덩이라고 불릴 만한 다른 대상이 대화상에 존재
하지 않으며 대화의 초점이 '누가 복덩이인가'에 있지 않다. 위의 발
화에서 '이/가'의 사용은 '나진이 - 복덩이'의 연결 관계를 화자가 새
롭게 인식했다는 것을 나타낸다.

　둘째, 수정 요청 발화와 수정 개시 발화이다. 화자는 상대방의 직
전 발화가 이해되지 않을 때 '이/가'를 사용하여 수정을 요청하기도
하며(예15, 예22), 상대방의 수정 요청 후 수정을 개시하는 발화에서도
'이/가'를 사용한다(예15, 예16). 이때 직전 발화에 대한 반응 발화에서
사용된 '이/가'는 때로는 명제 내용에 대한 놀라움이나 불신과 같은
부정적 감정을 나타내는 것으로 해석되기도 한다(예22).

　셋째, 화자가 어떠한 사태를 객관화하여 묘사하거나 자신의 과거
경험을 상세히 밝힐 때이다. 이는 상대방이 이에 대한 정보를 가지고
있지 않으므로 '이/가'를 사용하여 상대방이 새로운 정보를 잘 받아
들일 수 있도록 하기 위함으로 보인다.

　이상을 정리하여 '이/가'의 사용 원리를 나타내면 다음과 같다.

〈그림 7〉 '이/가'의 사용 원리

'이/가'의 기본 기능	사용 상황

(주술 관계를 포함한) 논리적 연결 명시화	1) 선행어와 후행어의 연결을 새롭게 인식했음을 표현
	2) 수정 요청 발화와 수정 개시 발화 (±직전 발화에 대한 놀라움 혹은 불신 표현)
	3) 객관적 묘사 예) 과거 경험, 상황 묘사 등

4.2. 일상 대화에서 '은/는'의 사용 원리

'은/는'의 기본 기능은 범주화이다. 범주화란 '은/는'이 선행하는 어떤 대상과 동일한 위치에 올 수 있는 다른 대상을 구분하는 것을 의미한다. 예를 들어, 고등학교 동창의 근황에 대해 이야기한다면, '영희는', '철수는'과 같이 '영희'와 '철수'를 다른 범주로 만들어 서로가 동일 범주에 속하지 않는다는 것을 나타낸다. 이때 동일 범주가 아니라는 것은 어휘적 대조뿐만 아니라 다른 대상에 대해서는 알 수 없다는 소극적 부정과 정도적 차이를 포함할 수 있다.

(33) 가: 동창회 갔었다면서? 애들∅ 어떻게 지낸대?

　나: ① 영희는 요즘 바쁘대. 철수는 좀 한가하다더라. → 어휘적 대조

　　② 영희는 요즘 바쁘대. 철수는 모르겠어. → 소극적 부정

　　③ 영희는 요즘 바쁘대. 철수는 더 바쁘다더라. → 정도적 차이

화자는 여러 대상 중 한 대상에 대해서만 '은/는'을 사용하여 언

급함으로써 자연스럽게 다른 대상에 대한 함축을 표현하게 될 수도
있다.

> (34) (드라마 '스물다섯, 스물하나' 제1화: 처음 만난 다른 학교 코치에
>   게 인사를 하는 장면)
>   선수: <u>오늘은</u> 코치님께 인사드리러 왔습니다.
>   코치: ((의아해하며)) <u>오늘은</u>?

　위의 드라마에서 선수는 다른 학교 운동부에 특정 선수를 보기
위해 자주 방문을 한 경험이 있다. 따라서 선수는 '오늘'에 '은/는'을
사용함으로써 다른 날에는 다른 용건으로 방문을 했다는 것을 암시
하고, 코치 입장에서는 처음 본 다른 학교 학생이 '오늘은'이라고 발
화하는 것에 의아해하며 이를 되묻게 된다. 이처럼 '은/는'은 선행어
외에 올 수 있는 다른 자매항을 전제한다는 점에서 '이/가'와 차이를
갖는다.
　자기소개를 할 때, '저는'과 같이 '은/는'의 사용이 자연스러운 것
은 화자 자신이 화제의 성질을 갖기 때문이라기보다 화자인 '나' 외의
다른 사람을 전제로 할 수 있으며, 여러 범주(예: 반 학생 개개인)가
존재하는 가운데 '화자'에 한하여 어떠하다고 발화하는 상황과 관계
가 있다고 해석해 볼 수 있다.

〈그림 8〉 자기소개 상황에서 '은/는'의 사용이 자연스러운 이유

자기소개 상황:
여러 대상을 구분하여 표현하려는 목적을 갖게 됨.

↓

'은/는'의 사용:
화자는 '은/는'을 사용하여 각 인물을 범주화함.

더 나아가 화자가 동일 선상에 올 수 있는 대상 각각을 구분하여 기술한다는 것은 각 대상에 대한 지식이나 그중 일부 대상에 대한 지식을 가지고 있음을 의미하므로 '은/는'의 사용이 '이/가'의 사용보다 화자의 강한 주관성이나 확신성을 표현하게 된다.

(35) (부부 사이의 대화: 뚝배기의 크기에 관한 이야기)

　01 남편 : .h.h 찌↑개:: 일인분은 난 가능해.

　02　　　 =뚝배기에 끓인 게 일인분이야.

　03 아내: 꽤 많아.

→04　　　 근데 <u>저 뚝배기가</u> 꽤 커.

　05 남편: 저 정도 돼야 약간:: [낙-]

　06 아내:　　　　　　 [저]거보다 좀 작으면 [딱 일인분 돼.]

　07 (중략)

→08 아내: 하여튼 <u>저 뚝배기는</u>:, 좀: 커::.

위의 대화에서 '이/가'는 뚝배기 크기에 대한 남편의 인식(뚝배기 크기 = 일인분) 아내의 인식(뚝배기 크기 ≠ 일인분)이 동일하지 않을 때 사용되어, 아내가 상대방의 인식을 새롭게 하고자 하는 의도로 사용되고 있다. 반면, '은/는'이 사용된 후행 발화는 화제의 마무리를 암

시하는 담화 표지 '하여튼'과 같이 사용되어, 주관적 결론을 내릴 때에 사용되고 있다.

이상의 논의를 통해 '은/는'의 사용 원리를 정리하면 다음과 같다.

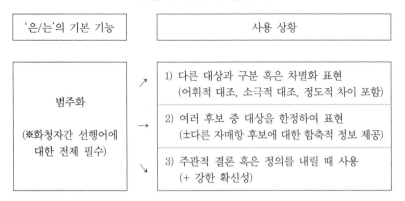

〈그림 9〉 '은/는'의 사용 원리

4.3. 일상 대화에서 무조사의 사용 원리

일상 대화에서 무조사는 '탈전제·탈초점화'를 기본 기능으로 갖는다. 앞서 무조사를 사용하여 화자가 초점을 철회하거나(예17), 대답을 유보한 채 필요한 정보를 확인할 때(예29), 이야기의 흐름에서 잠시 벗어나 그것과 관련된 보충 정보를 점검 및 제공할 때 사용됨을 확인한 바 있다(예28, 예30). 화자는 무조사를 사용함으로써 발화에 숨겨진 의미가 없음을 드러내게 되고, 결과적으로 상대방에게 비교적 단순하고 명확한 정보를 제공할 때 사용하는 것이다. 대화의 시작부에서 안부를 묻고 대답하는 것과 같은 일상적이고 전형적인 의사소통을 할 때 무조사가 사용되는 것 역시 이와 관련이 있다. 아래의 예에서 화청자는 서로의 안부를 묻고 있는데, 이때 무조사가 사용되고 있다.

(36) (아르바이트 선후배 사이의 대화: 대화 도입부에서)

   01 선미: 네::, 여보세요?

   02 수아: 응, 녹화 시작해?

   03 선미: **네**↓

   04 수아: °응° 여보세요::?

→05 선미: 네:: (h)언니ø(h) ¥잘 지냈어요? ¥ °uhuhu°

→06 수아: ¥어. <u>나ø</u>: 잘 지냈지:::. ¥

유사한 질문에 대한 응답에서 무조사와 '은/는'이 모두 사용된 예를 발견할 수 있었다. 아래의 대화에서 대화자들은 곧 있을 신년회 참석 여부에 대해 이야기하고 있다.

(37) (대학 선후배 사이의 대화: 신년회 참석에 대한 이야기)

   01 현철: 안 가요?

→02 경희: 저ø 안 가죠. 가요? 안 가는데요. uhu ¥저ø 안 가요. ¥

   03 (중략)

   04 경희: 그: 꼭 안 가도 된다 그랬잖아요, 〉이모님이〈

   05 현철: 음. °헤:°

→06   <u>범수 형ø</u> 가나? 일요일(h)에.(h)

→07 경희: <u>그 오빠</u> 모르겠어요, 솔직히.

첫 번째 질문에 대해 화자(경희)는 무조사를 사용하여 대답하는데 (02), 이는 자신의 참석 여부에 대해 묻는 직전 발화에 필요한 정보만을 제공한다는 점에서 단순 응답이라고 할 수 있다. 반면, 두 사람의 지인인 '범수 형'이라는 인물의 참석 여부를 묻는 질문에 대해(06), 화자(경희)는 '은/는'을 사용하여 대답하고 있다(07). '은/는'이 사용된 발화(07)는 무조사가 사용된 발화와 달리, 어느 정도의 대화를 통해

'현철: 참석', '경희: 불참'의 정보가 대화자 간에 공유된 상황에 주목해야 하며, 이에 더하여 '범수 형: 모름'이라고 하는 새로운 범주가 더해지고 있다는 차이가 있다.

이상의 논의를 통해 무조사의 사용 원리를 정리하면 다음과 같다.

〈그림 10〉 무조사의 사용 원리

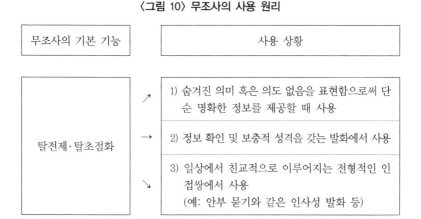

무조사의 기본 기능	사용 상황
탈전제·탈초점화	1) 숨겨진 의미 혹은 의도 없음을 표현함으로써 단순 명확한 정보를 제공할 때 사용
	2) 정보 확인 및 보충적 성격을 갖는 발화에서 사용
	3) 일상에서 친교적으로 이루어지는 전형적인 인접쌍에서 사용 (예: 안부 묻기와 같은 인사성 발화 등)

5. 나오기

지금까지 조사 '이/가', '은/는', 무조사에 대한 연구는 다양한 관점에서 시도되어 왔다. 선행 연구들은 각 조사나 조사 변별에 대한 유의미한 연구 결과를 제시하고 있으며, 이는 한국어 교재나 참고서 등에서도 활용되고 있다. 그러나 선행 연구들은 대개 언어학이나 국어학 이론의 틀에서 조사를 바라본 연구로 이를 한국어교육에 적용했을 때 용어의 개념적 변별, 자매항 해석의 유사성으로 인해 변별에 어려움이 발생할 우려가 있으며, 동일 형태에 비교적 중립적 의미와 그렇지 않은 의미가 공존한다는 것을 한국어 학습자들에게 이해시키고 이를 적절한 사용으로까지 이어지게 할 수 있는가 하는 면에서는 재고의 여지가 있다. 따라서 이 연구에서는 이론적 출발이 아닌 실제 대화에서 각 조사가 어떻게 사용되고 있는가 하는 사용의 관점에서 이 세 조사를 새로이 살피고자 하였다.

일상 대화에서 조사 '이/가', '은/는', 무조사는 화자의 의도에 따라 선택되는 것으로 보였으며, 이를 뒷받침해 주는 근거를 몇 가지 발견할 수 있었다. 첫째, 화자는 화자 자신이나 상대방의 인지 상태에 따라 조사 선택을 달리한다. 둘째, 화자는 상대방이나 자신의 체면을 지키기 위해 조사를 교체하거나 특정 조사를 선택한다. 셋째, 직전 발화와 관련하여 살펴보았을 때, '이/가', '은/는', 무조사 중 무엇을 선택하느냐에 따라 화자의 태도를 나타내는 방식에 차이가 있음을 발견할 수 있었다. 이러한 쓰임을 바탕으로 각 조사가 일상 대화에서 사용되는 사용 원리를 기본 기능에 근거하여 제시하였다. 이러한 사용 원리가 향후 한국어 교사들이 '이/가', '은/는', 무조사를 교수하는 데에 실질적인 도움이 될 수 있기를 바란다.

조사를 담화 차원에서 바라본다는 것은 통사나 의미적 차원이 아닌 화청자의 의사소통적 관점에서 조사의 문제를 다룬다는 것을 의미한다. 적법성의 관점이 아닌 적절성의 관점에서, 일방적 의사 전달이 아닌 소통의 관점에서 조사의 문제를 바라보았을 때 비로소 지금까지 표면으로 드러나지 않았던 대화의 구조, 화청자 요인, 화자의 의도와 같은 담화적 요소가 조사 선택에 어떠한 영향을 미치고 있는지에 대한 실마리를 얻을 수 있다. 이것이 바로 향후 한국어교육용 문법 연구에 있어서 담화적 접근이 필요한 이유이다.

지시화행의 원리는 무엇일까?
: 명령화행 분석을 중심으로

이 글은 문법 형태가 지니는 의미와 기능에 대한 고민의 과정인 동시에, '담화 문법'의 조각을 맞추기 위한 내용 기술 시도의 결과이기도 하다. 문장 문법에서는 문장을 단위로 삼아 서법으로서의 명령의 의미를 정교하게 다루지만, 실제 의사소통이 이루어지는 담화 속에서 '명령'의 뜻은 서법의 종결어미를 넘어서, 복잡한 기제 속에 선택된 형태들로 실현된다. 이러한 실제 사용으로서의 명령의 의미를 밝히고 선택되는 문법 형태에 접근하기 위하여 본 장에서는 '언어행위', 즉 '화행'을 열쇠로 삼아 '담화 문법'의 차원에서 내용을 기술해보고자 한다. '명령'의 의도를 담아내는 문법 형태에는 어떠한 것들이 있는가? 화자가 '명령'의 뜻을 담아내기 위하여 여러 개의 문법 형태 중 하나의 형태를 '선택'한 데에는 어떠한 기제가 작용한 것일까? 이러한 질문을 통해 우리는 문장 문법에서 담화 문법으로의 전환이 필요한 까닭에 대해 이해하고, 형태, 의미, 사용의 연결성을 찾을 수 있을 것이다.

1. 왜 지시화행인가?

언어 행위 이전에 사고(思考)하는 행위가 있다. 그러나 사고(思考)의 과정은 눈으로 볼 수 없기 때문에 사람들은 발화된 언어를 통해 발화자의 사고(思考) 및 의도(意圖)를 짐작할 수밖에 없다. 이미 기존의 문장 문법 논의에서 명령문과 명령 서법에 대한 논의가 오랜 시간 이루어져 왔음에도 불구하고, 한국어교육의 관점에서 학습자들이 명령문 또는 명령 서법을 학습하는 것만으로는 실제 의사소통 상에서 지시하고 지시받는 지시의 언어행위를 완벽하게 수행해 내는 것이 어렵다는 문제제기에 대해 생각해 볼 필요가 있다. 이것은 여전히 우리에게 지시의 언어행위와 관련한 숙제가 남아 있음을 의미하는 것이라고 생각된다. 그렇다면 담화 문법의 차원에서 '지시화행'에 대하여 논의하여야 하는 까닭은 무엇일까?

첫째, 명령하고 부탁하는 등 지시하고자 하는 '의도(意圖)'가 반드시 명령형의 언어 표현만으로 발화되지 않는다는 점에 있다. 이를 형태와 의미의 불일치[1]라고 설명할 수 있는데, 구체적으로는 아래 (1)의 예문들과 같이 동일한 의도를 전달하기 위해 실제 담화에서는 다양한 형태가 선택되어 사용된다는 것이다. 명령의 뜻은 (1ㄱ, ㄴ)과 같이 명령형 종결어미를 통해 실현되기도 하고, (1ㄷ, ㄹ)과 같이 다른 서법을 통해 간접화행으로써 실현되기도 한다. (1ㅁ, ㅂ)과 같이 연결

---

1 형태와 의미가 일 대 일로 대응하지 않는 것은 한국어뿐 아니라 범언어권적으로 나타나는 현상이다. 박정운(2004:71)에서는 아래 예문 가, 나, 다를 통해 청유형 종결어미가 반드시 청유의 기능만으로 사용되지 않음을 지적하고 있다. 화용론에서는 이렇게 부호화된 문장의 의미가 화자가 표현하는 발화 의미와 일치하지 않음을 언어학적 미결정성 논제(linguistic underdeterminancy thesis)로 기술하기도 한다. 이는 언어의 형태만으로는 화자가 표현하고자 하는 명제를 분명하게 해석할 수 없으며, 발화 의미는 언어 외적인 화용론적 요소들에 의하여서만이 해석될 수 있다는 점을 강조한 것이다.
예문 가. [청자와 화자가 같이]
　　a. 저녁 먹으러 가자.
　　b. 저녁 먹으러 갑시다.
예문 나. [청자만]
　　a. 안으로 좀 들어갑시다. [버스기사가 승객들에게]
　　b. 새치기하지 맙시다. [줄에 서 있는 사람이 새치기하려고 하는 사람에게]
예문 다. [화자만]
　　a. 잠 좀 자자. [잠을 청하는 아버지가 떠들고 있는 아이들에게]
　　b. 책 좀 보자. [책을 읽고 있는 아버지가 떠들고 있는 아이들에게]

어미가 종결어미화되어 명령의 뜻을 수반하기도 하고, (1ㅅ)과 같이
의무의 뜻을 지니는 형태와 결합하여 사용되기도 하는 것이다.

(1) ㄱ. 야, 조용히 해.

ㄴ. 조용히 좀 해 주세요.

ㄷ. 열람실에서는 조용히 해 주시기 바랍니다.

ㄹ. 저기, 좀 조용히 좀 해 주실 수 있을까요?

ㅁ. 그쪽, 조용히 좀 하시고요.

ㅂ. 좀 조용히 좀 하든가.

ㅅ. 여보, 여기선 조용히 해야지.

ㅇ. 조용!

ㅈ. (떠드는 친구를 보고 검지 손가락을 입술 위에 가져다 댄다)

ㅊ. 우리 이러다 사서한테 걸릴 것 같은데.

또 한편으로는 (1ㅇ)처럼 어휘적으로 전달되기도 하고, (1ㅈ)처럼
비언어적으로 실현되기도 한다. (1ㅊ)과 같이 발화 효과 행위[2]로서
간접적으로 실현되기도 한다. 이렇게 화자의 의도는 다양한 형태로
실현될 뿐만 아니라, 형태의 유사성, 또는 기존의 문장 문법적 범주
를 기준으로 삼아서는 이러한 실현 양상을 모두 포괄하여 다루는 데
에 한계가 있기 때문에 발화가 이루어지고 있는 장소, 장면, 화자와
청자의 정보 및 관계, 사용역, 장르 등 담화의 차원에서 화자의 의도
에 접근할 때에야 비로소 해당 발화의 실제적 사용 의미를 파악할

---

2 언어 행위는 발화 기록을 만들어내는 발화 행위에서 나아가 발화 수반 행위(illocu-
tionary act)를 야기하는 발화수반력(illocutionary force)을 갖기도 하고, 나아가 발화
효과 행위(perlocutionary act)를 야기하기도 하기 때문에, 형태로서의 언어 표현은
발화자의 의도가 반영된 발화 의미와는 반드시 일치한다고 볼 수 없으며, 상황 맥락
속에서 해당 발화는 형태들이 지니는 구성적 의미 이상의 의미로 사용될 수 있다.

수 있다.[3]

둘째, 지시의 언어 행위는 청자에게 어떤 행위를 실행하게 하는 강제성을 지니기 때문에 청자의 체면(face)[4]을 손상시킬 위험성을 가지고 있는 행위이다. 따라서 대개 화자는 청자의 체면(face)을 손상시키지 않는 방식으로 명령의 언어 행위를 실현하고자 하며, 이러한 맥락에서 유표적인 명령형보다는 의문형 등 다른 완곡한 용법의 형태들을 선택(choice of grammar)하는 경향성을 보이기도 한다.[5] 그러므로 '무엇이 한국어 명령문인가?'라는 질문은 화청자 사이의 공손성(politeness)을 담아내기 어렵기 때문에 '무엇이 지시화행인가? 그리고 화자는 어떠한 담화적 요인에 의하여 지시화행을 수반하는 형태를 선택하는가?'라는 질문을 통해 지시의 언어 행위에서 가장 중요하

---

3 Holtgraves, T(2002:23)에서는 Searle(1969)의 간접화행 이론이 지닌 한계를 설명하기 위해 다음과 같은 용례를 든다.
   예문 가.
       a. 나 목 말라(I'm thirsty)
       a'. 마실 것 좀 줄래?(Please get me something to drink?)
   즉, 적절성 규칙에 따른 간접화행을 인정한다고 하더라도, a라는 발화가 반드시 항상 a'를 의미하는 것은 아니며, 따라서 청자가 모든 의도된 화행들을 명확하게 규정할 수 있는 것은 아니라는 것이다. 본고에서는 이러한 간접화행의 모호성을 보다 정확하게 해석하기 위해서는 발화가 맥락(context) 안에서, 즉 담화 차원에서 해석되어야 한다고 본다.
4 체면(face)는 '모든 사회 구성원들이 스스로 주장하고 싶어 하는 공개적인 자기 이미지(Brown and Levinson 1987:61)'로 Goffman(1967:5)의 사회학적 개념에서 유래하였으며, 흔히 명령하기, 요구하기, 충고하기, 제안하기, 경고하기 등은 청자가 다른 사람에게 강요받지 않고자 하는 부정적 체면(negative face)을 위협하는 체면위협행위(FTA)에 해당하는 것으로 제시된다.(Huang, Yan(2009:145-146 재인용).
   "the positive social value a person effectively claims for himself by the line others assume he has taken during a particular contact" (Goffman, 1967:5)
5 Leech(1983)에서도 공손이란 커뮤니케이션 과정의 마찰을 줄이기 위한 기능이며 이는 화행의 간접성을 통해 성취될 수 있다고 기술하였다.

게 고려되는 공손성을 고려한 논의를 풀어갈 수 있다.[6]

특히 모어 화자와 달리 한국 언어문화에 대한 직관이 부족한 제2 언어 학습자의 경우에는 지시의 뜻을 수반하는 문법 형태들을 사용함에 있어 공손성(politeness)을 고려한 사용에 실패하는 경우가 발생할 수 있다. 문법적으로 비문이라고 볼 수는 없지만, 한국어의 언어문화에 입각해본다면, 화용적으로는 부자연스럽거나 부적절한 발화를 산출함으로써 의사소통의 실패를 경험하게 되는 것이다.[7] 이를 화용적 실패(pragmatic failure)[8]라고 하는데, 명령문이라는 문장 유형에 대한 논의를 담화와 문장의 경계에 있는 '지시화행'에 대한 논의로 확장한다면 이러한 화용적 실패를 염두에 둔 한국어교육적 문법 기술이 가능할 것이다.

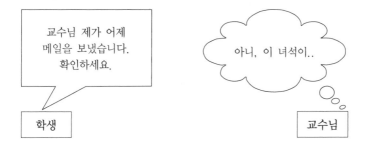

학생: 교수님 제가 어제 메일을 보냈습니다. 확인하세요.

교수님: 아니, 이 녀석이..

---

6 Yule(1996)에 따르면 '발화자 의미(speaker meaning)는 문장 의미(sentence meaning)를 넘어서는 것으로, 맥락(context)을 고려할 때에만 비로소 해석될 수 있다.(Celce-Murica, M, & Olshtain, E. 2000:20 재인용, 번역은 필자.)

7 이해영 외(2018:4)에서도 유사한 용례를 통해 문법 사용의 실패가 비단 형태·통사 차원에 있는 것이 아니라 담화 차원에서 발생할 수 있음을 지적한 바 있다.

8 Thomas(1983:4)에서는 문법은 규범적 규칙에 따라서 판단되므로 잘못된 규칙의 사용이 발생할 때 문법적 오류라는 용어의 사용이 적절할 수 있으나, 화용 능력은 범주적 규칙성보다는 수용가능성이나 적절성으로 설명되기 때문에 잘못된 사용에 있어 오류라는 표현보다 실패라는 표현이 적절하다고 보았다(이해영 2018:93 재인용).

2. 명령문과 지시화행

2.1. 명령문과 교육 문법

문법을 담화 차원에서 기술하고자 할 때, 그간 많은 연구가 이루어져 왔음에도 불구하고 여전히 논의가 필요한 범주 중 하나가 바로 '명령문'이다. 명령문은 평서문, 의문문, 청유문, 감탄문 등과 함께 한국어에서 나타나는 기본적인 문장 유형[9] 중 하나이며, 범언어적으로 여러 언어에서 사용되는 기본 서법이다. 현행 학교 문법에서는 문장종결법[10]에 의해 실현된 문장 유형으로서의 명령문을 가르치고 있는데, 문장종결법은 '화자가 청자에게 무언가를 요구하는지의 여부와 행동의 수행을 요구하는지의 여부에 따라 서술법, 의문법, 명령법, 청유법으로 나뉘고, 서술법을 다시 평서법, 감탄법, 약속법의 네 가지로' 나누기도 한다(이관규 1999 등)[11].

이렇게 문장종결법에 따르는 명령문은 '화자가 청자에게 무언가를 요구함이 있음'과 '행동 수행을 요구함'의 측면에서 청유문과 궤를

---

9 문법 범주 중 문장 유형을 의미하는 용어에는 월의 갈래(최현배 1937/1955), 문체법(이희승 1949, 고영근 1976), 서법(Underwood 1890, 김민수 1969), 마침문장의 갈래(서정수 1994), 의향법(허웅 1969), 문장 유형(이익섭·채완 1999), 의향서법(남기심 2001), 문장종결법(남기심·고영근 1985, 윤석민 1999) 등이 있다.

10 윤석민(1998, 2000:45)에 의하면, '문장종결법은 명제가 담화 상황에서 수행하는 화행에 대한 화자의 심리적 태도를 나타내며, 이는 언표수반 행위 중에서 일부가 문법 범주화한 것'이라고 정의하였다.

11 문장 종결법과 간접 인용절 체계(유현경 외 2018:479)
　　청자에게 요구 없음 --------------------평서법·감탄법 ----- -다고
　　청자에게 요구 있음 --- 대답을 요구--------의문법 ----------- -냐고
　　　　　　　　　--- 행동을 요구 - 혼자함을 - 명령법 ----------- -라고
　　　　　　　　　　　　　　　- 함께함을 - 청유법 ----------- -자고

나란히 하지만, 행동 수행의 주체와 종결어미의 사용 등에서 차이를
지닌다. 학교 문법에서는 명령문의 특성을 아래 (2)와 같이 제시하고
있는데, (2ㄱ) 명령문의 주어는 반드시 청자가 되며, (2ㄴ) 명령문의
서술어는 반드시 동사로 한정되고, (2ㄷ) 명령문은 시간 표현의 선어
말어미와 결합할 수 없다는 특징을 기술하고 있다.

  (2) ㄱ. 명령문의 주어는 반드시 청자가 된다.
     ㄴ. 명령문의 서술어는 반드시 동사로 한정된다.
     ㄷ. 명령문은 시간 표현의 선어말어미 '-었-', '-더-',
        '-겠-'과 공기할 수 없다.
                                    (이관규 2005:268-269)

  한편, 학교 문법에서 제시하고 있는 명령문의 특성에는 아래 (3)과
같이 예외적인 쓰임이 나타나는데, 일반적으로 명령문의 주어는 청
자이기 때문에 생략됨이 자연스러우나, (3ㄱ) 명령의 효력을 완화시
키거나, (3ㄴ) 주어에 대조적 초점을 주고자 할 때에는 주어의 생략이
지켜지지 않는 양상이 있으며, (3ㄷ) 사람의 성품 및 태도를 나타내는
형용사는 명령문에서 나타나기도 한다는 것이다(고영근 1976, 고성환
2003, 이승희 2007, 임동훈 2011 등).

  (3) ㄱ. 김 선생이 가시지요.
     ㄴ. 영식이 말고, 철수가 가라.
     ㄷ. 맡은 일에 충실해라.   (임동훈 2011:352)

  이렇게 '문장'의 차원에서 규칙화할 수 있는 명령문은 평서문, 의
문문, 청유문, 감탄문 등과 '종결어미'를 기준으로 구분되어 문장의

한 갈래로서 제시되며, 직접명령인 '-어라'형과 간접명령인 '-으라' 형으로 구분하기도 하고(남기심·고영근 1983 등), 경우에 따라서는 종결어미 '-으렴'으로 형성되는 허락문을 명령문의 하위 범주로 보기도 한다(남기심·고영근 1983, 서정수 1994 등). 부정 표현 '-지 말-'을 결합한 부정명령문이 긍정명령문과 다른 통사적 규칙을 지니며 일종의 금지문으로 나타나는 특성 역시 주요한 명령문의 교육 내용으로 다루어진다. 그러나 과연 이렇게 문장 유형으로서의 명령문을 학습하는 것만으로 실제 의사소통 상황 속에서 명령문을 적절하게 사용할 수 있는 지식을 충분히 습득하였다고 할 수 있을까?

문법을 의사소통을 위한 도구라고 할 때, 모어 화자들은 자신의 의사소통 목적을 달성하기 위하여, 상대방과의 원만한 관계 유지를 위하여, 또는 자신의 의도를 강조하거나 완화하기 위하여, 문법 형태의 '적절성'에 대하여 고려하고, 그에 따라 문법 형태를 '선택'하여 발화한다. 따라서 모어 화자의 직관이 부재한 제2언어 학습자에게 필요한 언어 지식은 명령문 그 자체에 대한 교육이 아니라 실제 담화상에서 모어 화자로 하여금 '선택'되는 명령문에 관한 것이어야 하며, '선택되지 않는' 명령문에 대한 것이어야 한다. 즉, '명령'이라는 언어 행위를 '담화'의 차원에서 고찰하고, 담화적 쓰임의 규칙성을 교육 내용으로 변환(Didactic Transposition)[12]할 필요가 있는 것이다. 손다정(2018)에서는 Laborde & Vergnaud(1994)의 교수학적 변환 단계별 지식을 학문지식, 가르칠 지식, 가르친 지식으로 구분하였는데, 이를 문법에 적용하면 아래 〈그림 1〉과 같이 정리할 수 있다.

---

12 교수학적 변환은 '학문적 지식'을 '가르칠 지식'으로 변환하는 과정을 의미한다 (Chevallard 1992, 손다정 2018 재인용).

〈그림 1〉 문법의 교수학적 변환 과정

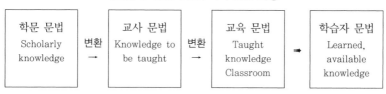

이때, 학문 문법은 학자에 의해 체계화된 지식을 의미하며, 여러 기술문법을 포괄하는 개념이다. 이러한 학문 문법은 교육을 위해서는 교수학적 변환의 과정을 거쳐야 하는데, 이때 교육 문법이란 교육 내용으로 선택되어 재구성된 문법 지식을 의미하며, 그 전 단계로서 교사 문법은 교육 문법을 가르치기 위하여 교사가 알아야 할 지식의 총체를 의미한다. 이러한 두 차례의 변환을 거쳐 최종적으로 학습자에게 재구성된 지식을 우리는 가르친 지식, 즉 학습자 문법이라고 명명할 수 있다.

기존의 문장 문법 차원에서 다루어져 온 명령문에 대한 기술은 평서문, 의문문, 청유문, 감탄문과 횡적으로 변별되는 명령문, 시대에 걸쳐 종적으로 성립되어온 명령형 종결어미를 중심으로 하는 기술에 방점을 두고 있으나, 명령문을 사용하는 화자의 의도와, 그 의도가 언어적으로 실현되는 담화를 고려하고 있지 않다는 점에서 언어사용자를 중심에 두는 한국어교육학적 관점과는 근본적으로 차이가 있다. 한국어교육학적 관점에서 우리는 '무엇이 명령문인가?'라는 질문에 앞서 '명령의 의도는 어떠한 언어적 형태로 실현되는가?'라는 질문을 던져볼 필요가 있으며, 이 질문의 답을 찾아가는 변환의 과정으로서 '지시화행이란 무엇인가?'라는 사용 문법으로서의 지시화행에 대하여 탐구할 필요가 있다. 따라서 본 연구에서는 명령문에 대한 논의를 지시화행에의 논의로 확장하되, 이를 담화적 차원에서 고찰하여 지시화행 사용하기의 원리를 밝히고, 이로 말미암아 지시화행에 대한 교수학적 지식의 변환을 모색하고자 한다.

2.2. 명령문과 문장 문법

한국어에서 명령문에 대한 논의는 문장 문법의 관점에서는 서법에 초점을 두어, 그리고 담화 문법의 관점에서는 화행 및 화행전략에 초점을 두어 논의가 이루어져왔다. 전자가 명령형 종결어미가 사용된 문장의 언표적 의미와 규칙에 방점을 두고 있다면, 후자는 문법 형태가 수반하는 발화수반력에 초점을 두고 있는 것이라고 할 수 있다. 본 장에서는 문장 문법의 관점에서 논의되어 온 명령문에 대한 선행 연구의 동향을 살피고자 한다.

문장 문법에서 명령문에 대한 이전의 논의는 사실상 현대 국어에 이르기까지는 상대높임법 체계 안에서의 종결어미 분류와 문장 유형의 설정에 방점을 두고 있다. 특히 Ridel(1881), 유길준(1904, 1906), 김규식(1909), 주시경(1910), 김희상(1911), 김두봉(1916), 이규방(1922), 안곽(1923), 홍기문(1927), 정렬모(1948), 람스테트(1952) 등 근대 국어를 다룬 전통문법적 연구에서는 명령문 종결어미의 목록을 제시하는 연구가 주를 이루며, 'ᄒᆞ여라, ᄒᆞ라, ᄒᆞ게, ᄒᆞ소, ᄒᆞ오, ᄒᆞ시오, ᄒᆞᆸ시오, ᄒᆞ옵시오, ᄒᆞ쇼셔, ᄒᆞ옵쇼셔, ᄒᆞ시낫가, ᄒᆞ자, ᄒᆞ시다, ᄒᆞᆯ지어다' 등의 목록이 명령문의 종결어미로 제시되고 있다.

그중, 김희상(1911:52)에서는 '-세, -자, -압시다'는 공동토로, '-나라, -게, 압시오'는 명령토로 청유법과 명령법을 구분하여 제시하였고, 이규방(1922:148)에 이르러서는 '-고, -고지고, -렷다, -앗으면, -습시다, -습지오' 등이 명령문 종결어미에 포함되어 제시한 바 있으며, 홍기문(1927)은 영어의 서법(Mood)을 한국어에 적용하여 직설, 의문, 명령, 공동, 약속의 5가지 분류 체계를 정립하고 그 안에서 명령법을 나타내는 종결어미 목록을 제시하였다. 김두봉(1916)과 정렬모(1948)는 형용사도 명령형 종결어미와 결합될 수 있다는 입장을 나타낸 바 있고, 람스테드(1952)에 이르러서는 반말 형태인 '-아/어'가 명령법으로 쓰일 수 있음을 지적하였다. 이상의 논의들은 현대국어에서 명령문, 그리고 명령형 종결어미가 수반하는 의미와 특성을 기술하는 근간이 되었다고 볼 수 있다.

한편, 이홍배(1971), 송병학(1975), 이익환(1981), 곽동벽(1988) 등에서는 영어를 기반으로 한 변형문법적 관점을 한국어에 적용하면서 명령문이 수행문(performative sentence)을 기저에 두고 있다는 관점으로 명령문의 심층 구조를 변형문법적으로 분석하고자 하였으며, 고영근(1974), 서태룡(1985), 김태엽(1994) 등에서는 형태론적 관점에 입각하여 명령문을 구성하는 문법형태소를 분석하고자 하였다. 대표적으로 고영근(1974:154)에서는 구조적 방법을 중심으로, '-어라, -게, -오, -시오, -소서, -어, -지, -ㅂ죠, -라'를 명령법 종결어미 형태소로, '-려무나, -게나, -구료, -어, -지, -ㅂ죠, -라'를 허락법 종결어미 형태소로 제시하였다.

1970년대 중반에 들어서면서부터는 화행론의 관점에서 명령문에 접근하는 연구들이 나타났는데, 양인석(1976)에서는 Austin(1962)의 화행 분류 체계를 한국어에 적용하여 지시화행을 다루었으며, 채영희(1983, 1984, 1985), 최경자(1985), 박영준(1987), 박금자(1987), 조성훈(1988), 박영순(1992) 등에서도 지시화행과 요청·명령문에 대한 연구가 활발히 다루어졌다. 특히 박영준(1987)은 단정명령문(-어야 한다), 어휘명령문(-라고 명령하다), 조건명령문(X하면 Y한다) 등을 설정하고,

담화 참여자의 관계를 고려하여 화행의 속성을 기술하였다는 특징이
있으며, 박영순(1992)에서는 요청의 정도성에 따라 한국어 요청문을
기술하고 분류하고자 하였다는 특징이 있다. 화행의 관점에서 명령
문에 접근한 연구들은 명령문보다는 '명령표현' 등의 용어를 사용하
기도 하였다.

한편, 현대 국어의 명령문에 대한 주요 문법서의 용어 및 목록은
아래 (4)와 같이 정리할 수 있다. 이와 관련하여 최근의 논의인 이지
수(2017)에서는 '종결어미라는 형식과 지시화행이라는 의미 사이에
불일치'로 인하여 명령문이라는 범주의 설정이 어려워진다고 문제제
기하였으며, 명령문에 대한 기존 문법서들의 기술에 모순이 있다고
지적하여, 명령문에 대한 논의가 문장 단위에서 나아가 화행을 다룰
수 있는 단위로 확대되어야 할 필요성을 반영하기도 하였다.

(4) ㄱ. 시킴(명령)이나 말림(금지)의 뜻을 나타내는 월 (최현배 1937)

ㄴ. 화자가 청자에게 자기의 의도대로 행동해 줄 것을 요구하는 문
장 유형으로서 명령형으로 성립 (남기심·고영근 1985)

ㄷ. 명령법은 말하는 이가 어떤 행동이 이루어지기를 바라는 태도
가 드러나는 서법. 명령문은 명령법을 문말 서법으로 이루어지
는 마침 문장 (서정수 1994)

ㄹ. 화자가 청자에게 어떤 행동을 할 것을 요구하는 문장 (임홍빈
·장소원 1995)

ㅁ. 청자의 행동을 유발 하는 형식 (이익섭·채완 1999)

ㅂ. 말할이가 들을이에 대해서 어떠한 일을 하기를 요구하는 의향
법 (허웅 1999)

ㅅ. 말하는 이가 상대방의 행동을 요구하는 문장 (남기심 2001)

ㅇ. 화자가 청자에게 어떤 행동을 하도록 요구하면서 언어 내용을

전달하는 문장 (이관규 2002)

ㅈ. 말하는 사람이 듣는 사람에게 어떤 행동을 하도록 요구하는 문장 (국립국어원 2005)

ㅊ. 화자가 청자에게 자신의 의지에 따라 행동해 줄 것을 요구하는 문체법 (구본관 2008)

ㅋ. 화자가 청자에게 어떤 행동을 하도록 요구하는 문장 (구본관 외 2015)

이들 주요 문법서에서는 아래 〈표 1〉과 같이 명령형 종결어미의 목록을 제시하였는데, 구체적인 내용을 살피면, 남기심·고영근(1985)에서는 직접명령문 외에 허락명령문과 간접명령문을 설정하였고, 서정수(1994)에서는 일반명령문 외에 청원문/기원문, 허락문을 제시하였으며, 이관규(2002), 국립국어원(2005), 고영근·구본관(2008) 등에서도 의문문으로 실현되는 명령문의 성립에 대해 다루어, 문장 문법적 기술에서도 명령문에 대한 형태 중심의 관점이 의미 차원으로 확장되어 논의되는 양상을 확인할 수 있다.

〈표 1〉 명령문에 대한 문법서 기술

저서	용어	명령형 종결어미 목록
최현배(1937)	시킴월	-라(으라), -아라(-어라, -너라, -거라, -여라), -려무나(렴), -게, -소, -오(-으오, -소), -아요(-어요), -구려, -소서(-으소서), -아(-어), -지
남기심·고영근(1985)	명령문	-게, -오, -ㅂ시오 등
서정수(1994)	명령법 명령문	-어라/ -어 주어라/ -려무나
임홍빈·장소원(1995)	명령문	-아/어라, -라, -아/어, -지, -(으)렴, -(으)려무나, -게, -오, -소, -구려, -ㅂ시오, -소서

이익섭·채완(1999)	명령문	-어라, -라, -어, -게, -오, -ㅂ시오, -소서 등
허웅(1999)	시킴법	-어라, -으라, -으라고, -으렴, -구료, -구려
남기심(2001)	명령문	-(아)라, -게, -(으)오, -십시오, -소서
이관규(2002)	명령문	대표형: -어라
국립국어원(2005)	명령문	-(으)십시오, -(으)세요, -아/-어, -아라/-어라, -(으)라, -오, -게 등
고영근·구본관(2008)	명령법	-어라(-거라, -너라, -오), -게, -ㅂ시오, -어(요) 등
구본관 외(2015)	명령문	-십시오, -으십시오, -게 -아라/어라, -구려, -아/어(요), -(으)셔요, -(으)세요, -시오, -소, -(으)라

　　그밖에도 문장 유형의 일환으로 명령형 종결어미를 다룬 대표적인 논의로는 한길(1991), 윤석민(1999), 김태엽(2001), 이종희(2004) 등이 있다.[13] 먼저 윤석민(1999:61)에서는 아래 〈표 2〉와 같이 문장종결법을 진술방식에 따라 구분하였는데, 이때 의문법과 명령법을 '요구'를 주요한 진술 방식으로 삼는 문장종결법이라고 기술하였다.

〈표 2〉 윤석민(1999:61) 진술방식과 문장종결법

진술방식	전달	요구	전달·요구
문장종결법	설명법, 감탄법, 약속법, 허락법, 경계법	의문법, 명령법	공동법

　　한국어 종결어미의 체계를 다룬 한길(1991)에서도 명령문 종결어

---

13 한편, 서정수(1984), 이주행(1994), 박석준(2005), 임동훈(2006, 2011), 박지순(2015) 등에서는 상대높임법 체계를 논의하는 가운데 명령형 종결어미를 다루었고, 박재연(1999), 목지선(2015) 등에서는 비격식체의 종결어미의 일환으로 명령형 종결어미를 다루기도 하였다.

미의 특성을 제시함에 있어 의미·화용적 특성을 주요하게 다루었는데, 의미적 특성과 관련하여서는 아래 (5ㄱ)와 같은 목록들을 제시하였고, 화용적 특성과 관련하여서는 (5ㄴ)과 같이 사용 장면, 용법상의 특성을 다루었다. 그러나 이때, (5ㄴ) 사용 장면은 사실상 문장 이상의 영역인 담화 '사용역'에 해당하는 내용이기에, 문장 문법 차원에서 다루어진 명령문에 대한 연구들에서도 이미 문장의 층위를 넘어선 담화 문법과 관련된 논의들이 다루어진 측면이 있다고 볼 수 있다.

(5)   ㄱ. 의미적 특성
– 알림, 물음, 물음(+친밀), 물음(+부드러움), 제안, 느낌 서술, 시킴, 권유 허락, 약속, 새로이 깨달음, 경멸 서술, 경계 서술, 직접 지각한 것을 알림, 직접 지각했는가를 알림, 말할이 의도 알림, 말할이 추정 알림, 들을이 의도 물음, 말할이 추정 물음, 제안, …

ㄴ. 화용적 특성
– 사용 장면: 상관적, 단독적
– 용법상의 특성: 교훈적, 객관적/주관적, 친근감/권위적, 글말/입말, 반어법, 들을이에게 이익, 경계, 주의환기, 생각이나 느낌의 서술, 말할이가 기꺼이 약속, 부드러움,…

한편, 명령문에 대한 보다 집중적인 논의로는 김승곤(1986), 김선호(1988), 고성환(2003), 이지수(2017)가 대표적이라고 할 수 있는데, 이들은 명령문을 형태, 통사, 의미, 간접화행의 차원에서 통합적으로 다루었나는 점에서 의미가 있다. 특히 최근의 논의인 고성환(2003)에서는 형태상의 특이성과 쓰임상의 편중성 때문에 명령형 종결어미에서 제외되어 온 명사형 종결형 '-을 것'과 부사형 종결형 '-도록'을 일반 명령형 종결어미와 동등한 지위의 문법 형태로 간주하였다는 점에서 기존의 형태 중심적 관점에서 탈피하였다는 특징을 보이고 있다.

또 이지수(2017)에서는 명령문에 대한 앞선 논의들을 정리하고 Takahashi(2012:77)에서 제시하고 있는 명령문 원형의 주요 기준인 '바람, 능력, 힘, 비용, 의무'를 적용하여, 이들을 수치화하여 나타낸 정도에 따라 명령문을 아래 (6)와 같이 원형적 명령문과 비원형적 명령문으로 구분하였다는 점이 특징적이다.[14]

(6) [비원형적←] 허락(-3) 양보(-1) 기원 권고 충고 제안 금지[→원형적]
ㄱ. 허락: 그렇게 하기 싫으면 하지 마세요.
ㄴ. 양보: 힘드신데 면회 오지 마세요. 전 괜찮아요.
ㄷ. 기원: 할머니 아프지 마세요.
ㄹ. 권고: 레인지 후드 작동 중 밀면 망 안으로 다른 물체를 넣지 마시오.
ㅁ. 제안: 보수작업 하지마. 이놈아들 정신 차릴 때까지 손 놓자고.
ㅂ. 금지: 그렇게 말했는데 계속 노동운동을 해? 결혼 승낙은 꿈도 꾸지 마라.

이지수(2017)는 이에서 나아가 무동사문, 생략문, 명사화문, 불완전문 등의 특수한 명령 용법에 대해서도 논의하였고, 응답발화로서 나타나는 명령문에 대해서도 논의하였다는 점에서 통사 단위 이상의

---

14 이 연구에서는 평서형과 의문형 어미가 사용된 문장, 경계문은 명령문 범주에 포함하지 않았다.

사용 양상을 포괄하여 다루고자 하였다고 볼 수 있다. 이렇게 명령문에 대한 최근의 문장 문법 차원의 논의들은 전반적으로 명령문의 주요한 속성을 기술함에 있어 통사 단위에서의 기술에서 나아가 문장 이상의 단위를 상당 부분 다루고 있음을 확인할 수 있다.

2.3. 지시화행과 담화 문법

한국어 지시화행에 대한 연구도 초기에는 대개 수행 형식인 명령형 종결어미 '-라'를 중심으로 이루어지는 경향성을 보였다. 장경희(2005:186)에서는 이것이 문법 범주의 유형화와 문장의 종결 기능이라는 통사적인 특성에 치중한 접근이었다고 비판하기도 하였으며, 홍승아(2016:4)에서는 지시화행에 대한 한국어 연구가 요청화행을 중심으로 이우러진 연구가 대다수이고 지시화행 전체를 다른 연구의 수는 많지 않다고 지적하였다.

화행론의 관점에서 명령문에 접근하고자 하는 한국어 연구들은 1970년대 중반에 들어서면서부터 나타나기 시작했는데, 대표적으로 양인석(1976)에서는 Austin(1962)의 화행 분류 체계를 한국어에 적용하여 지시화행을 다루었으며, 채영희(1983, 1984, 1985), 최경자(1985), 박금자(1987), 조성훈(1988), 박영순(1992), 박영준(1994), 이정은(1997) 등에서도 지시화행과 요청·명령문에 대한 연구가 활발히 다루어졌다.

특히 박영준(1994)은 단정명령문(-어야 한다), 어휘명령문(-라고 명령하다), 조건명령문(X하면 Y한다) 등을 설정하고, 담화 참여자의 관계를 고려하여 화행의 속성을 기술하였다는 특징이 있으며, 박영순(1992)에서는 요청의 정도성에 따라 한국어 요청문을 기술하고 분류

하고자 하였다. 이정은(1997)에서는 요청과 수락/거절의 연쇄 양상을
유형별로 분석하여 화행이 사용되는 패턴을 제시하고자 하였다.

한편, 화행론의 등장과 함께 간접화행(Indirect speech act)에 대한
관심도 활발히 이루어졌는데, 정민주(2003:89)에서는 Blum-Kulka
외(1989:279)에서 간접화행을 등급화한 것을 적용하여 한국어의 요청
화행의 유형을 아래 (7)과 같이 명령문, 수행동사, 약화된 수행문,
당위적 진술문, 제안하는 형식, 예비 조건을 묻는 형식, 방법을 묻는
형식, 단서 제공의 형식으로 구체화하였다.

> (7) ㄱ. 직접적이고 명시적인 직접 요청 전략
> ① 명령문으로 수행하기
> ② 수행 동사로 요청하기
> ③ 약화된 수행문으로 요청하기
>
> ㄴ. 관례적인 간접 요청 표현 전략
> ④ 당위적 진술문으로 요청하기
> ⑤ 제안하는 형식으로 요청하기
> ⑥ 예비 조건을 묻는 표현으로 요청하기
> ⑦ 허락을 묻는 표현으로 요청하기
> ⑧ 방법을 묻는 형식으로 요청하기
>
> ㄷ. 비관례적인 간접 요청 표현 전략
> ⑨ 확실한 단서 제공하기
> ⑩ 가벼운 단서 제공하기

이와 관련하여 장경희(2005:190)에서는 이러한 정민주(2003)의 등
급화가 충분하지 못하다고 지적하며, '지시 강도'와 '화자의 지시 욕
구 표명의 명료성의 정도' 등이 고려될 필요가 있다고 주장하였다.

구체적으로는 아래 (8)과 같은 예문을 통해 화자의 강요성이 표명되거나 법규에 의한 구속성도 나타나지 않지만 맥락에 의해 강요성이나 구속성이 주어져 강력한 지시가 수행될 수 있다고 지적하였다.

> (8)　ㄱ. 갑: 사람 살려.
>   사람들: (사람들이 뛰어 나간다.)
>
> 　　ㄴ. 갑: 아버지 오셨다.
>   을: (방으로 들어가 공부하는 척한다.)
>
> 　　ㄷ. 갑: 마감시간 다 됐어.
>   을: (원서를 들고 뛰어 간다.)　　(장경희:2005:203의 예문)

뿐만 아니라 아래 예문 (9)에서와 같이 (9ㄱ)은 (9ㄴ)에 비해 언어 표현만 보면 지시 강도가 약한 표현을 사용하였지만, 화자와 청자의 지위 관계를 고려할 때에 (9ㄱ)에서의 지시가 더 강력한 구속성과 강제성을 지닐 수 있다고 분석하였는데, 이는 형태가 지니는 기본 의미보다 담화적 요인이 지시의 강도를 결정하는 데에 결정적인 역할을 한다는 것을 보여주는 용례라고 판단된다.

> (9)　ㄱ. (회장이 일하는 사람에게) 복도가 너무 지저분합니다.
>   ㄴ. (지나가는 사람이) 제발 복도 좀 치우세요. 너무 지저분해요.
>   　　　　　　　　　　　　　　　(장경희:2005:204의 예문)

한편, 하길종(2001:13-16)은 언어 외적인 요소의 정도성을 모어 화자에 대한 설문조사로 측정하고자 하였는데, 아래 (10)의 예문에서 '어머니의 표정'에 따라 해당 발화가 청유나 부탁이 되기도, 강력한 지시나 명령, 질책이 되기도 한다고 주장하며, 어머니의 표정이라는

언어외적 요소에서 청자는 화자의 발화가 지니는 언어적 의미 이외
에 언향적 의미를 해석하게 된다고 하였다.

(10) (놀고 있는 자녀에게) 이안아 숙제를 하자.

(하길종 2001:14 예문)

나아가 하길종(2001)에서는 아래 〈표 3〉과 같이 초등학교, 중학교,
고등학교, 대학생, 일반인을 대상으로 한 설문조사를 통해 청자가
수행하는 언향적 의미 해석에 작용하는 언어외적 요소를 분석하고,
청자에 따라 이들이 어떠한 순위로 작용하는가를 제시하였다. 이는
언어외적요소를 분석함에 있어 실제 모어 화자 1,326명을 조사하였
다는 점에서 의미가 있을뿐더러 작용하는 언어외적 요소의 작용 순
위까지도 고려하였다는 점에서 언어의 수행과 맥락 요인이 밀접한
관계가 있음을 밝힌 담화 문법적 접근의 연구라고 판단된다.

〈표 3〉 수행문에 작용하는 언어외적 요소(하길종 2001)

순	언어외적 요소				
	초등학생	중학생	고등학생	대학생	일반인
1	화자와 청자의 사회적 관계	화자와 청자의 사회적 관계	화자와 청자의 사회적 관계	화자와 청자의 사회적 관계	화자와 청자의 사회적 관계
2	청자의 이익	청자의 이익	화자와의 친분성	화자와의 친분성	청자의 이익
3	발성의 정도성	청자와의 친분성	청자의 이익	청자의 이익	화자의 이익
4	화자와의 친분성	청자의 감정	청자의 감정	화자의 이익	화자와의 친분성
5	화자의 표정	발성의 정도성	화자의 표정	화자의 표정	화자의 표정

6	청자의 감정	화자의 표정	발화에 대한 청자의 수용력	청자의 감정	청자의 감정
7	발화에 대한 청자의 수용력	발화에 대한 청자의 수용력	화자의 이익	발화에 대한 청자의 수용력	발화에 대한 청자의 수용력
8			발성의 정도성	발화의 상황성	발화의 상황성
9				발화의 장소	발화의 장소
10				발화에 대한 청자의 경험	발화에 대한 청자의 경험

하길종(2001)에서 다룬 설문 결과를 보면, 동일한 발화일지라도 언어외적 요인에 따라 청자의 수행 초점, 즉 언향적 의미가 명령이 되기도, 청유가 되기도, 혹은 평서가 되기도 하였는데, 초등학생, 중학생, 고등학생, 대학생, 일반인 전 대상에 걸쳐 화자와 청자의 '연령'이 화〉청의 관계에서 발화된 지시화행적 발화는 대개 '명령'으로 해석된다고 하였다. 예외적으로 '청자의 이익'이 강조되는 행위에 대한 발화인 경우와 화자의 표정이 '부드러움'을 나타내는 경우, 그리고 청자가 발화를 수용할 능력이 있는 경우에는 연령 요인이 '화〉청'으로 성립하더라도 명령이 아닌 '청유'라고 판정하였다. 즉, 이 연구에서는 아래 (11)과 같이 명령 기능이란 '화자가 청자로 하여금 어떤 행위를 하게 하는 것이며, 주로 연령이 높은 사람이 낮은 사람에게 발화할 수 있고, 청자가 해당 발화에 대하여 적극적으로 수용할 능력이 없을 경우에는 지시의 강제성이 높아짐'의 성격을 가지는 것으로 분석하였다고 볼 수 있다.

(11) 명령 기능에 작용하는 언어외적 요인(하길종 2001)

　　ㄱ. 연령: [화〉청]

　　ㄴ. 표정: [-부드러움]

ㄷ. 청자의 이익: [−청자의 이익]
ㄹ. 청자의 발화수용력[15]: [없음]

이렇게 간접화행에 대한 연구들은 간접화행으로서의 지시 또는 요청화행이 지니는 성질을 정도에 따라 등급화 하는 논의, 이들의 화행 전략을 구분하고자 하는 논의 등을 중심으로 활발히 이루어졌다. 이러한 논의들은 화행의 속성에 초점을 두고 화행의 체계를 마련하는 데에 집중하고 있다면, 한국어 문법교육의 관점에서 학습자의 문법 학습 단위가 되는 표현 문형[16]에 초점을 두어 지시화행의 교수학적 변환을 시도한 연구들도 나타났다.

먼저, 이정은(1997), 김은영(2003), 황정혜(2019), 안진(2021) 등에서는 요청과 거절의 대화쌍을 중심으로 지시화행의 성격 및 문형을 고

---

15 이 연구에서는 '이안아 내일 일찍 오도록 하자' 혹은 '이안 씨 내일 일찍 오시면 좋겠습니다'라는 청유문이 화자가 연상이라도 청자가 수용 능력이 있다면 적극적으로 화자의 발화에 수행을 하기 때문에 이 발화의 지시성이 높다고 볼 수 없으며, 따라서 [+발화수용력]의 조건에서는 '청유'의 문장으로 해석된다고 보았다. 하지만 청자가 이 발화에서 지시하는 내용을 수용할 수 있는 능력이 없을 경우에는 이 발화가 청자에게 부담이 되고, 따라서 청유문으로 실현되었을지언정 명령으로 받아들여져, 어쩔 수 없는 상황에서의 수행을 야기할 것이라고 지적하였다.

16 강현화(2007)에서는 Norbert Schmit(2004)의 다단어 구성체(Multiword units, MWUs)의 정의를 빌려 이러한 다단어 구성체 중 어휘구(Lexical phrases 혹은 Lexical chunk), 즉 모어 화자가 높은 빈도로 사용하는 상투적인 언어표현을 '표현문형'이라고 정의하였다. 어휘구는 보통 심리언어학적으로 하나의 단위(Unit)로 저장되고 처리되는데, 보통 빈칸(Slot)을 가지고 있어서 상황에 따라 다른 단어로 대체되어 생산적으로 쓰이는 관습적 어휘패턴이 표현문형에 해당한다고 하였으며, 이들은 전형적으로 기능적 언어사용과 연관되는 화행적 기능을 가진다고 기술하였다. 강현화 2007:4-5). 이와 관련하여 백봉자(1999)에서는 '통어적 구문'이라는 용어를, 이희자·이종희(1999)에서는 '관용표현'이라는 용어를, 이미혜(2002)에서는 '표현항목', 노지니(2003)은 '통어적 문법소', 방성원(2004)는 '통어적 구성', 박문자(2007)은 '의존구성', 유해준(2011)은 '문법적 연어', 손진희(2014)는 '복합구성'의 용어를 사용하였다.

찰하고자 하였고, 김영란(1999), 이은희(2013) 등에서는 금지표현의 목록을 제시하고 이에 대한 교수 방안을 마련하였으며, 정민주(2003)에서는 아래 (12)와 같이 상황을 상정하여 각각의 상황에서 대우법과 서법이 실현되는 양상을 담화완성조사(DCT)를 통해 분석하였다. 이들 연구는 화행을 요청 및 명령 행위의 언어 단위로 상정함으로써 문장 이상의 차원에서 문법 형태들이 지니는 사용 의미를 분석하고자 하였다는 특징이 있다.

> (12) ㄱ. 미래 행위 X를 청자가 직접 해 주기를 바라는 요청화행 상황
>   회의 참석을 요구하는 상황, 서류 수정 요구하는 상황, 학생증
>   발급 요청하는 상황, 전화를 받아달라고 하거나 전화 해달라는
>   상황
>
>   ㄴ. 화자가 직접적인 행위를 요구하는 것이 아니라, 청자가 알고
>   있는 정보를 구하는 요청화행 상황
>   정보 재확인을 요구하는 상황, 복학신청이나 재수강 관련 정보
>   문의하는 상황
>
>   ㄷ. 화자가 청자에게 자신의 문제에 대해 해결해 줄 것을 바라고
>   도움을 구하는 요청화행 상황
>   사은회 행사 관련하여 조언 구하는 상황

한편, 한송화(2006)에서는 한국어교육 문법론이 형식 문법에서 기능 문법(functional grammar)으로 전환되어야 할 필요성을 제기하면서, 기능 문법의 범주를 '개념 나타내기, 메시지 만들기, 메시지에 화자의 태도 나타내기, 메시지 복합하기, 텍스트 및 담화 구성하기'로 정리하기도 하였는데, 이와 관련하여 한송화(2003)에서는 명령 기능의 형태 및 하위 기능을 교재에 출현한 형태와 관련 기능에 따라

아래 (13)와 같이 제시하기도 하였다.

> (13) ㄱ. −으세요/−으십시오: 주문하기, 충고하기,
>   교실 용어 익히기, 물건 사기, 길찾기
>   ㄴ. −어 주세요: 도움 요청하기, 요청하기, 길묻기, 주문하기,
>   물건 사기
>   ㄷ. −어 주시겠습니까: 요청하기
>   ㄹ. −지 마세요: 조언하기, 금지하기
>   ㅁ. −기 바랍니다: 안내방송 이해하기
>   ㅂ. −는 게 어때요: 조언하기, 제안하기, 권유하기
>   ㅅ. −어야지: 조언하기, 물건사기
>   ㅇ. −으시지요: 권유하기
>   ㅈ. −기만 해 봐라: 경고하기
>   ㅊ. −어야 하다: 당위 표현하기, 조언하기
>   ㅋ. −도록 하십시오: 조언하기
>   ㅌ. −으면 되다: 허용하기
>   ㅍ. −는 게 좋겠다: 처방하기, 조언하기, 제안하기, 권유하기
>   ㅎ. −으면 좋겠다: 물건 사기, 의향 표현하기

그밖에도 모어 화자와 학습자의 화행을 대조한 연구가 활발히 이루어졌는데, 조경아(2003), 수파펀 분룽(2007), 이선명(2009), 이명희(2010), 이해영(2010), 이경숙(2012), 김지혜(2013) 등에서는 담화완성조사(DCT)를 통해 특정한 언어권의 학습자와 모어 화자의 화행 사용 양상을 대조하였으며, 이들은 담화 문법이라는 용어를 사용하거나 담화라는 개념을 도입하지는 않았으나, 그럼에도 불구하고 화행과 형태에 접근함에 있어 문장 이상의 단위인 담화를 연구의 대상으로 삼고 있다는 특징이 있다.

한편, 구체적으로 한국어에서 지시화행의 성격을 정의하고, 각 교재에서 사용되고 있는 표현 문형들의 목록을 총망라하여 제시한 것은 강현화(2007)에 이르러서이다. 강현화(2007)에서는 '±강제성, ±상하관계, ±화/청자도움'을 기준으로 하여 지시적 화행을 '명령, 권고, 요구, 부탁, 제안, 제의'로 구분하였으며, 말뭉치 분석을 통해 나타난 예문을 토대로 각각의 표현문형이 맥락에 따라 수행하는 지시화행들을 유형화하여 제시하였다. 분석 결과 교재에 나타난 문형 중 지시적 화행을 나타내는 항목은 총 67개에 해당하였는데, 아래 예문 (14)에서와 같이 유사한 메시지의 예문도 화자와 청자의 관계에 따라 각기 다른 기능으로 해석될 수 있다고 기술하였다.

(14) ㄱ. 집에 오면 전화 좀 해 줘.(친구간) : **부탁**
　　 ㄴ. 새 물건이 오면 제게 전화해 주세요.(고객-점원간) : **요구**
　　 ㄷ. 지금 전화 좀 해 줘.(교수-학생간) : **명령**

(강현화 2007:17 예문)

이 연구는 화행, 즉 담화 기능이 맥락에 따라 다르게 해석될 수 있다는 점을 지적하고, 표현과 기능이 일 대 일로 대응하는 것이 아님을 입증하였다는 점에서 의미가 있으며, 지시화행 안의 여러 유사한 하위 기능들을 객관적인 기준을 근거로 하여 변별하였다는 점에서 한국어교육 담화 문법 연구사에서 일종의 전환점이 되는 연구라고 할 수 있다. 강현화(2007)에서 제시하고 있는 지시적 화행의 분류는 아래 〈표 4〉와 같다.

〈표 4〉 지시적 화행의 분류(강현화 2007)

+강제성	+상하관계	+화자도움		명령
	± 상하관계	+청자도움		권고
		+화자도움	+화자권리	요구
-강제성	± 상하관계	+화자도움		부탁
		+화/청자 도움		제안
		+청자 도움		제의

이렇게 지시화행에의 논의가 담화 문법적 차원으로 확대되어온 것과 관련하여 한상미(2011)에서는 담화, 화용, 화행과 관련된 294편의 학술논문을 분석하여 이러한 연구들이 '실제적 언어 현상을 분석할 수 있도록 실제 담화와 관련된 연구를 활성화시킬 수 있는 방법이나 연구 풍토가 마련되어야' 한다고 주장하였다. 또 이은희(2015:136)에서는 '외국어 교육에서 특정 화행의 교육 방안 마련을 위해서는 모어 화자들이 수행하는 화행에 대한 기초 연구가 선행되어야' 한다고 보았다. 이에 본 연구에서는 선행 연구들에서의 논의를 바탕으로 하여, 한국어 모어 화자들이 지시화행을 수행하기 위해 선택하는 문법 형태의 사용에 대한 기초 연구가 실제적 담화 자료에 입각하여 이루어질 필요가 있다고 본다.

3. 지시화행 사용하기의 분석 및 결과

3.1. 말뭉치 구축 및 분석 방법

본 연구에서는 한국어 모어 화자들이 지시화행을 사용하는 의사소통 상황을 분석하기 위하여 실제 담화와 유사성을 지니는 준구어 말뭉치를 구축하고자 준구어의 성격을 갖는 드라마 대본을 가공하여 이를 분석의 자료로 삼고자 한다. 드라마 발화 말뭉치는 강현화(2012)에서 지적한 바 있듯, 실제 발화 자료가 아니라 각 작품 당 작가 1인 이상이 인위적으로 산출한 언어 자료라는 점에서 작가의 개별적 언어 습관이나 가치관에 따라 대사가 자연스럽지 못하게 산출되었을 가능성이 있음을 배제할 수 없는 준구어(semi-spoken)에 해당한다. 그럼에도 불구하고 맥락 기반 분석 연구에서 드라마 발화 말뭉치가 분석 자료로 유의미한 지점은 다양한 장르와 화청자 관계를 포함할 뿐만 아니라, 가장 최근의 언어 사용 양상을 드러내고 있기 때문이다. 따라서 본 연구에서는 드라마 말뭉치를 기반으로 맥락 기반 말뭉치를 설계하여 다음의 〈표 5〉와 같은 분석 자료를 구성하였다.[17]

〈표 5〉 분석 말뭉치의 구성

	어절	순서 교대	성별별 대화 참여 횟수				연령별 대화 참여 횟수							
			여	남	복수	x	0	10대	20대	30대	40대	50대	60대	70대
A	6,339	1,185	702	453	0	0	19	28	690	176	195	19	0	0
B	4,795	959	366	576	8	5	0	2	6	12	0	0	728	7
C	5,040	967	397	552	0	0	0	81	737	83	40	5	3	
D	4,353	795	438	340	5	0	0	63	0	291	329	27	68	0
E	3,794	560	79	475	5	1	0	6	0	359	72	110	2	6

---

17 A: 가족의 탄생 2006, B: 그대를 사랑합니다 2009, C: 연애의 온도 2012, D: 아내의 자격 2012, E: 제보자 2014, F: 미생 2015, G: 후아유학교 2015, H: 리멤버 2012, I: 공항가는길 2016, J: 낭만닥터 2016, K: 솔로몬의 위증 2016, L: 황금주머니 2016, M: 김과장 2017

F	7,571	1,068	208	1,386	19	1	1	0	858	304	381	43	0	0
G	5,351	841	406	430	2	0	0	481	1	166	77	111	0	0
H	8,286	1,225	436	2,008	0	2	0	4	828	670	638	198	106	0
I	7,379	1,488	902	579	3	0	0	82	36	1,278	28	0	34	1
J	11,696	2,739	796	1,897	38	0	0	6	160	1,315	604	531	24	27
K	6,352	1,070	606	413	0	8	0	618	0	155	109	90	48	0
L	5,794	840	525	313	0	0	0	0	33	471	0	302	13	19
M	3,650	626	187	415	24	0	0	0	155	292	125	9	21	1
총	160,800	14,363	6,048	9,837	104	17	20	2,082	3,847	6,226	2,641	1,480	3,047	118

　　수집한 자료에서 등장인물의 성별과 연령을 균일하게 고정시키
기 위해서 본 연구에서는 등장인물의 발화문에 나타난 어절 수나 발
화문의 개수보다도 의사소통에 참여한 등장 횟수, 즉 순서교대
(turn-taking)의 횟수가 중요한 기준이 된다고 보아, 순서 교대 횟수
에 따른 성별별, 연령별 대화 참여 횟수를 고르게 구성하였다. 어절
의 수가 아니라 순서교대의 횟수를 기준으로 삼은 까닭은 어절은 개
인의 특성에 따라 길고 짧음의 편차가 크게 나타날 수 있을 뿐만 아
니라, 길게 발화한 대사와 짧게 발화한 대사의 중요도가 다르다고
판정할 근거가 부족하다고 보았기 때문이다. 따라서 본 연구는 순
서교대의 횟수, 즉 대화 참여수를 기준으로 등장인물의 요인을 균
형적으로 조율하고자 하였으며, 그 결과 대략 15만 어절 규모의 말
뭉치에서 15천 개의 순서교대가 이루어진 자료를 구축할 수 있었다.
본고에서 구성한 맥락 분석 말뭉치의 담화적 요인은 아래 〈표 6〉과
같다.

〈표 6〉 맥락 기반 말뭉치의 담화적 요인

	내용
어절	80,255
순서교대 수	15,075
화자의 성별	여(190명), 남(281명), 혼성(34명), 정보없음(26명)
화자의 연령	10세 이하(10명), 10대(62명), 20대(95명), 30대(117명), 40대(100명), 50대(42명), 60대 이상(25명), 정보없음(71명)
장소	1023개
장소의 격식성	공적(394개), 준공적(44개), 예비공적(151개), 무표적(48개), 예비사적(76개), 준사적(130개), 사적(257개)
주제의 격식성	공적주제(6523 발화), 사적주제(8551 발화)

이는 총 80255 어절로 구성되어 있으며, 순서교대 수가 총 15,075로 이루어진 규모로, 화자의 수가 531명이라는 점을 고려할 때, 1인당 평균 28번의 대화참여가 이루어진 말뭉치라고 볼 수 있다. 연령은 30대 이하 284명, 40대 이상 334명 정도로 구성하였고, 성별은 여성 190, 남성 281로 구성하였다. 장소는 총 1023개로 이루어졌는데, 장소의 격식성(formality)와 비격식성(informality), 주제의 격식성(publicity), 비격식성(privacy)을 구분하여 구성하였다.

본고에서는 지시화행의 하위 유형을 강현화(2007)에 따라 크게 강제적 지시화행의 명령화행, 권고화행, 요구화행과 비강제적 지시화행의 요청화행, 제안화행, 제의화행으로 구분하였으며, 그중 강제적 화행에 해당하는 명령화행에 초점을 두어 말뭉치를 분석함으로써 명령화행의 담화적 요인을 분석하고자 한다. 본고에서 정의하는 명령화행은 아래 〈표 7〉과 같다.

〈표 7〉 명령화행의 정의

정의	강제성이 높은 지시를 시킬 권한이 있는 화자가 청자로 하여금 행위 A를 수행하라는 내용의 명제를 발화하는 것
명제	미래에 청자가 수행하게 될 A
의미 특성	1) 화자는 청자가 행위 A를 수행함에 대하여 [강한 바람]을 가짐. 2) 화자는 청자에게 행위 A를 해야 할 [의무]가 있다고 생각함. 3) 청자는 행위 A에 대한 수행의 [부담]을 크게 가지고 있음.
담화 특성	1) 화자의 명령은 청자의 [실제 행위]로 이어지는 경향이 높음. 2) 화자는 행위 A를 강제할 [권한]을 지니고 있음.([+지위]) 3) 화자와 청자는 [친]의 유대 관계를 맺고 있는 경우가 많으나, [소], [적대], [초면]의 관계에서도 나타날 수 있으며 후자인 경우에는 [공적]인 내용에 관한 지시를 하는 경향성이 있음.

본 연구는 말뭉치 분석을 통해 명령화행 발화가 야기하는 실제 행위, 명령화행 발화의 화청자 지위 관계, 장소의 격식성, 주제의 격식성, 화청자의 유대관계를 분석함으로써 명령화행에 작용하는 담화적 요인을 밝히고, 각각의 담화적 요인과 명령화행이 유의미한 관계가 있는지를 검증하고자 한다. 이를 위하여 화행을 종속변수로 하였을 경우 나타나는 실제행위와 각 화행들 간의 로지스틱 회귀 값을 추출하고자 하였다.

3.2. 명령화행 사용하기의 원리

3.2.1. 명령화행의 연속체 구조

명령화행이란 지시화행 중 가장 높은 강제력을 가지고 있는 화행으로 '화자와 청자 사이에 수직적 지위 관계가 있는 것'을 주요한 특성으로 삼는다. 따라서 명령화행은 담화 상에서 청자로 하여금 지시한 행위 A가 청자의 실제 행위로 이어지는 경향성이 타 화행에 비해

두드러진다는 특징을 가지고 있다. 아래 〈그림 2〉는 대화 순서교대
(대화이동, 무브)[18]가 이루어지면서 나타나는 명령화행 연속체의 구조
를 시각화한 것이다. 이에 따르면 시작 무브에서 수행된 협의의 명령
발화는 반응 무브에서는 '실행'으로 연결되는 양상을 보이고 있다.

〈그림 2〉 명령화행 연속체 구조

시작 무브		반응 무브		피드백 무브	
저기 그 사람 좀 밖으로 내 보내요 당장!	명령	(경찰 둘과 함께 재빨리 바이커1을 바깥쪽으로 데리고 나간다)	실행		

말뭉치 상에서 명령화행에 따라 실제행위가 나타날 가능성은 매
우 높은 것으로 나타났는데 아래 〈그림 3〉에서와 같이 실제행위가
발생한 경우가 75.72%로 가장 높았고, 사과하거나 침묵한 경우가
각각 0.80%, 3.69%로 나타났으며, 행위가 나타나지 않거나 명령에
대해 거절한 경우가 각각 9.13%, 9.02%로 조사되었다.

---

18 박용익(2001:245-246)에서는 시작 대화이동의 구조와 반응 대화이동의 구조, 피드백
대화이동의 구조를 아래와 같이 나타내고 있다.
시작 대화이동의 구조 = (신호) + (도입) + 핵심 + (종료) + (선택)
반응 대화이동의 구조 = (도입) + 핵심 + (종료)
피드백 대화이동의 구조 = (도입) + 핵심 + (종료)

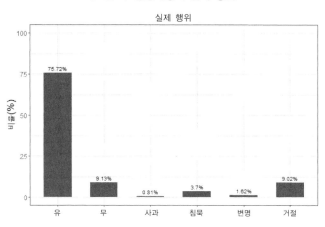

〈그림 3〉 명령화행의 실제 행위

아래 (15)는 명령화행의 연속체에 대한 용례이다. 먼저, 말뭉치 상에서 명령화행에 대한 청자의 반응으로 가장 높은 비율을 보인 것은 (15ㄱ)과 같이 실제 행위 [유]인 경우이다. 아래 (15ㄱ)은 [사장과 비서] 사이의 대화로, [+지위]의 화자가 청자에게 [나가다]라는 행위를 시키고 있는 장면이다. 이처럼 명령화행에서는 화자의 지시화행 발화에 따라 청자가 실제 행위를 수행하는 경우가 빈번하게 나타났다.

한편, (15ㄴ)과 같이 명령화행에 대한 청자의 반응이 뚜렷하게 나타나지 않은 경우가 있었는데, 본 연구에서는 이를 [무]라고 표기하였다. (15ㄴ)은 [형사와 범인]의 관계로 범죄 행위에 대해 명령할 업무적 권한을 가지고 있는 화자가 명령화행의 발화를 수행하고 있는 장면이다. 그러나 본 용례에서와 같이 화자와 청자의 관계가 [적대적]인 경우에는 청자의 실제 행위를 보이지 않는 경우가 더러 나타났으며, 이밖에도 '대강 하다', '조금만 더 참다' 등 상태성이 강조되는 행위에 대해 명령화행을 수행할 경우 실제 행위로 구현하는 것이 어

지시화행의 원리는 무엇일까? **229**

려운 지시 내용인 관계로 실제 행위가 [무]로 나타나는 경향이 조사
되었다.

(15) ㄱ. 사장: 나가 봐요. [명령]
　　　 비서: (나간다) [유]
ㄴ. 형사: 지금 수술실 밖은 이미 포위돼 있거든요. 흉기 내려놓고
　　　 천천히 밖으로 나오세요. [명령]
　　　 범인: 이씨! 누가 신고한 거야! (계속 나가지 않음) [무]
ㄷ. 교사: 자자 옆 자리, 좀 깨워라. [명령]
　　　 학생: 그냥 해요, 쌤. 자는 애들 깨우다간 진도 못 나가요. [거절]
ㄹ. 경비: 당장 따라 나와요! [명령]
　　　 직원: 아 진짜예요. 인사팀에 연락해 보라구! [변명]
ㅁ. 누나: 야, 저리 가. [명령]
　　　 동생: 아아 누나 미안. 나 알잖아 맨날 실수하는 거. [사과]
ㅂ. 간부: 파일 확인 후부터는 각별히 입 조심하고 기밀 유지해.
　　　　　　　　　　　　　　　　　　　　　　　　　　[명령]
　　　 부하: … [침묵]

　한편, (15ㄷ)에서는 [교사와 학생]의 대화가 이루어지고 있는 수업
담화의 용례로, [옆 자리를 깨우다]라는 행위에 대한 명령화행 발화
에 대하여 청자인 학생이 '거절'의 반응을 나타내고 있는 장면이다.
이러한 경우는 실제 말뭉치 상에서 9.02% 정도밖에 나타나지 않는
데, 위와 같이 화자와 청자가 매우 [친밀한] 관계를 가지고 있거나,
청자가 화자에게 [적대감]을 가지고 있는 경우에만 한정하여 이러한
반응이 나타났다.

　또, 대개 명령화행은 약 77% 이상이 실제행위로 이어지기 때문에
그 밖에 청자가 지시된 행위를 수행하기 어려운 경우에는 (15ㄹ)과
같이 변명하거나 행위를 수행할 수 없는 이유를 상술하였고, (41ㅁ)

과 같이 사과로 이어지는 경우가 0.81% 나타났으며, (15ㅂ)과 같이 침묵하는 경우도 3.7% 정도로 조사되었다. 침묵한 경우들은 사실상 청자의 응답이 무의미할 정도로 강제성이 요구되는 맥락이거나 혹은 담화적으로 [협박하기] 등의 기능이 수행되고 있는 맥락인 것으로 나타났으며, 이는 명령화행이 지시에 대한 강제력을 매우 높게 수행하는 것임을 입증하는 자료라고 할 수 있다.

3.2.2. 명령화행의 화청자 지위관계

명령화행은 대개 선행연구에서 '상하관계'의 지위에서 사용된다고 기술되고 있는 것에 비하여[19] 실제 말뭉치 상으로는 반드시 [화〉청]의 맥락에서만 나타나는 것이 아니라, [화〈청]의 경우, [화=청]의 경우에도 맥락에 따라 사용되는 양상이 나타났다. 구체적인 지위 관계에 대한 분포 결과는 아래 〈그림 4〉와 같다.

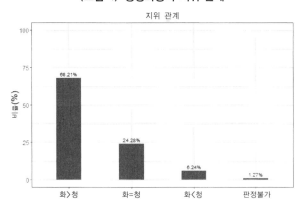

〈그림 4〉 명령화행의 지위 관계

---

19 표준국어대사전의 의미 기술에 따르면 '명령은 윗사람이나 상위 조직이 하위 조직이 무엇을 하게 함'의 뜻을 지닌다.

명령화행이 사용된 발화에서 화자와 청자의 지위 관계는 청자에게 행위를 수행하게끔 강제할 수 있는 [화〉청]의 경우가 68.21%로 가장 높게 나타났지만, 그 외에도 [화=청]의 경우가 24.28%, [화〈청]의 경우가 6.24% 등으로 나타났다. 지위 관계가 [화〉청]이 아닌 경우에 명령화행이 사용되는 맥락은 아래 (16)과 같이 정리할 수 있는데, 먼저 공적인 지시와 관련하여 업무의 성격상 지위가 낮거나 동등함에도 해당 업무 행위를 지시할 권한이 서로에게 있는 경우거나 공적으로는 수직 관계임에도 사적으로 유대관계가 매우 친밀하여 사적인 영역에서는 명령의 권한인 서로에게 있는 경우이다.

(16) 명령화행에서 지위 변인이 [화〈청] 또는 [화=청]인 경우
    ㄱ. 업무 담화 상황에서 업무적인 지시의 권한이 서로에게 있는 경우
      01 S: 잠깐!
→02 S: (옆으로 스윽 가서 보더니) 이 환자 밥 먹이세요. **[명령]**
      03 L: 네?
      04 S: 이 환자 밥 먹이라구요.
      05 L: 수간호사 선생님, 그게 지금 무슨…
      06 S: (확신으로) 절 믿으세요 강쌤.
      07 S: 밥이에요, 밥.
  Ⓐ 08 L: (박간이 밥과 숟가락을 가져와 환자에게 주는 것을 용인한
        채 기다린다)

    ㄴ. 공적으로는 수직관계지만, 사적으로는 친밀한 수평관계로 사
       적인 대화 중인 경우
      01 H: 여기 치킨 왔습니다.
→02 S: 김사부, 니가 계산해! **[명령]**
  Ⓐ 03 L: (씩 웃으며 계산하고 치킨을 올려 놓는다)

(16ㄱ)에서는 S(수간호사)와 L(레지던트)의 대화가 이루어지고 있다. 이때, 오더를 내리는 위치는 L(레지던트)이기 때문에 지위 면에 있어 L(레지던트)〉S(수간호사)의 관계를 형성하고 있다고 볼 수 있으나, 이들이 환자 케어라는 업무와 관련된 부분에서는 서로에게 지시를 할 수 있는 업무적 권한을 가지고 있기 때문에 지위 [화〈청] 또는 [화=청]임에도 명령화행이 수행될 수 있다고 해석할 수 있다. 또, (16ㄴ)은 공적 관계와 사적 관계가 복합적으로 얽혀있는 참여자 간의 대화로, 공적 세계에서는 병원 원장(L)과 소속 의사(S)지만, 사적인 내용(둘만의 간식 시간)에 대하여 발화할 때에는, 사적 관계 변인이 더 우선적으로 작용하여 나타난 예외적 현상이라고 해석할 수 있다.

따라서 명령화행에 작용하는 화청자의 지위 관계는 지시 행위 S에 대해 지시할 권한이 화자에게 있으며, 이때의 권한은 사회적 직위만을 의미하는 것이 아니라 지시 내용에 있어 화자가 지니는 '권한 및 책임'을 포함한다고 해석할 수 있다. 즉, 지위 관계 [화〉청]이 성립하기 위해서는 '지위'의 영역이 '지시된 행위의 결과에 대한 책임의 소재'로 확대되어야 함을 의미한다고 하겠다.

3.2.3. 명령화행의 화청자 친소관계

명령화행은 화청자의 친소관계에 따라서도 다양한 담화적 사용의 양상을 보였는데 먼저, [친]의 친소관계에서 자주 사용되는 양상을 보였으며, [초면]이거나 안면은 있되 가깝지 않은 [소]의 유대관계에도 사용되는 양상을 나타냈다. 구체적인 사용의 분포는 아래 〈그림 5〉에서와 같이 [친]의 관계에서 66.01%로 가장 많이 쓰이는 양상을 보였고, [소]의 관계에서 20.35%, [초면]의 관계에서는 8.67%, [적대] 관계에서는 3.93% 정도의 분포를 나타냈다.

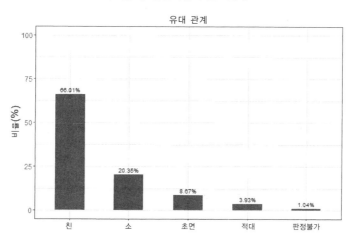

〈그림 5〉 명령화행의 친소관계

명령화행이 [친]의 유대 관계에서 사용될 경우에는 (17ㄱ)과 같이 공적이되 [친]인 관계와 (43ㄴ)과 같이 사적이되 [친]인 관계에서 모두 나타났는데, 그 비율은 66%로 가장 높았다. 아래 (17ㄱ)은 10년 넘게 함께 근무하며 [친]의 관계를 맺되 나이에 있어서도 [화〉청]을 나타내는 사이에서 이루어진 명령화행이다. (17ㄴ)은 사적인 관계에서 [친]인 경우 이루어진 명령화행이고, (17ㄷ)은 [소]의 관계에서 명령화행이 사용되고 있는 경우이며, (17ㄹ)은 [초면], (43ㅁ)은 [적대] 관계에서 명령화행이 쓰인 경우에 해당한다.

(17) 명령화행의 사용에 작용하는 화청자의 친소관계
　　ㄱ. [친]의 관계 -공적
　　　경리: 되게 오래된 책 같은데 어떻게 할까요? [명령]
　　　과장: 버려.
　　　경리: (툭 버려지는 책)
　　ㄴ. [친]의 관계 -사적

이모: 채현아, 이리 와. [명령]
조카: (채현, 이모 쪽으로 간다.)

ㄷ. [소]의 관계
검사: 아, 예. 들어오라고 해요. [명령]
직원: (나가서 피의자를 부른다.)

ㄹ. [초면]의 관계
손님: 앞에 승용차 따라 가세요. [명령]
기사: (앞 승용차 따라 간다.)

ㅁ. [적대]의 관계
친구: 당신 아들, 여기로 내려 보내. [명령]
원수: (쳐다본다.)

친소관계 요인에 있어 명령화행은 특별한 제약을 보이지는 않았지만, [친]은 공적, 사적인 관계에 모두 걸쳐 사용되는 반면, [소]나 [초면]의 관계에서는 주로 공적인 내용과 관련한 명령화행이 이루어지는 경향성이 나타났다.

3.2.4. 명령화행의 사용역

구체적으로 명령화행의 사용역이 지니는 격식성 요인을 살펴본 바, 명령화행은 주로 격식적인 장소에서 공적인 내용과 관련하여 발화되는 경향성이 말뭉치 상에서 높게 나타났다. 아래 〈그림 6〉은 명령화행이 사용된 장소와 명령화행이 지시하는 주제의 격식성에 관한 것이다. 이에 따르면 장소의 격식성 [격식적]과 지시내용의 격식성 [공적]의 경우에 명령화행이 실현되는 비율이 64.47%로 가장 높았고, 장소의 격식성 [비격식적]과 지시내용의 격식성 [사적]의 경우가 20.46%로 나타났으며, 장소의 격식성은 [격식적]인 반면 지시내용의 격식성은 [사적]인 경우가 10.87%로 나타났고, 장소의 격식성은 [비격식적]이되 지시내용의 격식성은 [공적]인 경우가 3.93%로 조사 되었으며, [무표적]인 장소에서 [사적]의 내용으로 발화된 경우가 0.81%, [무표적] 장소에서 [공적]인 내용으로 발화된 경우가 0.46% 로 매우 낮게 나타났다.

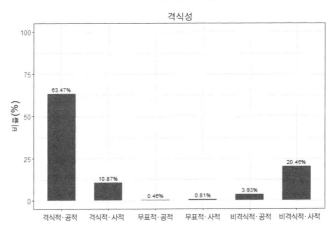

〈그림 6〉 명령화행의 사용역

명령화행의 분포가 말뭉치 상에서 이렇게 격식적이고 공적인 영 역에서 활발히 나타난 까닭은 사실상 명령이 지니는 강제성이 사적 인 관계에서는 [부모와 자식]과 같은 양육 관계를 제외하고는 발생하 기 어려운 수직성을 지니고 있기 때문인 것으로 보인다. 명령화행의 격식성에 대한 구체적인 용례는 아래 (18)와 같다.

아래 (18)에서는 명령화행이 수행되는 다양한 맥락에 대해 격식성 의 관점에서 용례를 제시하고 있는데, (18ㄱ)은 [격식적인 장소에서 공적인 내용]에 대해 명령화행이 이루어진 경우이다. (18ㄱ)의 교감 (S)의 발화에 따라 05줄 B에서는 3반 담임과 보조교사인 두 사람이

함께 보고 있던 출석부를 건네주는 행위가 실현된다.[20] 이는 '교무실'
이라는 [격식적]인 장소에서 '출석부'라는 업무 내용에 관한 [공적]
내용의 지시가 이루어진 명령화행의 사례라고 볼 수 있다.

　한편, [비격식적인 장소의 사적인 내용]에 대한 명령화행도 찾아
볼 수 있는데 (18ㄴ)에서는 아버지(S)가 나머지 가족 구성원(L)에게
명령화행의 내용을 발화하고 있다. 아버지와 나머지 가족 구성원의
경우 사회적인 지위의 수직 관계는 아니지만, 가족 제도 안에서 상하
관계로 이루어지거나 혹은 어른으로서의 권한을 지니고 있기 때문에
명령화행이 실현될 수 있는 맥락적 조건을 충족하고 있다고 볼 수
있다. 이때에 '집 안 마당'이라는 [비격식적] 장소에서 '집으로 들어오
다'라는 [사적]인 내용의 지시가 명령화행으로서 나타나고 있다.

　(18) 명령화행의 사용역
　　　ㄱ. 격식적인 장소, 공적인 내용
　→01 S: (**교무실**) 김준석 선생님, 저 3반 출석부 좀 줘 보세요. [**명령**]
　　02 L: 저희반 출석부는 왜..
　　03 S: 이사장님이 가져오라십니다.
　　04 ： 주세요.
　Ⓐ 05 L: (의아한 표정) (같이 앉아 상의 중이던 3반 보조교사가 출석
　　　　　 부를 건네준다)

　　　ㄴ. 비격식적인 장소, 사적인 내용
　　01 S: (**집 마당**) 누가 보면 이산가족 상봉한 줄 알겠다.
　→02 ： 다 따라 들어와! [**명령**]

---

20 →는 명령화행이 나타나는 발화를 표시하는 기호로 사용하였으며, ⓐ는 실제 행동(act)
　이 이루어진 발화를 표시하는 기호로 사용하였음.

ⓐ 03 L: (겁먹은 얼굴로 마주보는 김추자와 두나, 설화. 괜찮다는
　　　　듯 안으며 안으로 들어간다.)

그 밖에, 장소의 격식성과 지시내용의 격식성이 일치하지 않는
경우도 있었는데, 구체적인 용례는 아래 (19)와 같다. (19ㄱ)은 [격식
적인 장소에서 사적인 내용]에 대한 지시가 이루어지는 경우이다.
(19ㄱ)는 은행직원(A)와 은행직원(B) 사이의 대화로 이 두 사람은 오
랜 시간 지내온 선후배 관계라는 점에서 유대 관계[친]의 사이를 맺
고 있다. 장소는 '은행 복도'라는 [격식적] 장소에서 이루어지고 있는
발화이지만, 지시의 내용은 '솔직하게 말하다'라는 [사적]인 내용에
해당하고 있으며, 화제 역시 A의 사내 연애 루머에 관한 것이기 때문
에 이때의 명령화행은 [격식적인 장소에서 사적인 내용]에 대해 이루
어지고 있다고 해석할 수 있다. 한편, (19ㄴ)은 '차안'이라는 [비격식
적] 장소에서 업무 관련자인 '박 변과 석 사장을 부르다'라는 [공적]인
내용을 지시하고 있기 때문에 [비격식적인 장소에서 공적인 내용]에
대해 수행된 명령화행이라고 볼 수 있다.

(19) 명령화행의 사용역
　　ㄱ. 격식적인 장소, 사적인 내용
　→01 S: (**은행 복도**) 짜증나게 굴지 말고 솔직히 말해. 이동희가 그
　　　　래? [명령]
　ⓐ 02 L: 그런 게 아니라 진짜… [변명]
　　03 S: 내가 왜 싸이코야? 내가 언제 스토커짓을 했어? 내가 무슨
　　　　히스테리를 부렸는데?

　　ㄴ. 비격식적인 장소, 공적인 내용
　→01 S: (**차 안**) 뭐 하냐. 빨리 박 변하고 석 사장 불러. [명령]
　ⓐ 02 L: 응. 알았어..

그 밖에도, 말뭉치 상으로 빈도는 미비하였으나, 나타나고 있는 것은 [무표적] 장소에서의 명령화행이다. 무표적 장소란 격식적/비격식적의 구분이 모호한 도로, 정류장 등 공공시설 및 이동의 단계에 해당하는 장소를 의미하는데, 아래 (20ㄱ)에서와 같이 [무표적 장소에서 공적인 내용]에 대해 명령화행이 수행되는 경우가 있었다. 이 경우는 길에서 우연히 마주한 응급상황에 대해 의사(A)가 피해자 가족(B)에게 [공적]인 내용을 지시하고 있는 상황에 해당한다. 다음으로 (20ㄴ)은 '버스 정류장'이라는 [무표적] 공간에서 '비키다'라는 [사적]인 내용의 지시를 발화하고 있는 장면으로 이는 [무표적 장소에서의 사적인 내용]에 대한 명령화행의 수행이라고 볼 수 있다.

(20) 명령화행의 사용역

ㄱ. 무표적 장소, 공적인 내용

→01 S: (**도로 갓길**) 일단 골반부터 고정합시다! 시트하고 이비도 같이 주세요. [명령]

Ⓐ 02 L: (옆에서 시키는 대로 하며 기다린다.)

ㄴ. 무표적 장소, 사적인 내용

→01 S: (**버스 정류장에서**) 비켜!! [명령]

Ⓐ 02 L: (비켜선다)

이렇게 명령화행의 격식성은 다양한 양상으로 나타났는데, 말뭉치 빈도 상으로는 [격식적 장소의 공적 내용]에 대한 명령화행과 [비격식적 장소의 사적 내용]에 대한 명령화행이 많은 비중을 차지했으나, 장소의 격식성과 주제의 격식성이 반드시 일치하는 것은 아님을 확인할 수 있었다.

3.2.5. 소결

명령화행에 대한 말뭉치 분석 결과를 종합하면, 명령화행이 사용되는 담화적 환경에는 청자의 실제 행위 발생 여부, 화청자의 지위 관계, 화청자의 유대 관계, 장면의 격식성에 따라 다양한 양상이 나타났는데, 이의 유의성을 카이제곱 검정으로 검증한 결과는 아래 〈표 8〉과 같다. 이에 따르면 맥락 요인들에 대한 명령화행의 카이제곱 검정 결과 유의확률이 모두 유의수준 0.05보다 작은 값이 산출되어 '두 변수가 독립적이다'라는 귀무가설을 기각할 수 있으므로, 두 변수 즉 이들 맥락 요인에 따른 값과 명령화행은 관련이 있다고 해석할 수 있다.

〈표 8〉 명령화행에 대한 카이제곱 검정 결과

맥락 요인	자유도	유의확률	FISHER TEST
실제 행위 여부	40	3.57E-63	0.0005
지위 관계	32	2.62E-104	0.0005
유대 관계	40	7.05E-12	0.0005
장면의 격식성	40	3.18E-56	0.0005

즉, 명령화행은 담화 차원에서 연속체 구조 상으로는 청자의 실제 행위가 [유]로 나타나는 경향성을 강하게 지니며, [친]의 친소관계에서 사용되는 비율이 높은 경향성을 나타냈고, [소]의 친소관계에서는 [격식적인 장소 공적인 내용]을 지시하기 위한 경향성이 있는 것으로 나타났다. 또 [+지위]의 화자에 의해 발화되되, 그 '지위'는 사회적 지위에서 나아가 '지시로 인해 수행된 행위의 결과에 대한 책임의 소재'까지를 포함하는 것으로 기술할 수 있다.

4. 명령화행 사용하기의 실제

4.1. '-으십시오'와 '-어 주십시오'

명령형 종결어미 '-으십시오'와 명령형 종결어미 '-으십시오'에 보조용언 '-어 주-'가 결합한 형태인 '-어 주십시오'는 공적, 격식적 속성을 강화하기 위해 선택되는 대표적인 문법 항목이다. 아래 (21) 과 같이 '-으십시오'는 화자가 업무적인 내용의 지시를 위해 '-으십시오'를 사용할 수 있으며, 청자의 미래 행위를 강조하기 위해 '-어 주-'를 결합한 형태로 활발히 사용되는 것으로 조사되었다.

(21) '-으십시오', '-어 주십시오' 사용 예시
- ▶ 장소: 집무실 ▶장소 사용역: 격식적 ▶주제 사용역: 공적
- ▶ 대화 참여자 관계 유형: 검사_피의자(제3자: 피의자의 비서와 수사관들)
- ▶ 화자(S): 검사(30대, 여성) ▶청자(L): 피의자(30대, 남성)
- ▶ 제3자(H): 피의자의 비서(40대, 남성)와 수사관들
- ▶ 친소관계: 소 (구면)
- ▶ 지위관계: 화=청
- ▶ 청자의 실제행위(A): 거절

01 H: 채 검사, 이게 무슨 짓입니까?
02 S: (구속영장 보이며) 송하영 강간치상 및 마약 투약 혐의로 남규만 사장
03 　　 님에게 구속영장이 발부됐습니다.
04 L: (피식 웃으며) 뭐? 나한테 구속영장이 떨어졌다고?
05 　　 채 검사, 이거 아침부터 조크가 너무 심하잖아?

06 S: 회사에 보는 눈들이 많습니다.

→07 　　　조용히 사장님 모시고 갈 수 있게 협조해 주십시오. **[명령]**

Ⓐ08 L: (헛웃음) 협조? 니가 지금 나한테 협조라고 했어? 나 남규 만이야! **[거절]**

4.2. '-아/어'와 '-아/어 봐'

다음으로 '-아/어'와 '-아/어 봐'는 지위관계 [화〉청]의 관계에서 활발히 나타나는 특성을 보였다. 대개 유대관계 [친]인 사이에서 이루어지는 경향이 있었고, '-아/어', '-어 봐', '-아/어라', '-어 봐요' 등의 문형이 자주 사용되는 것으로 나타났다. [격식적장소], [공적내용]의 사용역일 경우 청자는 실제로 행위하는 [유]의 반응을 가장 빈번하게 나타냈고, 명시적으로 거절할 수 없기 때문에 청자가 부담을 느끼는 경우에는 [침묵]하거나 [변명]하는 반응을 보이는 것으로 나타났다. 구체적인 예시는 아래 (22)와 같다.

(22) '-아/어', '-아/어 봐'의 사용의 예시

▶ 장소: 사무실 ▶장소 사용역: 공적 ▶주제 사용역: 공적

▶ 대화 참여자 관계 유형: 상사_부하(제3자: 통화 상대, 부하)

▶ 화자(S): 과장(상식, 40대, 남성) ▶청자(L): 인턴(그래, 20대, 남성)

▶ 제3자(H): 부하직원

▶ 유대관계: 친

▶ 청자의 실제행위(A): 유

01 L: 과장님!

→02 S: 줘 봐.

Ⓐ03 L: (서류 봉투 건넨다.)

04 S: (꺼내 보고)

05   됐어. 너 창고 가서 (울리는 핸드폰. 보고, 받는다.)

06   쾌속선 됐대?

07 H: (전화음성) 네! 섭외 됐답니다. 원산지 증명서만 시간 내에 맞추면 되겠어요.

08 S: 알았다. (전화 끊고 그래에게)

→09 S: 창고 가서 자료 좀 찾아 봐. 최근 3년치 자료면 다 찾아와.

Ⓐ10 L: 네! (나가서 창고로 간다.)

4.3. '-아/어요'와 '-으세요'

명령화행의 사용 양상 중 문법 항목 '-아/어요', '-으세요'는 지위 관계 [화〈청]의 관계일 경우 유대관계 [적대] 혹은 [소]의 상황에서 일관적으로 출현하고 있다는 특징이 나타났다. 즉, 청자보다 지위가 낮은 화자가 명령형 문형 '-아/어요', '-으세요' 등을 사용할 수 있는데, 아래 (23)에서와 같이 상사가 부하 직원인 경비원을 혼내는 장면에서 '-어 보-'와 결합한 '-아/어요'가 사용되고 있으며, 이에 대한 청자의 반응은 05줄에서와 같이 [사과]로 표현되고 있다.

(23) '-어 봐요'
  ▶ 장소: 교무실 ▶장소 사용역: 격식적 ▶주제 사용역: 공적
  ▶ 대화 참여자 관계 유형: 상사_부하(제3자: 통화 상대, 부하)
  ▶ 화자(S): 교장(60대, 남성) ▶청자(L): 경비원(60대, 남성)
  ▶ 제3자(H): 교사들(집단청자)
  ▶ 유대관계: 소
  ▶ 청자의 실제행위(A): 사과

01 S: 당신이 아니었음 일어나지도 않았을 일인데! 이걸 어떻게
　　　책임질 거예요?

02 　　　응?

03 L: (침묵)

→04 S: 어떻게 책임질 거냐고 글쎄. 입이 있으면 말을 해 봐요!

Ⓐ05 L: (고개를 더 숙이며) 죄송합니다.

4.4. '-고요'와 '-든가요'

한국어에서 지시화행을 수행할 때, 명령형 종결어미의 명시적인 언표적 의미를 약화하기 위해 전략적으로 사용되는 문형이 바로 종결어미화된 연결어미 문형이다. 대표적인 문형으로는 '-고(요)', '-든가(요)'가 있는데, 이 두 문형은 연결어미에서 비롯하였다는 공통점이 있지만, 종결어미로서 지니는 지위나 사용면에서도 차이가 상당하다. 먼저, 종결어미 '-고요'는 본래 연결어미 '-고'가 문장 말미에서 굳어진 것으로, 지시화행을 수행함에 있어 '약화'의 단서가 되는 문형으로 볼 수 있다. 아래 (24)와 같이 '-고'는 대개 지위 변인 [화〉청]의 관계에서 사용되는 경향성이 높고, '-고요'는 [격식적장소], [공적내용]의 사용역에서 자주 사용되는 양상이 있는 것으로 나타났다.

(24) '-고'의 사용 예시
　　▶ 장소: 대회의실 ▶장소 사용역: 공적 ▶주제 사용역: 공적
　　▶ 대화 참여자 관계 유형: 상사_부하
　　▶ 화자(S): 회장(60대, 남성) ▶청자(L): 본부장(40대, 남성)
　　▶ 제3자: 임원 일동

▶ 지위관계: 화〉청

▶ 유대관계: 소

▶ 청자의 실제행위(A): 유

▶ 상황 설명: 회장이 간부급 임원들에게 회의에서 새로 부임한 서 이사를 소개하고 있다.

01 S: 앞으로 회계와 투자 관련 업무는 전적으로 서 이사가 맡아서 할 거야.

02 H: (침묵)

→03 S: 본부장은 잘 서포트 하고.

Ⓐ04 L: 성심을 다해 서포트하겠습니다.

한편, '-든가'는 지시발화에서 책임을 회피하고자 하는 태도의 단서가 되는 문형이다. 아래 (25)에서는 03줄의 발화에서 화자가 변호사를 처리해버릴 것을 지시하는 내용에서 '-든가'를 사용하고 있다. 연결어미로서 '-든가'의 언표적 의미는 '선택의 제공'이기 때문에 '-든가'를 이용해 지시화행을 수행할 경우, 강제성이 높은 명령화행을 수행할지언정 언표적으로 나타나는 명령의 의미가 매우 약화되기 때문에 화자는 책임을 회피할 수 있게 된다.

(25) '-든가'의 사용 예시

▶ 장소: 저택 ▶장소 사용역: 사적 ▶주제 사용역: 공적

▶ 대화 참여자 관계 유형: 아버지_아들(동시에 사업적 상사와 부하)

▶ 화자(S): 아버지(60대, 남성) ▶청자(L): 아들(30대, 남성)

▶ 지위관계: 화〉청

▶ 유대관계: 친

▶ 청자의 실제행위(A): 변명

▸ 상황 설명: 사업적으로는 상사와 부하의 관계에 있는 아버지와
아들이 집에서 은밀하게 업무적인 내용에 관해 대화하고 있음.

01 S: 어린 놈의 변호사한테 놀아난 게 벌써 몇 번째야?
02 L: (무릎 꿇고) 죄송합니다 아버지.
→03 S: 자꾸 걸리적 거리면 처리해 버리든가.
Ⓐ 04 L: 근데.. 아버지 걔가 너무 유명해져서요..
05 S: 발목 잡힐 거 같으면 발목을 잘라 버려야 한다.
06 L: (두려움에 잠기며)

4.5. '-을까요?'와 '-을래요?'

청자와 화자가 함께 하는 행위에 있어서 '-을까요?'는 화자의 제
안이지만 행위주가 화청자 모두를 지정하는 의미이기 때문에 결정의
권한이 두 사람에게 있으므로 오히려 제안에 대한 수락 여부가 열려
있는 느낌을 준다. 즉, '같이 생각해 보자'는 청유의 뜻으로 읽힐 수
있다. 그러나 '-을래요?'는 청자의 의향에 초점을 두기 때문에, 제안
에 대한 거절의 책임이 청자에게 부과되는 측면이 있다. 만약 '-을까
요?'로 제안된 발화를 거절한다면, 그것은 공동의 책임이 되지만,
'-을래요?'로 제안된 발화를 거절하게 된다면, 수락 여부의 결정권이
오직 청자에게 있기 때문에 거절로 인해 발생하는 결과에 대한 책임
도 청자만이 부담하게 되는 것을 야기하게 된다.

한편, '-을래요?'는 화자의 의향을 존중하여 제안하는 의미를 갖
지만, 담화 상에서 명령화행을 수행할 때는 아래 (26)과 같이 강제성
을 지니게 된다. 청자의 의향에 비중을 두고 제안하는 것이 아니라
명령화행임에도 청자의 의견에 비중을 두는 형식으로 발화되어 거절

에 대한 청자의 부담감을 높이는 전략으로 사용되고 있다. 이 경우, 화시를 이동하여 혼잣말의 형식으로 '반성문을 한번 더 수정해 오다'에 '-을까요?'를 사용하여, '반성문을 한번 더 수정해 올까요?'라고 지시한다면, '-을래요?'에 비하여 청자로 하여금 거절의 부담이 경감되는 느낌을 받게 할 수 있으며, 이러한 맥락에서 '-을까요?'는 '-을 수 있다', '-을 수 없다', '-는 게 어떻다'와 결합한 형태로 완곡한 명령화행을 수행하는 경우가 빈번하게 나타난다.

(26) '-을래요?'의 사용 예시
- ▶ 장소: 회사 윤리경영실 ▶장소 사용역: 격식적 ▶주제 사용역: 공적
- ▶ 대화 참여자 관계 유형: 회사 실장과 직원
- ▶ 화자(S): 실장(40대, 여성) ▶청자(L): 직원(30대, 남성)
- ▶ 지위관계: 화〉청
- ▶ 유대관계: 소
- ▶ 청자의 실제행위(A): 변명
- ▶ 상황 설명: 징계를 받고 윤리경영실에 반성문을 제출하러 온 청자(L)에게 실장(S) 반성문에 진정성이 느껴지지 않는다며 다시 써올 것을 지시하고 있음.

```
01 S: 반성문 잘 보긴 했는데… 뭔가 진정성이 부족하네요.
02 L: 진심으로 반성과 회한의 마음을 담아 썼는데요.
03 S: 그게 나한테 닿질 않아~! 뭔가 피상적이고 요식적이라고
       할까?
04 L: (부르르)
→05 S: 한 번만 더 수정해 올래요?
Ⓐ06 L: 실장님, 지금 저희 부서 업무가요,
07 S: 업무보다 인간, 그리고 윤리가 우선입니다.
08 L: (미치겠고)
```

4.6. '-라고요'

인용형 문법 항목인 '-라고(요)'는 인용을 나타내는 종결어미로 대개 자신의 말을 되풀이하거나 강조하기 위해 사용되며 지시화행의 수행으로는 자신이 이미 발화한 적이 있는 제안, 명령, 요청 등을 다시 발화할 때 자용하는 자기 인용 표지이다. '-라고요'는 담화상에서 명령화행으로 사용될 경우 한번 말했음에도 불구하고 다시 발화한다는 뜻을 수반하기 때문에 청자에게 수행에 대한 강조를 하거나 부정적인 정서를 전달하는 발화 효과를 수반하기도 한다. 이는 Lyons(1977) 등에서 제기되어온 주관화와 관련된 것으로 해석할 수 있다.

(27) '-라고'의 사용 예시
- ▶ 장소: 회사 사무실 ▶장소 사용역: 격식적 ▶주제 사용역: 공적
- ▶ 대화 참여자 관계 유형: 상사와 부하직원
- ▶ 화자(S): 과장(40대, 남성) ▶청자(L): 인턴(20대, 남성)
- ▶ 지위관계: 화〉청
- ▶ 유대관계: 소
- ▶ 청자의 실제행위(A): 유
- ▶ 상황 설명: 잘못을 저지른 인턴(L)이 변명을 하다가 과장(S)에게 혼나고 있음.

01 S: 야, 아까 한 얘기 다시 해 봐. [명령]
02 L: (난감한) 아니.. 계장님 이건 아닌 것 같아요. [변명]
→03 S: 말하라고. [명령]
Ⓐ04 L: (쩔쩔 매는) [무]

위의 상황에서도 지위 관계[화〉청]의 관계에서 이미 한번 명령화

행의 발화를 하였음에도 불구하고 다시 이를 반복하게 된다는 것은 청자가 첫 발화를 제대로 전달받지 못했거나 수행에 옮기지 않은 것을 함의하기 때문에 '-라고'는 화자의 부정적인 감정과 함께 나타나는 경향성을 보이는 것이다.

4.7. '-자'와 '-읍시다'

청유형 종결어미 '-자'는 '어떤 행동을 함께하자'는 뜻을 갖는다. 담화 상에서 '-자'가 강제성을 지니는 명령화행으로 사용될 때에는 청유형임에도 불구하고 행위의 주체가 청자에만 국한되는 사용을 보이는 것으로 나타났다. 아래 (28)은 회사 조직의 상하 관계에 해당하는 전무(S), 과장(L1), 인턴(L2)이 담화 참여자로 등장하고 있으며, 01줄-06줄에 나타나는 인턴(L2)의 실수에 대해 과장(L1)이 책임자로서 사과하는 장면이 다뤄지고 있다. 이때 13줄에서 전무(S)는 과장(L1)에게 '잘하자'라고 청유형 종결어미 '-자'를 사용하여 발화하고 있는데, 이때 '잘하다'의 행위주는 화자를 제외한 [청자만의 수행]에 해당한다. 이때 지위 관계 [화〉청], [격식적][공적] 담화에서 청자는 화자의 발화를 거절할 수 없기 때문에 '잘하자'가 수행하는 발화수반력은 '명령'에 해당한다고 해석할 수 있다.

> (28) '-자'의 사용 예시2
> ▶ 장소: 회사 ▶장소 사용역: 격식적 ▶주제 사용역: 공적
> ▶ 대화 참여자 관계 유형: 상사와 부하 직원
> ▶ 화자(S): 전무(50대, 남성) ▶청자(L1): 과장(40대, 남성) ▶청자
>   2(L2): 인턴(20, 남성)

▶ 제3자(H): 수행부장(40대, 남성)
▶ 지위관계: 화〉청
▶ 유대관계: 소
▶ 청자의 실제행위(A): 유
▶ 상황 설명: 전무(S)가 실수한 인턴(L2)의 책임에 대해 과장(L1)을 꾸짖고 있음.

01 L1: 전무님, 무슨 일로 여기까지.
02 H: (상식 앞으로 예의 이면지를 내민다)
03 L1: (받아 본다. 영업3팀의 운송장이다. 당황하는데)
04 H: 로비에서 주웠네.
05 L1: (당황)
06 L2: (본다. 영업3팀의 운송장 이면지다. 당황) !!!
07 L1: 죄.. 죄송합니다.
08 L2: 아… 그게 왜.. 제가 잘못
09 L1 (무섭게 L2에게) 가만 있지 못해!
10 L2: (움찔하고)
11 S: (L2를 쳐다본다)…
12 L2: (고개 숙이는)
→13 S: (빙긋 웃으며 L1에게) 잘하자. [명령]
前Ⓐ 14 L1: 예.
15 L2: (눈 질끈 감는다)

한편, 청유형 종결어미 '-읍시다'도 명령의 뜻과 용법 자체에 있어서는 '-자'와 동일하게 나타났으나, 사용역에 있어 '-자'와 차이를 나타냈다. 아래 (29)는 문법 항목 '-읍시다'가 사용된 용례로, 사립학교에서 교장(S)이 어떤 사건의 책임을 물어 경비원(L)을 해고하는 장면에 관한 부분이다. 이때, 04줄에서 나타나는 '책상 비웁시다'는

'책상을 비우다'의 행위주가 화자를 배제한 [청자 수행]의 의미임에
도 함께 하자는 의미의 청유형 '-읍시다'로 발화하고 있다. 청유형
종결어미는 '함께 함'의 의미를 가지고 있기 때문에 지시화행 발화에
서 화자가 청자와 함께 직접 수행하지 않더라도, 화자의 뜻이나 방향
성에 동참하는 맥락에서 어떤 행위를 할 것을 지시할 때 사용될 수
있다. 따라서 '-읍시다'는 격식적 담화에서 강한 명령이나 설득을
위한 문형으로 쓰이는 경향성이 있으며, 지위 관계 [화〉청]의 관계에
서 많이 나타난다.

(29) '-읍시다'의 사용 예시
> ▸ 장소: 교무실 ▸장소 사용역: 격식적 ▸주제 사용역: 공적
> ▸ 대화 참여자 관계 유형: 교장과 경비원
> ▸ 화자(S): 교장(50대, 남성) ▸청자(L): 경비원(60대, 남성)
> ▸ 지위관계: 화〉청
> ▸ 유대관계: 소
> ▸ 청자의 실제행위(A): 사과
> ▸ 상황 설명: 사립학교의 교장(S)이 사고의 책임을 경비원(L)에게
>   물어 해고하려고 함.
>
> 01 S: 어떻게 책임 질 거냐고, 글쎄! 입이 있음 말을 해봐요!
> 02 L: (고개를 더 숙이며) 죄송합니다.
> 03 S: 내가 진짜.. (화 다스리듯 한숨 토해내고)
> →04   거 긴말할 거 없고, 책상 비웁시다. [명령]
> 05 L: (놀라서) 교장 선생님!! 그거는,
> 06 S: 책상 비워요, 당장! [재명령]
> Ⓐ07 L: (절박해서) 제발요. 선생님, 한번만 봐주십쇼. 제가 이 나이
>   에 어딜 서
> 08 또 일을 구합니까. 예? [사과·설득]

4.8. 수행동사의 사용

Blum-kulka(1989)의 요청화행에 대한 연구에 따르면 수행동사로 요청을 수행하는 것은 매우 직접적이고 명시적인 전략에 해당하지만, 한국어에서는 명령화행에서 '명령하다, 명하다' 등 명령과 직접적으로 관련한 수행 동사가 사용되는 경우는 거의 나타나지 않았고, '부탁하다', '소원이다', '금하다' 등의 수행동사가 완곡하게 명령화행을 수행하기 위해 사용되는 경우가 빈번하게 나타났다. 그중 가장 높은 빈도로 말뭉치에서 추출된 것은 '부탁하다'로 나타났다.

'부탁하다'는 '청자에게 어떤 일을 해 달라고 청하는 것'을 의미하는 동사로, 대개 행위 A의 수행 능력이 청자에게 압도적으로 부여되어 있는 경우에 발생하는 요청화행의 일환으로 생각할 수 있다. 그러나 실제 말뭉치에서는 요청화행이 아닌 강제적 명령화행임에도 '부탁하다'를 사용하고 있는 경향성이 매우 높게 나타났는데, 이는 '명령하다'라든지, '명하다', '지시하다' 등의 명령 수행동사들이 그 의미의 직접성으로 인해 청자의 체면을 크게 손상시킬 수 있기 때문에 한국어에서 지시화행의 약화 전략의 일환으로 어감이 약화된 '부탁하다'를 사용하는 것으로 해석할 수 있다.

아래 (30)에서도 '부탁하다'가 지시화행으로 사용된 발화가 제시되고 있는데, 03줄 김부장의 발화를 통해 '부탁하다'가 명령화행을 수반하는 것을 확인할 수 있다. 이때, 김부장의 라운딩 예약 부탁은 거절할 수 없기 때문에 부탁이라기보다는 실제 명령화행으로 작용했다고 보는 것이 합당하다고 판단된다.

(30) '부탁하다'의 사용 예시

▶ 장소: 부장실에서 전화 통화 ▶장소 사용역: 격식적 ▶주제 사용역: 사적

▶ 대화 참여자 관계 유형: 부장과 이사

▶ 화자(S): 김부장(50대, 남성) ▶청자(L): 최이사(40대, 남성)

▶ 청자2(H): 과장(30대, 남성)

▶ 지위관계: 화〉청

▶ 유대관계: 친

▶ 청자의 실제행위(A): 무

▶ 상황 설명: 하청업체 이사(L)에게 전화로 골프 예약을 지시하고 있는 상황.

01 S: (웃으며) 어~ 최이사 덕분에 지난 번 라운딩 아주 좋았어.
02 L: (말뭉치상에 나타나지 않음)
→03 S: 그러엄. 그래. 또 부탁해. [명령]
04   (힐끔 보고)
05 L: (말뭉치상에 나타나지 않음)
06 S: 그래. 연락하자고. (전화 끊으면)

5. 나오기

　명령의 언어행위는 명령형 종결어미를 활용한 명령문의 실현만으로는 설명될 수 없다. 담화 차원에서 명령화행에 접근하기 위하여 드라마 말뭉치의 용례들을 통해 명령화행이 실현되는 담화적 요인들을 살펴보면, 명령화행은 담화의 사용역이 공적인지, 사적인지에 따라, 그리고 화청자의 연령 및 지위 관계가 [화〉청]에서 [화=청], [화〈청]까지 확대되어 사용할 수 있음이 나타났으며, 선택되는 형태에

있어서도 명령형 종결어미 외에 의문형 종결어미, 청유형 종결어미, 의문형 종결어미, 인용형 종결어미, 연결어미의 종결어미화된 형태, 나아가 수행동사를 사용한 평서문 등 다양한 쓰임이 있는 것으로 조사되었다.

명령을 수행함에 있어 서법 종결어미가 아닌 다양한 문법 형태들이 사용되는 것은 의사소통 참여자들이 명령화행이 이루어지는 담화 상황의 요인들을 고려하여 청자의 체면을 위협하지 않기 위하여, 또는 발화가 이루어지는 담화 사용역의 적절성을 고려하여 문법 형태를 선택하기 때문이다. 그렇다면 한국어교육의 관점에서 담화 문법을 기술한다는 것은 모어 화자의 실제적인 의사소통을 연구 대상으로 삼아 그 안에서 나타나는 문법 형태와 의미, 사용을 통합적으로 고찰함으로써 학습자들의 언어 사용에 실질적인 도움을 줄 수 있는 교육용 문법 내용을 기술함을 의미할 것이다.

본서에서는 이를 위하여 드라마 대본을 기반으로 하는 준구어 말뭉치를 설계하여 명령화행을 담화적 차원에서 분석하고 기술하였으나, 장기적으로는 모어 화자의 실질적인 언어 사용 직관을 반영할 수 있는 담화 적절성 인식 조사를 통해 담화 차원의 명령화행과 그에 선택되는 문법 형태에 대한 기술을 보완할 필요가 있다고 판단된다. 대표적인 담화적 요인과 사용역에 따라 가장 적절한 사용의 형태와 그 의미 기능이 나타나는 규칙성을 기술하는 것, 그리고 그것을 교수학적 변환을 통하여 학습자 교육용 문법으로 기술해 내는 것, 그것이 바로 한국어교육에서 탐구해야 할 담화 문법의 실제가 될 수 있을 것이라고 본다.

참고문헌

강범모(2003), 「언어, 컴퓨터, 코퍼스언어학」, 고려대학교 출판부.

강현화(1995), 「동사 연결 유형의 다단계성에 관한 연구」, 연세대학교 박사학위 논문.

강현화(2007), 「한국어 표현문형 담화기능과의 상관성 분석-지시적 화행을 중심으로-」, 『이중언어학』 34, 이중언어학회, 1-26쪽.

강현화(2012a), 「한국어교육에서의 담화 기반 문법 연구-부정 표현의 맥락 문법을 활용하여-」, 『Foreign Languages Education』 19(3), 한국외국어교육학회, 395-414쪽.

강현화(2012b), 「한국어교육학에서의 담화 연구 분석」, 『한국어교육』 23-1, 국제한국어교육학회, 219-256쪽.

강현화(2017a), 「문법과 의미를 연계하기」, 『담화와 인지』 24-4, 담화인지언어학회, 213-219쪽.

강현화(2017b), 「한국어 교육 문법 항목의 담화 기능 연구-코퍼스를 통한 귀납적 분석을 중심으로-」, 『언어와 문화』 13-2, 한국언어문화교육학회, 27-52쪽.

강현화·이현정·남신혜·장채린·홍연정·김강희(2016), 「한국어교육 문법 자료편」, 한글파크.

강현화·이현정·남신혜·장채린·홍연정·김강희(2017), 『(담화 기능에 따른) 유사 문법 항목 연구』, 한글파크.

강현화·홍혜란(2010), 「한국어 종결 표현의 화행 기능과 한국어 모어 화자의 인식에 관한 연구」, 『Foreign languages education』 17-2, 한국외국어교육학회, 405-431쪽.

강홍구(1999), 「국어 보조동사의 통사·의미론적 연구」, 충남대학교 박사학위 논문.

고석주(2000), 『한국어 조사의 연구: '-가'와 '-를'을 중심으로』, 연세대학교 박사학위논문.

고석주(2002), 「조사 '가'의 의미」, 『국어학』 40, 국어학회, 221-247쪽.

고성환(2003), 『국어 명령문에 대한 연구』, 역락.

고영근(1976), 「현대국어 문체법에 대한 연구」, 『어학연구』 12(1), 서울대학교 어학연구소.

고영근·구본관(2018), 『우리말 문법론』, 집문당.

곽홍란(2013), 「중국인 학습자의 한국어 주격조사 '이/가' 사용 오류」, 『국제어문학』 28, 국제어문학회, 205-229쪽.

국립국어원(2005), 『한국어 문법 2』, 커뮤니케이션북스.

김강희(2019), 「한국어 지시화행의 담화문법 연구 -의미, 형태, 사용에 대한 맥락 분석적 접근을 중심으로-」, 연세대학교 대학원 박사학위논문.

김기혁(1987), 「국어 보조동사 연구」, 연세대학교 박사학위논문.

김명희(1984), 「국어 동사구 구성에 나타나는 의미관계 연구: V1+어+V2 구조를 중심으로」, 이화여자대학교 박사학위논문.

김미경·강현화(2017), 「중·고급 중국어권 학습자의 조사 '가'와 '는' 선택 요인 연구」, 『외국어로서의 한국어교육』 47, 연세대학교 언어교육연구원 한국어학당, 25-52쪽.

김미영(1996), 「국어 용언의 접어화에 관한 역사적 연구」, 동아대학교 박사학위논문.

김미형(2011), 「조사 '이/가'와 '은/는'의 기본 전제와 기능 분석」, 『담화와 인지』 18(3), 담화·인지언어학회, 23-64쪽.

김미형(2015), 「조사 '은/는'의 정체성 -문법서와 교재에서 어떻게 기술할 것인가-」, 『한말연구』 38, 한말연구학회, 55-95쪽.

김상민(2020), 「한국어 인식양태의 범주 연구: 증거양태 및 내면화와의 관계를 중심으로」, 연세대학교 대학원 석사학위논문.

김서형(2007), 「한국어 교육을 위한 희망 표현 연구」, 『한국어교육』 18-1, 국제한국어교육학회, 23-48쪽.

김석득(1966), 「V류어(움직씨, 동사류어)의 내부적 구성요소 분석」, 『인문과학』 4-1, 연세대학교 인문과학연구소, 1-46쪽.

김선혜(2019), 「'보조용언'이라는 문법 범주에 대한 재고」, 『한글』 325, 한글학회, 501-529쪽.

김선혜(2020), 「말뭉치에 나타난 보조용언의 연쇄 양상 고찰」, 『언어사실과 관점』 51, 연세대학교 언어정보연구원, 299-329쪽.

김선혜(2021), 「한국어의 접어 범주 정립을 위한 시론」, 『한글』 333, 한글학회, 781-807쪽.

김선혜·남신혜(2019), 「수여동사 기원 보조동사 '주(다)'의 의미와 통사」, 『우리 어문연구』 64, 우리어문학회, 265-293쪽.

김선호(1989), 「한국어의 행위요구월 연구」, 건국대학교 대학원 박사학위논문.

김선희(1983), 「조사 '-가'의 의미와 '주제'」, 『연세어문학』 16, 연세대학교 국어 국문학과, 28-41쪽.

김수정·최동주(2013), 「소설 텍스트에서의 주어의 실현 양상 -박완서의 소설 "그 가을의 사흘동안"을 중심으로-」, 『한민족어문학』 64, 한민족어문학회, 37-69쪽.

김승곤(1986), 『한국어 통어론』, 아세아문화사.

김영란(1999), 「한국어 금지 표현의 교수 방법」, 『한국어교육』 10-2, 국제한국어 교육학회, 171-193쪽.

김영채(2016), 「한국어 감사 응답의 양상」, 홍익대학교 석사학위논문.

김영태(1996), 「경북 군위 지역어의 보조용언 연구」, 대구대학교 박사학위논문.

김은영(2003), 「요청화행의 상호 작용 구조 분석 연구: 일본어권 한국어 고급 학 습자를 대상으로」, 이화여자대학교 대학원 석사학위논문.

김일규(2016), 「한국어 '-은/는'과 '-이/가', 무엇을 어떻게 교육할 것인가?」, 『외 국어로서의 한국어교육』 45, 연세대학교 언어연구교육원 한국어학당, 83- 117쪽.

김일웅(1980), 「국어의 주제-설명 구조」, 『언어연구』 3, 부산대학교 어학연구소, 95-118쪽.

김중섭 외(2016), 『국제통용 한국어 표준교육과정 활용점검 및 보완 연구』, 국립 국어원.

김지은(1991), 「국어에서 주어가 조사 없이 나타나는 환경에 대하여」, 『한글』 212, 한글학회, 69-88쪽.

김지은(1997), 「우리말 양태용언 구문에 대한 연구」, 연세대학교 박사학위논문.

김지현(2007), 「한국어 주어의 무조사 현상 연구 -담화·화용 층위의 정보성을 중심으로-」, 『우리어문연구』 28, 우리어문학회, 7-31쪽.

金智賢(2016), 「日韓対照研究によるハとガと無助詞」, ひつじ書房.

김지혜(2013), 「구어 담화에서의 한국어 학습자 요청 화행 실현 양상 연구-전화 메시지 남기기 과제를 중심으로-」, 『이중언어학』 52, 이중언어학회, 45- 69쪽.

김태엽(1998), 「국어 비종결어미의 종결어미화에 대하여」, 『언어학』 22, 한국언어학회, 171-189쪽.

김태엽(2001), 『국어 종결어미의 문법』, 국학자료원.

김하나(2014), 「드라마에 나타난 한국어 요청-거절 화행 분석」, 『한국어와 문화』 15, 숙명여자대학교 한국어문화연구소, 131-165쪽.

김혜련·전은주(2013), 「한국어 요청 화행 교수-학습에 관한 비판적 분석 : 초급 교재를 대상으로」, 『새국어교육』 97, 한국국어교육학회, 233-259쪽.

김희상(1911), 『朝鮮語典』, 京城: 普及書館, 明治44.

나은미(2002), 「한국어 종결어미 '-ㅂ시다'의 의미-명령 기능 수행을 중심으로 -」, 『이중언어학』 20, 이중언어학회, 93-110쪽.

남기심(1972), 「주제어와 주어」, 『어문학』 26, 한국어문학회, 128-131쪽.

남기심(1985), 「주어와 주제」, 『국어생활』 3, 국어연구소, 92-103쪽.

남기심(2001), 『현대 국어 통사론』, 태학사.

남기심·고영근(1993), 『표준국어문법론(개정판)』, 탑출판사.

남길임(2015), 「'-ㄹ 수 없-'의 의미와 담화 기능에 대한 말뭉치 언어학적 분석」, 『텍스트언어학』 38, 한국텍스트언어학회, 93-120쪽.

남미혜(1996), 「국어의 연속 동사 구성 연구」, 서울대학교 박사학위논문.

남신혜(2018a), 「한국어 상적 표현문형의 용언 결합 양상 연구: 보조용언 및 보조 용언 상당 구성을 중심으로」, 연세대학교 박사학위논문.

남신혜(2018b), 「보조용언 '나가다'의 의미와 통사」, 『한국어 의미학』 60, 한국어 의미학회, 71-92쪽.

남신혜(2021a), 「국어 보조용언 구성의 의미연결망 연구: '-고 말-'과 '-어 버리-' 의 사례를 중심으로」, 『국어학』 97, 국어학회, 399-438쪽.

남신혜(2021b), 「한국어 서술부의 의미연결망: 보조용언 '놓다'와 '두다'의 사례 를 중심으로」, 유현경 편, 『한국어 통사론의 과제와 도전』, 집문당.

남윤진(2005), 「현대국어 조사 '은/는'의 분포와 기능-초등학교 국어 교과서를 중심으로-」, 『우리말 연구 서른아홉 마당 1』, 태학사.

류시종(1995), 「한국어 보조용언 범주 연구」, 서울대학교 박사학위논문.

목정수(1998), 「한국어 조사 { 가 }, { 를 }, { 도 }, { 는 }의 의미체계」, 『언어연구』 18, 서울대학교 언어연구회, 1-49쪽.

목지선(2015), 「국어 입말의 비격식체 종결어미 연구」, 경상대학교 대학원 박사 학위논문.

박나리(2000), 「국어 평서문 종결어미의 서법의미에 대하여 - 격식체와 비격식체의 비교대조를 중심으로」, 『이화어문논집』 18, 이화어문학회, 321-346쪽.

박나리(2004), 「한국어 교육문법에서의 종결어미 기술에 대한 제안 - '-어', '-지', '-네', '-다', '-구나', '-단다'의 담화 화용적 의미를 중심으로」, 『이중언어학』 26, 이중언어학회, 91-116쪽.

박나리(2013), 「'-다니'에 대한 한국어 교육문법적 기술방안 연구 - 담화화용정보의 비교대조를 중심으로」, 『이중언어학』 51, 이중언어학회, 45-80쪽.

박동화(2017), 「한국어 교육을 위한 종결어미 '-거든'과 '-잖아'의 비교 연구: 문법화 과정과 구어 실현 양상을 중심으로」, 한국외국어대학교 대학원 석사학위논문.

박석준(2005), 「초급 한국어 교재의 청자 높임법」, 『한말연구』 17, 한말연구학회, 85-107쪽.

박선옥(2003), 「국어 보조동사 연구」, 중앙대학교 박사학위논문.

박선희(2012), 「한국어 추측 표현 교육 연구 : '겠'과 '(으)ㄹ 것이'의 비교를 중심으로」, 『경희어문학』 32, 경희대학교 국어국문학회, 227-242쪽.

박승빈(1935), 『조선어학』, 고영근회 역대 국어문법전집.

박영순(1976), 「국어경어법의 사회언어학적 연구」, 『국어국문학』 72-73, 47-65쪽.

박영준(1994), 『명령문의 국어사적 연구』, 국학자료원.

박용익(2001), 『대화분석론』, 역락.

박유현(2006), 「현대 국어 조사 "가"의 구어에서의 비실현 양상 연구」, 『어문론총』 45, 한국문학언어학회, 211-260쪽.

박재연(1998), 「현대국어 반말체 종결어미 연구」, 서울대학교 대학원 석사학위논문.

박재연(1999), 「국어 양태 범주의 확립과 어미의 의미 기술 -인식 양태를 중심으로」, 『국어학』 34, 국어학회, 199-225쪽.

박재연(2006), 『한국어 양태 어미 연구』, 태학사.

박정운(2004), 「형태와 의미의 불일치」, 『담화와 인지』 11(2), 담화인지언어학회, 65-81쪽.

박지순(2015), 「현대 국어 상대높임법의 맥락 분석적 연구 : 일상적 준구어 자료의 분석을 바탕으로」, 연세대학교 대학원 박사학위논문.

박진호(2003), 「한국어의 동사와 문법 요소의 결합 양상」, 서울대학교 박사학위논문.

박진호(2007), 「보조용언의 전산 처리에 있어서의 몇 가지 문제」, 『한국어학』 35, 한국어학회, 49-63쪽.

박진호(2011), 「한국어에서 증거성이나 의외성의 의미성분을 포함하는 문법요 소」, 『언어와 정보 사회』 15, 서강대학교 언어정보연구소, 1-25쪽.

박철우(2003), 『한국어 정보구조에서의 화제와 초점』, 역락.

박철우(2014), 「'대조' 의미의 언어학적 성격」, 『한국어 의미학』 45, 한국어의미 학회, 129-157쪽.

서상규·구현정(2002), 『한국어 구어 연구(1) -구어 전사 말뭉치와 그 활용』, 한 국문화사.

서정수(1994), 『국어문법』, 뿌리깊은나무.

서정숙(2009), 「담화 문법 교육 방법 연구」, 『문명연지』 24, 한국문명학회, 207-230쪽.

서정숙(2016), 「화제 표지 '은/는'의 담화적 기능과 교육 방안」, 『어문론집』 66, 중앙어문학회, 205-227쪽.

서정숙(2020), 「비대조 '은/는'의 실현 기제와 담화적 기능 -구어 담화를 중심으 로-」, 『한국학연구』 58, 인하대학교 한국학연구소, 331-353쪽.

서지혜·장채린(2012), 「한국어 교재에서의 맥락 정보 제시 방안 연구 -요청 표현 '-(으)ㄹ래(요)?'를 중심으로-」, 『언어와 문화』 8-3, 한국언어문화교육학 회, 147-171쪽.

서태룡(1985), 「국어의 명령형에 대하여」, 『국어학』 14, 437-461쪽.

서혁(1995), 「담화의 기능 및 유형」, 『국어교육학연구』 5, 국어교육학회, 121-140쪽.

성기철(1985), 『현대국어 대우법 연구』, 견문사.

성기철(1994), 「제효 이용주 교수 정년퇴임 기념 특집: 주격조사 '-가'의 의미」, 『선청어문』, 서울대학교 국어교육과, 277-302쪽.

손다정(2018), 「한국어 교육을 위한 문법 지식의 교수학적 변환 연구」, 고려대학 교 대학원 박사학위논문.

손세모돌(1994), 「국어 보조용언에 대한 연구」, 한양대학교 박사학위논문.

손세모돌(1996), 「국어 보조용언 연구」, 한국문화사.

손세모돌(2017), 「중세·근대국어 보조용언 연구의 쟁점과 과제」, 『국어사연구』 25, 국어사학회, 7-57쪽.

손현선(1996), 「이른바 반말 종결형태의 양태적 의미 연구: '-어, -지, -군, -네,

는가, -나'를 중심으로」, 연세대학교 대학원 석사학위논문.

손혜옥(2016), 「한국어 양태 범주 연구」, 연세대학교 대학원 박사학위논문

송경안·이은하(2020), 「유형론의 시각에서 본 한국어 격의 몇 가지 논점」, 『언어학』 28(2), 대한언어학회, 15-28쪽.

신서인(2019), 「'이/가, 을/를'의 비전형적인 분포와 기능」, 『국어학』 69, 국어학회, 69-103쪽.

신지연(2000), 「텍스트언어학의 이론과 응용: 어말어미 '-거든'에 대한 연구」, 『텍스트언어학』 8, 한국텍스트언어학회, 251-270쪽.

신혜진(2014), 「중국인 학습자의 위로 화행 교육 연구」, 『한국어와 문화』 16, 숙명여자대학교 한국어문화연구소, 145-183쪽.

신효필(2005), 「언어 자료의 통계 분석과 관련된 몇 가지 고려사항들」, 『語學研究』 41-3, 서울대학교 어학연구소, 655-682쪽.

안명철(1990), 「보조동사, 국어연구 어디까지 왔나」, 서울대 대학원 국어연구회, 동아출판사, 319-330쪽.

안진(2021), 「한국어 모어 화자와 베트남인 한국어 학습자의 협의대화에 나타난 '지시-거절' 대화이동 연속체 분석」, 『언어와 문화』 17-4, 한국언어문화교육학회, 21-56쪽.

안희영(2016), 「화자의 불만 관련 감정 및 태도를 나타내는 '어 가지고'의 화용적 쓰임의 담화 분석」, 『언어사실과 관점』 37, 연세대학교 언어정보연구원, 39-68쪽.

양세희(2014), 『국어의 조사 교육에 대한 연구-담화 문법을 중심으로』, 고려대학교 박사학위논문.

엄정호(1990), 「종결어미와 보조동사의 통합구문에 대한 연구」, 성균관대학교 박사학위논문.

오선영(2018), 「한국어 구어 교육을 위한 조사 '이/가'의 실현 및 비실현에 관한 연구」, 『한국어 의미학』 61, 한국어 의미학, 133-167쪽.

오충연(1997), 「국어 조사의 격표지 기능에 관한 소고」, 『숭실어문』 13, 숭실어문학회, 285-304쪽.

옥태권(1988), 「국어 상조동사의 의미 연구」, 부산대학교 박사학위논문.

유동석(1984), 『양태조사의 통보기능에 대한 연구』, 서울대학교 석사학위논문.

유현경·안예리·양수향(2007), 「한영 병렬 말뭉치를 이용한 한국어 조사 '가'와 '는'의 선택 원리 연구」, 『언어와 정보』 11(1), 한국언어정보학회, 1-23쪽.

유현경·양수향·안예리(2007), 「영어권 중·고급 학습자를 위한 조사 '가'와 '는'의 교수방안연구 –한영 병렬 말뭉치를 이용하여–」, 『이중언어학』 35, 이중언어학회, 271–298쪽.

유현경·한재영·김홍범·이정택·김성규·강현화·구본관·이병규·황화상·이진호(2018), 『한국어 표준 문법』, 집문당.

유혜원(2009), 「구어에 나타난 주격조사 연구」, 『한국어의미학』 28, 한국어의미학회, 14–169쪽.

윤석민(1999), 『현대국어의 문장종결법 연구』, 집문당.

이경숙(2012), 「중국인 한국어 학습자의 요청 화행에서 나타나는 화용적 실패 연구」, 연세대학교 교육대학원 석사학위논문.

이관규(1999/2005), 『학교문법론』, 월인.

이기동(1979), 「조동사 '놓다'의 의미 연구」, 『한글』 163, 한글학회, 465–496쪽.

이기동(1981), 「언어와 의식」, 『외국어로서의 한국어교육』 6, 연세대학교 언어연구교육원 한국어학당, 29–50쪽.

이기동(1987), 「마침꼴의 의미 연구」, 『한글』 195, 한글학회, 77–104쪽.

이민선(2004), 「기능에 기반을 둔 문법 항목 교수 방안 연구」, 『외국어로서의 한국어교육』 29, 연세대학교 한국어학당, 147–180쪽.

이병규(2015), 「담화 기능과 그 체계」, 『반교어문』 41, 반교어문학회, 239–261쪽.

이병희(2002), 「한국어 보조용언, 연결 어미, 시제의 개념 그래프 기술」, 충남대학교 박사학위논문.

이수연(2008), 「한국어 거절 표현 연구」, 서울대학교 대학원 석사학위논문.

이숙(2014), 「한국어 연결어미 '–는데'의 담화기능 분석」, 『문법교육』 21, 한국문법교육학회, 167–190쪽.

이승희(2007), 『국어 청자높임법의 역사적 변화』, 태학사.

이시형(1990), 「한국어의 연결어미 '–어', '–고'에 관한 연구」, 서강대학교 박사학위논문.

이윤진(2009), 「유사 담화 기능의 문형 제시 연구」, 『한국어교육』 20–2, 국제한국어교육학회, 151–173쪽.

이은경(2015), 「구어 텍스트에서의 목적격 조사의 비실현 양상」, 『우리말글』 64, 우리말글학회, 57–86쪽.

이은희(2013), 「한국어 금지 표현 교육 연구」, 고려대학교 대학원 박사학위논문.

이은희(2014), 「한국어 교육을 위한 간접 금지 표현 연구」, 『이중언어학』 55, 이중언어학회, 285-314쪽.

이은희(2015), 「한국어 금지화행 전략의 교수 학습 방안 연구 -한국어 화자와 중국인 학습자의 전략 비교를 중심으로-」, 『한국어 의미학』 49, 한국어의미학회, 135-162쪽.

이익섭(1974), 「국어경어법의 체계화 문제」, 『국어학』 2, 국어학회.

이익섭·채완(1999), 『국어문법론강의』, 학연사.

이정민(1981), 「한국어 경어 체계 연구의 제문제」, 『한국인과 한국문화』, 심설당.

이정은(1997), 「요청의 상호행위 현상 연구」, 연세대학교 대학원 석사학위논문.

이종희(2004), 「국어 종결어미의 의미 체계 연구」, 연세대학교 대학원 박사학위논문.

이주행(1994), 「제효 이용주 교수 정년퇴임 기념 특집 : 현대국어 청자대우법의 화계 구분」, 『선청어문』 22, 서울대학교 국어교육과, 597-614쪽.

이지수(2015), 「한국어 명령문의 조건과 범위」, 『국어학』 75, 국어학회, 233-270쪽.

이지수(2016), 「한국어 명령문의 문법과 화행 연구」, 서울대학교 대학원 박사학위논문.

이지영(2006), 「담화 원리를 바탕으로 한 제안 기능 교육 내용 구성」, 『한국어교육』 17-3, 국제한국어교육학회, 185-208쪽.

이필영(1982), 「조사 '가/이'의 의미 분석」, 『관악어문연구』 7, 서울대학교 국어국문학과, 417-431쪽.

이해영(2010), 「한국어 요청 화행의 적절성에 대한 태국인의 인식과 숙달도」, 『이중언어학』 21, 이중언어학회, 219-240쪽.

이해영 외(2016), 「비교문화적 화용론의 관점에서 본 태국인 한국어 학습자의 사과화행연구」, 『한국어교육』 27-3, 국제한국어교육학회, 233-260쪽.

이해영 외(2018), 『외국인 학습자들의 한국어 담화 화용 연구 1』, 한국문화사.

이희승(1969), 『새문법』, 일조각.

임동훈(2008), 「한국어의 서법과 양태 체계」, 『한국어의미학』 39, 한국어의미학회, 25-49쪽.

임동훈(2011), 「한국어의 문장 유형과 용법」, 『국어학』 60, 국어학회, 323-359쪽.

임동훈(2012), 「'은/는'과 종횡의 의미 관계」, 『국어학』 64권, 국어학회, 217-269쪽.

임홍빈(2007a), 『한국어의 주제와 통사분석』, 서울대학교 출판부.

임홍빈(2007b), 「한국어 무조사 명사구의 통사와 의미」, 『국어학』 49, 국어학회, 69-108쪽.

장경희(1985), 『현대 국어의 양태범주연구』, 탑출판사.

장경희(1998), 「화행의미론」, 『한국어의미학』 2, 한국어의미학회, 41-56쪽.

장경희(2005), 「국어 지시 화행의 유형과 방법 및 지시 강도」, 『텍스트언어학』 19, 한국텍스트언어학회, 185-208쪽.

장채린(2018), 「한국어교육을 위한 비격식체 종결어미 연구」, 연세대학교 대학원 박사학위논문.

장채린(2021), 「문법 항목 설명에 관한 원형 이론적 접근」, 『언어사실과 관점』 53, 연세대학교 언어정보연구원, 61-86쪽.

장채린(2022), 『한국어교육을 위한 비격식체 종결어미 연구』, 신구문화사.

전영철(2005), 「한국어의 대조초점」, 『언어학』 43, 한국언어학회, 215-237쪽.

정렬모(1946), 『신편고등국어문법』.

정민주(2003), 「한국어 요청 화행 표현 연구」, 서울대학교 대학원 석사학위논문.

정언학(2002), 「중세국어 보조용언 연구: 'V-어 V', 'V-고 V' 구성을 대상으로」, 서강대학교 박사학위논문.

정연창·안동환(1997), 「조사와 재귀대명사에 관한 담화기능적 분석」, 『언어과학』 4, 한국언어과학회, 297-328쪽.

정희자(2002), 「전경 함축과 배경 함축」, 『담화와 인지』 9-1, 담화·인지언어학회, 151-170쪽.

조경아(2003), 「일본인 한국어 학습자의 요청 화행에 관한 연구」, 연세대학교 교육대학원 석사학위논문.

조인정(2011), 「표현 문형 '-은/는 것이다'의 담화 기능」, 『한국어교육』 22-2, 국제한국어교육학회, 329-349쪽.

조정민(2013), 「설득적 말하기에 나타난 한국어 부정 의문문의 담화 기능 연구」, 『한국어교육』 24-4, 국제한국어교육학회, 289-312쪽.

차지현(2016), 「Discourse Functions of -kes kathta in Korean Conversation」, 『언어사실과 관점』 37, 연세대학교 언어정보연구원, 253-277쪽.

차현실(1990), 「반말체의 구성과 반말체 어미의 문법적 기능에 대하여」, 『이화어 ·문논집』 11, 이화어문학회, 5-26쪽.

채영희(1983), 「서법으로서의 명령법」, 『문창어문논집』 20, 문창어문학회, 165-185쪽.

채영희(1991), 「간접인용에 의한 수행문 분석」, 『문창어문논집』 28, 문창어문학
회, 99-115쪽.

채영희(1993), 「시킴월의 유형에 대하여」, 『우리말연구』 2, 우리말학회, 153-188
쪽.

채완(1976), 「조사 '는'의 의미」, 『국어학』 4, 국어학회, 93-113쪽.

최규수(1999), 『한국어 주제어와 임자말 연구』, 부산대학교 출판부.

최동주(2012), 「'은/는'과 '이/가'의 출현 양상」, 『인문연구』 65, 영남대학교 인문
과학연구소, 25-58쪽.

최석재(2013), 「조사 '은/는'과 '이/가'의 의미」, 『우리말연구』 35, 우리말학회,
82-111쪽.

최성호(2017), 「한국어 조사 '가'의 의미와 분포」, 『언어학』 79, 한국언어학회,
73-104쪽.

최순영(1986), 「기능적 측면에서 본 '-가', '-는'의 의미」, 『문창어문논집』 23,
문창어문학회, 281-293쪽.

최윤지(2016), 『한국어 정보 구조 연구』, 서울대학교 박사학위논문.

최재희(1999), 「국어의 격 표지 비실현 현상과 의미 해석」, 『한글』 245, 한글학회,
49-78쪽.

최현배(1937), 『우리말본』, 정음문화사.

하길종(2001), 『언어 수행론 연구』, 국학자료원.

한길(1986), 「현대국어 반말에 관한 연구」, 연세대학교 박사학위논문.

한길(1991), 『국어 종결어미 연구』, 강원대학 출판부.

한상미(2011), 「담화 및 화용과 한국어 교육 연구」, 『이중언어학』 47, 이중언어학
회, 507-551쪽.

한송화(2003), 「기능과 문법 요소의 연결을 통한 한국어 교육 -명령 기능을 중심
으로-」, 『한국어 교육』 14-3, 국제한국어교육학회, 289-313쪽.

한송화(2006), 「외국어로서 한국어 문법에서의 새로운 문법 체계를 위하여 -형
식 문법에서 기능 문법으로-」, 『한국어 교육』 17-3, 국제한국어교육학회,
357-379쪽.

한송화(2016), 「종결어미 '-거든(요)'의 의미와 기능 연구」, 『문법교육』 26, 한국
문법교육학회, 287-323쪽.

한송화(2017), 「구어 담화에서 보조사 '은/는'의 의미와 담화 기능」, 『한국어의미
학』 55, 한국어의미학회, 81-111쪽.

허용·박은정(2019), 「한국어 역번역문에 나타난 '이/가, 은/는'의 번역 양상과 그에 따른 인식 연구」, 『한국언어문학』 109, 한국언어문학회, 265–294쪽.

허웅(1969a), 『옛 말본』, 과학사.

허웅(1969b), 『표준문법』, 신구문화사.

호광수(1999), 「국어 보조용언 구성 연구: '보다'의 통사·의미적 특징을 중심으로」, 조선대학교 박사학위논문.

홍승아(2016), 「외국인의 요청 표현에 대한 한국인의 반응 연구 –한국인이 선호하지 않는 표현을 중심으로」, 『한어문교육』 36, 한국언어문학교육학회, 113–135쪽.

홍연정(2022), 『구어 담화에서의 한국어 조사 기능에 대한 연구–일상대화에서의 '이/가', '은/는', 무조사의 쓰임을 중심으로』, 연세대학교 박사학위논문.

홍윤기(2002), 「국어 문장의 상적 연구」, 경희대학교 박사학위논문.

홍정화(2011), 「담화 표지 '–는'/'–가'와 화자 시점: 코퍼스 언어학적 접근」, 『한국어 의미학』 34, 한국어 의미학회, 451–477쪽.

황정혜(2018), 「중국인 학습자를 위한 지시 –거절화행 대조 연구」, 연세대학교 대학원 박사학위논문.

Aikhenvald, A. Y.(2004), Evidentiality, Oxford University Press.

Biber, D., S. Conrad & R. Reppen(1998), *Corpus Linguistics: Investigating Language Structure and Use*, Cambridge University Press.

Bybee, J., R. Perkins, and W. Pagliuca(1994), *The Evolution of Grammar: Tense, Aspect, and Modality in the Languages of the World*. Chicago: The university of Chicago Press.

Bybee, Joan L. William Pagliuca, and Revere Perkins.(1994), The Evolution of Grammar, The University of Chicago Press.(박선자·김문기 옮김(2010), 문법의 진화, 소통.)

Celce-Murcia & Olshtain(2001), Discourse and Context in Language Teaching: A Guide for Language Teachers, UK: Cambridge University Press.

Celce-Murcia, M.(eds), Teaching English as a Second or Foreign Language (3rd), Heinle & Heinle Publishers.

Chafe, W.(1970), *Meaning and the Structure of Language*, The University of Chicago Press.

Comrie, B.(1976), *Aspect: An Introduction to the Study of Verbal Aspect and Related Problems*, Cambridge University Press.

Cook, Guy(1999), Language Teaching: Discourse, Oxford University Press.

Doerfel, M. L.(1998). What constitutes semantic network analysis?: A comparison of research and methodologies. Connections 21(2), 16–26.

Filip, H.(2012), Lexical Aspect, in Robert I. Binnick(Eds), *The Oxford Handbook of TENSE AND ASPECT*, 721–751, Oxford University Press.

Goffman, E.(1967), Stigma : notes on the management of spoiled identity, Harmondsworth, Middlesex, England : Penguin Books.

Halliday, M.A.K(1985), An introduction to functional grammar, London; Baltimore, Md., USA: E. Arnold.

Holtgraves, T.(2002), Language as social action: Social Psychology and Language Use, Lawrence Erlbaum Associates.

Huang, Y.(2007), Pragmatics, Oxford: Oxford University Press.(이해윤 옮김 (2009), 『화용론』, 한국외국어대학교 출판부.)

Jadranka Gvozdonovic(2012), Perfective and Imperfective Aspect, in Robert I. Binnick (Eds), *The Oxford Handbook of TENSE AND ASPECT*, 781–802, Oxford University Press.

Kim Kyu-hyun(2008), 「Topic and subject in spoken Korean discourse: Focus-giving as interactional practice」, 『사회언어학』 16(2), 한국사회언어학회, 51–80.

Kim M. S.(2021), Negatively valenced questions with the Korean subject particle Ka: interactional practies for managing discrepancies in knowledge understanding, or expectations, Journal of Pragmatics 176, 163–185.

Larsen-Freeman, D.(2003), Teaching Language: From Grammar to Grammaring, Heinle, a part of the Thomson Corporation.

Lee, Hyo Sang(1991), Tense, Aspect, and Modality: a Discourse-Pragmatic Analysis of Verbal Affixes in Korean from a Typological Perspective, Doctoral Dissertation, University of California Los Angels.

Leech, G. N.(1983), Principles of pragmatics, London: Longman.

Luciana C.de Oliveria and Mary J.Schleppegrell(2015), Focus on Grammar and Meaning, Oxford University Press, USA

Marianne Celce-Murcia & Elite Olshtain(2000) Discourse and Context in Language Teaching: A Guide for Language Teachers, Cambridge University

McCarthy, Michael & Carter, Ronald(1994), Language ad Discourse: Perspectives for Language Teaching, Longman.

Monica Heller(2003), Discourse and Interaction, The Handbook of Discourse Analysis, 250-264.

Palmer, F. R.(2001), Mood and Modality(2nd edition), Cambridge University Press.

Paul B. & Sibonile, E.(2010) Key terms in discourse analysis, Bloomsbury.(澤田治美・澤田治・澤田淳 옮김, 2018, 談話分析キーターム辞典, 開拓社)

Pérez Hernandez, L. & F. J. Ruiz de Mendoza.(2002), Grounding, semantic motivation, and conceptual interaction in indirect directive speech acts, Journal of Pragmatics 34, 259-284.

Pérez Hernandez, L.(2013), Illocutionary constructions: (multiple source)-in-target metonymies, illocutionary ICMs, and specification links, Language & Communication 33-2, 129-149.

Searle, John R.(1976), A classification of illocutionary acts, Language in Society 5, 1-24.

Searle, John R.(1980), The background of meaning In Searle, J., Klifer, f., and Bierwisch, M.(eds.) Speech act theory and pragmatics, Dordrecht: Reidel, 221-232.

Searle. Jorn R.(1969), Speech Act, Cambridge: Cambridge University Press.

Sinclair, J.(1991), *Corpus, Concordance, Collocation*, Oxford: Oxford University Press.

Smith, C.(1991), *The Parameter of Aspect*, Dordrecht: Kluwer.

Stubbs, Michael(1983), Discourse Analysis: The Sociolinguistic Analysis of Natural Language. Chicago: University of Chicago Press.

Stubbs. M.(1995), Collocations, and semantic profiles: on the cause of the trouble with quantitative studies, *Functions of Language* 2(1), 23-55.

Takahashi, H.(2008), Imperatives in concessive clauses: compatibility between constructions, Constructions 2, 1-39.

Takahashi, H.(2012), A Cognitive Linguistics Analysis of English Imperative: With Special Reference to Japanese Imperatives, Human Cognitive Processing 35, Amsterdam: John Benjamins Publishing Company.

Vendler, Z.(1967), *Linguistics in Philosophy*, Ithaca, NY: Cornell university Press.

찾아보기

저자소개 ───────────────────────────────

강현화
연세대학교 국어국문학과
khang@yonsei.ac.kr

남신혜
경희대학교 국어국문학과
namsh@khu.ac.kr

장채린
명지대학교 글로벌한국어학과
jangchaerin@mju.ac.kr

홍연정
간다외어대학교 아시아언어학과
hong-y@kanda.kuis.ac.jp

김강희
부산외국어대학교 한국어교육학과
hee12@bufs.ac.kr

한국 언어·문학·문화 총서 **13**

담화와 한국어 문법교육

2022년 9월 20일 1판 1쇄 펴냄
2023년 10월 20일 1판 2쇄 펴냄

저 자 강현화·남신혜·장채린·홍연정·김강희
펴낸이 김흥국
펴낸곳 보고사

등록 1990년 12월 13일 제6-0429호
주소 경기도 파주시 회동길 337-15 보고사
전화 031-955-9797(대표), 02-922-5120~1(편집), 02-922-2246(영업)
팩스 02-922-6990
메일 kanapub3@naver.com / bogosabooks@naver.com
http://www.bogosabooks.co.kr

ISBN 979-11-6587-366-0 94700
      979-11-5516-424-2 94080(세트)

정가 21,000원